Matthias Politycki

Mann gegen Mann

Über alte und neue Tugenden

Hoffmann und Campe

Copyright © 2025 Hoffmann und Campe Verlag, Hamburg
www.hoffmann-und-campe.de
Umschlaggestaltung: Dominik Wilhelm, Zürich
Satz: Pinkuin Satz und Datentechnik, Berlin
Gesetzt aus der Stempel Garamond
Druck und Bindung: CPI books GmbH, Leck
Printed in Germany
ISBN 978-3-455-01966-7

Die automatisierte Analyse des Werkes, um daraus Informationen
insbesondere über Muster, Trends und Korrelationen gemäß § 44b UrhG
(»Text und Data Mining«) zu gewinnen, ist untersagt.

HOFFMANN
UND CAMPE

Ein Unternehmen der
GANSKE VERLAGSGRUPPE

Inhalt

Zeitenwende, Männlichkeit

Wieder einmal sind wir in einer Zeit der Kriege angekommen, und obwohl wir noch nicht unmittelbar betroffen sind, hat die konkrete Bedrohung schon vieles ins Wanken gebracht, was wir uns im Lauf der letzten Jahrzehnte an Überzeugungen und an gesellschaftlichen Werten erarbeitet hatten. Dazu gehören auch Lebenskonzepte und Rollenerwartungen, maßgeblich geprägt von einer ganzen Reihe an Generationen, die sich in Sicherheit wähnten.

Selten geht es in bewaffneten Konflikten nur um ökonomische Interessen und territorialen Gewinn, meist geht es auch um ideologische und kulturelle Hegemonie, nicht zuletzt zur Legitimation der Gewalt. Selbst ein offensichtlicher Aggressor wie Rußland begründet seinen Angriff auf die Ukraine unter anderem als »Verteidigung« gegen das Vordringen westlicher Werte. Ein maßgeblicher Teil der islamischen Welt tut dies nicht minder, auch wenn es ihm in erster Linie um Auslöschung Israels geht. Das Massaker der Hamas vom 7. 10. 2023 wurde bis Malaysia und Indonesien gefeiert und, als ob das nicht genug wäre, als Aufstand gegen einen angeblichen israelischen Kolonialismus gerechtfertigt.

Was bedeutet das Näherrücken des Krieges für eine Bevölkerung, deren unterschiedlichen Fraktionen und Interessensgruppen vielleicht als letzter gemeinsamer Nenner die Parole »Nie wieder Krieg!« geblieben ist? Für eine Bevölkerung, die ernsthaft glaubte, sich nie wieder verteidigen zu müssen, und die Aussetzung der allgemeinen Wehrpflicht als Beitrag zum ewigen Frieden verstand? Eine Bevölkerung, die sich jetzt vermutlich nicht mal darauf einigen könnte, was überhaupt verteidigt werden sollte – etwa unser Land? Freiheit und Demokratie und die damit verbundenen Lebensformen? Oder doch nur unser Wohlstand?

Und schließlich: Wann müßten wir mit dem Verteidigen denn beginnen – wenn Rußland im Baltikum »bedrohten russischen Minderheiten zu Hilfe eilen« würde? Oder schon in künftigen Silvesternächten, wenn wir nicht nur Frauen schützen wollten, sondern damit auch unsre Vorstellung vom Zusammenleben der Geschlechter? Gewalt ist Gewalt, in welcher Dimension auch immer, und wir sollten sie zumindest abwehren *wollen*. Aber wären wir dazu noch in der Lage? Ja wären wir dazu überhaupt bereit, notfalls sogar in der direkten Auseinandersetzung, Mann gegen Mann?

Plötzlich gibt es Fragen, auf die wir rasch Antworten finden müssen. Mir wird schon mulmig, indem ich sie mir stelle. Es geht ja nun nicht mehr nur um Marathonläufe, Hochgebirgstouren oder sonstige sportliche Herausforderungen, in denen man sich bewähren muß. Es geht um den Ernstfall, um das Finden einer Haltung für Tag X.

Jeder einzelne, welchen Geschlechts auch immer, muß mit diesen Fragen für sich ins Reine kommen. Ich kann es nur als Mann, fühle mich dazu als Mann auch besonders in der Pflicht. Das mag altmodisch sein, aber vielleicht bin ich mit dieser Haltung weniger allein, als es scheint. Immerhin können Frauen – Gleichberechtigung hin oder her – bei uns nicht zum Kriegsdienst eingezogen werden. Und das sogenannte »Selbstbestimmungsgesetz« regelt, daß im Falle einer Einberufung auch Männer mit geändertem Geschlechtseintrag dem Dienst an der Waffe nicht entgehen. Mann bleibt Mann.

Ich werde mich also bei meiner Suche nach Antworten auf eine männliche Perspektive und überhaupt auf Männer begrenzen und wie wir uns plötzlich wieder neu in Frage stellen müssen.

Oder dürfen? Mehr oder weniger offen wendet man sich in der panrussischen wie der panislamischen Welt, aber auch in einer ganzen Reihe von Staaten des globalen Südens gegen den Westen und seinen immer kleinteiliger ausdifferenzierten Freiheitsbegriff, nicht zuletzt im Umgang mit Geschlecht und Geschlechterrollen. In den Debatten des Westens fördert man seit Jahren alles, was vom bisherigen Konsens der Mehrheitsgesellschaft abweicht. Ja, man stellt den Begriff des »Normalen« selbst in Frage und versteht ihn als ein Instrument kultureller Hegemonie und Ausgrenzung all derer, die davon (angeblich) abweichen.

In Rußland und in Ländern, die vom Islam geprägt sind, verachtet man uns gerade deshalb – so hat man's mich auf meinen Reisen seit Jahren immer wieder wissen lassen. Da wie dort inszeniert man sich als moralisch überlegen, als Beschützer der Familie und Bewahrer traditioneller Geschlechterrollen. Man »verteidigt« die eigenen Vorstellungen von Normalität. Abweichungen von den Überzeugungen des Mainstreams werden nicht etwa gefördert, sondern geahndet – vom Verprügeln bis zur Verbannung in Todeslager oder öffentlichen Hinrichtung.

Wer sich mit Zukunftshoffnungen und -ängsten von Gesellschaften beschäftigt, muß sich zwangsläufig auch mit den divergierenden Erwartungen an Geschlechterrollen auseinandersetzen. Insbesondere Männer und »Männlichkeit« werden in Kriegszeiten fast zwangsläufig anders beurteilt als in Friedenszeiten, da unsere Vorstellung davon mit Ausübung und Verhinderung von Gewalt verbunden ist. Und Kriegszeiten haben ja gerade wieder begonnen – auch für uns. Brauchen wir jetzt vielleicht Männer, die sich klassischer Rollenmuster erinnern und dennoch die neuen Interpretationen ihrer Geschlechterrolle nicht preisgeben?

Die Konfrontation der Werte, die in den verschiedensten Regionen der Welt zunehmend mit Gewalt ausgetragen wird, läßt sich seit Jahren auch in Europa verfolgen: als »Kampf der Kulturen«. Schon den Begriff hat man oft als maßlose Übertreibung zurückgewiesen, dabei ist dieser Kampf in seiner hybriden Form längst auch bei uns im Gange. Auf unseren Straßen spielen sich mitunter Szenen ab, die uns einen Vorgeschmack davon geben, wie »Pariser Verhältnisse« auch hierzulande anbrechen könnten, etwa wenn arabischstämmige Jugendliche Böller auf Polizisten abfeuern, um sie zu einem Kräftemessen herauszufordern. Oder wenn propalästinensische Demonstranten den Polizeibeamten »Wir hauen euch Kartoffeln« zurufen, »Wir schlachten euch ab wie die Zionisten«.[1]

Nein, das ist gewiß nicht repräsentativ für die Mehrheit

in den verschiedenen migrantischen Milieus. Aber Ausdruck relevanter Minderheiten ist es schon. Was wir auf unseren Straßen dann sehen, sind randalierende oder skandierende Machos, die sich hemmungslos austoben – *alte* Männer in des Wortes übertragener Bedeutung, auch wenn sie erschreckend jung sind. Sie wollen es drauf ankommen lassen, sie wollen kämpfen, und sie fordern uns sogar expressis verbis dazu auf. Wir können es nicht länger verdrängen: Überkommene Geschlechterstereotype sind in unsre Gesellschaft eingewandert und bedrohen sie ganz konkret.

Sie treffen auf eine verunsicherte Gesellschaft, die selbst noch im Findungsprozeß ist, was etwa Männlichkeit im 21. Jahrhundert bedeuten könnte. In ebenjenem Prozeß entdecken wir immer weitere Abweichungen von der »Norm«, entstanden ist auf diese Weise eine Gesellschaft von Singularitäten und identitären Minderheiten.

Eine Ausweitung des persönlichen Freiheitsspielraums ist natürlich immer zu begrüßen. Doch der Fortschritt hat eine Kehrseite: Im postmodernen Diversitätsstrudel gelten Männer, an denen die aktuellen Debatten vorbeigegangen sind, als »sehr bösartig, gefährlich, schädlich, zermürbend« – so die aktuelle Definition des Wortes »toxisch« durch den Duden. Der »alte weiße Mann« ist zur Inkarnation von Rassismus, Sexismus und Gewalt erklärt worden. Übriggeblieben ist der gebändigte Mann, ein in alle Richtungen empathisches Männchen, das immer auch die bessere Feministin sein will.

Dem herrschenden Zeitgeist zum Trotz finden sich zunehmend Männer auf den Straßen zusammen, die sich in aufwendigen Abklatschritualen ihrer Virilität versichern und auch in ihrem sonstigen Gebaren vor allem das eine darstellen wollen: daß sie ganze Kerle sind. Deutlich subtiler, in seinem Sendungsbewußtsein jedoch nicht weniger entschieden war der Mann, dem ich unlängst auf der Straße begegnete: Er trug ein schwarzes T-Shirt mit der Aufschrift »Homme«. Man muß erst einmal begreifen, daß das keine Selbstverständlichkeit mehr ist, daß es sich hier um ein »Outing« mit Botschaft handelt.

Wann ist ein Mann ein Mann? Die einen tragen der Gesinnungswärme wegen auch im Sommer Mütze und würden am liebsten sogar Haushaltsgegenstände gendern, die andern machen Krafttraining oder lassen sich zumindest beim Friseur ein Image als böser Bube verpassen. Die einen wollen um jeden Preis geliebt werden, die andern respektiert oder gar gefürchtet. Die einen halten nicht mal mehr biologische Tatsachen für verbindlich, die andern setzen ein bewußt inszeniertes Macho- und Proletentum dagegen. Karikaturen von Männlichkeit da wie dort.

Dreißig, vierzig Jahre lang hatten die Befürworter einer neuen, differenzierten, emanzipierten – man möchte fast sagen: einer feministisch verstandenen – Männlichkeit alle guten Argumente auf ihrer Seite. Männer, die sich nicht als »neue«, sondern als herkömmliche Männer begreifen wollten, hatten es »noch immer nicht begriffen«, man unterstellte ihnen, daß sie »abgehängt« waren und sich deshalb »in patriarchale Ersatzklischees flüchten« mußten. Selbstredend galten sie als misogyn, sprich, als erledigt. Und wer es anders sah, war gut beraten, den Mund zu halten – habe den Mut, dich deiner eigenen Feigheit zu besinnen.

So hat sich die Diskussion über Männlichkeit im Lauf der Jahre auf »toxische« Männlichkeit fokussiert; die Beschäftigung mit »herkömmlicher« Männlichkeit (in all ihrer

Ambivalenz) ist hingegen fast ganz aus dem öffentlichen Gespräch verschwunden. »Man darf nicht einmal das Wort Männlichkeit verwenden, ohne als Faschist zu gelten«, sagte der französische Philosoph Michel Onfray vor gar nicht so langer Zeit im Interview.[2]

Doch das ändert sich gerade. Angesichts der Kriege, die gefährlich nah an unseren Alltag herangerückt sind, und einer immer häufiger sichtbaren maskulinen Gewalt im Inneren wankt der ideologische Überbau, den sich der Westen auf zunehmend selbstzerstörerische Weise verordnet hat, lösen sich jahrzehntelang dekretierte Selbstverständlichkeiten wie von selbst auf. Nachdem wir immer mehr Grenzen durchlässig gemacht haben, weltanschauliche wie real existierende, stellen wir plötzlich fest, daß man sie unter gewissen Umständen doch aufrechterhalten und verteidigen muß. Genauer gesagt: verteidigen können muß.

Der Appell an ein ominöses »Wir« in einem ebenso ominösen »Zusammenland« wird aber vermutlich nicht reichen, um den drohenden oder auch nur heraufbeschworenen Gefahren etwas Konkretes entgegenzusetzen. Der gehäufte Gebrauch solcher Schlüsselwörter weist auf einen plötzlich verspürten Mangel hin; je lautstärker man einander gemeinsamer Werte und Überzeugungen versichert, umso größer werden die Zweifel, ob es sie überhaupt noch gibt.

Beruhigender wirkt da allemal die Grundsteinlegung zu einer neuen Fabrik des Waffenherstellers Rheinmetall, Kanzler und Verteidigungsminister wohnten bei, das Presse-Echo in Deutschland war enorm und keineswegs kritisch, vor kurzem noch völlig undenkbar.[3] Seit einem Jahr spricht niemand mehr von »feministischer Verteidigungspolitik«, stattdessen sogar prominente Grüne von »Wehrhaftigkeit«, die man gegen die Bedrohung durch die russische Aggression entwickeln müsse, ja von »Kriegstüchtigkeit«. Selbst der Cunctator Olaf Scholz verkündete am 24. 2. 2024, dem zweiten Jahrestag des russischen Angriffs auf die Ukraine, »Abschreckung« müsse wieder oberstes Primat der Staatsräson werden – ein Wort, das man seit 1989 völlig vergessen hatte.

Freilich wird Abschreckung mit beschleunigter Aufrüstung allein nicht zu bewerkstelligen sein. Wehrhaftigkeit ist vor allem eine Haltung, sie beginnt beim einzelnen und nicht erst im Krieg. Gewaltbereitschaft kann man nicht, wie wir jetzt langsam auch in Deutschland begreifen, mit bloßen Argumenten entgegentreten. Man muß Gewalt abwehren können. In vielen Fällen reicht ein Kräftemessen per Imponiergehabe wie im Tierreich, danach dreht der Schwächere ab. Aber auch zu einem solchen Kräftemessen muß man erst mal willens und in der Lage sein. Während wir ein paar Jahrzehnte an einem neuen, gewaltfreien Männerbild gearbeitet haben, sehnen sich viele jetzt nach Männern – kaum je nach Frauen –, die dem Vormarsch aggressiver Männlichkeit Paroli bieten wollen, bei Konfliktsituationen im Alltag, aber auch an den Grenzen Deutschlands und der NATO.

Der Mann, der »alte Mann«, in dessen Bändigung wir so viel investiert haben, zeigt sich bereits ganz unverhohlen mit all seinen überwunden geglaubten Schrecknissen, die freilich, sofern der Kontext stimmt, zu heftig erhofften Tugenden umgedeutet werden: zum Stereotyp geronnen als böser Mann (Putin) versus guter Mann (Selenski). Der eine posiert mit nacktem Oberkörper auf dem Rücken der Pferde – in Photomontagen bezeichnenderweise auch auf dem Rücken eines Bären oder eines Killerhais –, der andre, nicht weniger viril, aber deutlich lässiger, im soldatischen Oliv, tapfer dem übermächtigen Aggressor die Stirn bietend. Schlechte Gewalt, gute Gewalt. Angriff und Eroberung versus Verteidigung des eignen Landes und der Freiheit. Beides mit demselben Impetus inszeniert, derselben Strahlkraft, derselben Botschaft: Entschlossenheit.

Auch auf unseren Straßen ist eine andere Entschlossenheit zu spüren, in unseren Gesprächsrunden, in zufälligen Bemerkungen, die ich da und dort aufschnappe. Derartige Mikro-Evidenzen sammle ich nicht nur gezielt bei der Recherche für einen neuen Roman, sondern eigentlich immer, sozusagen auf Halde. Es sind Puzzlestücke an Welterfahrung, die sich im Lauf der Zeit zu einem Bild fügen, das nicht selten von dem abweicht, was aktuell in den Medien zirkuliert. Und auch jetzt ist aus einer diffusen Ahnung, die mich vor drei, vier Jahren befiel, die Gewißheit geworden, daß wir binnen kurzem eine Renaissance überkommener männlicher Tugenden (und Untugenden) erleben werden, aus der Not geboren und von grassierender Zukunftsangst befeuert. Schon mehren sich die Stimmen, die bei den Worten »Mann« und »Männlichkeit« nicht mehr gleich »toxisch« oder »schuldig« assoziieren, die Männlichkeit nicht länger pauschal diskreditieren, sondern eine differenzierte Rückbesinnung auf das fordern, was Männlichkeit alles – auch im guten Sinne – bedeuten kann: nicht zuletzt Mut bis hin zur Bereitschaft, für den Schutz etwa der eignen Familie oder, abstrakter, der eignen Wertegemeinschaft das Leben zu riskieren.

Neue Männer braucht das Land, Verteidiger unserer

Kultur und ihrer Werte. Oder besser: Menschen mit alten, traditionell den Männern zugeschriebenen Tugenden braucht das Land, welchen Geschlechts auch immer. Was keineswegs heißen soll, daß wir auch im Westen einer Renaissance der längst überwunden geglaubten Geschlechterklischees bedürfen. Daß Diversität von Geschlecht und gelesenem Geschlecht, aller öffentlichen Beschwörung zum Trotz, nicht länger als zentrales Anliegen unsrer Gesellschaft bewirtschaftet werden kann, macht das Rollenmodell einer herkömmlichen, womöglich »stereotypen«, gar machistischen Männlichkeit ja nicht plötzlich weniger problematisch.

Ja, wir brauchen Männer, die sich klassischer Rollenmuster erinnern und dennoch die neuen Interpretationen ihrer Geschlechterrolle nicht preisgeben. Also keine virilen Großsprecher, aber auch keine ideologischen Kleinsprecher. Gerade erst ist eine Zeit angebrochen, in der »Wokeness«, also Wachsamkeit gegenüber gesellschaftlichen Problemfeldern, nicht mehr im Vordergrund steht. Wenn Dogmen, die über Jahre gegolten haben, nun wieder hinterfragt werden dürfen, lassen sich womöglich neue und alte Tugenden von Männlichkeit zusammendenken.

Diese *neue alte Männlichkeit* wäre weiterhin emanzipiert und mit ihr der *neue alte Mann*, nicht zuletzt verteidigt er ja auch Errungenschaften unsrer westlichen Diskurse. Im Fall des Falles freilich – und ich meine hier nicht nur Polizisten und Berufssoldaten im Einsatz – nicht bloß mit Argumenten.

Im Fall des Falles … versuchsweise nennen wir es Zeitenwende, Epochenbruch, Systemwechsel. Noch ist es begrifflich schwer zu fassen, doch umso deutlicher zu ahnen:

das Ende von etwas, der Anfang von etwas. Tag für Tag verschiebt sich unsre Gestimmtheit als Gesellschaft ein Stückchen weiter weg von der dekonstruktivistischen Euphorie der letzten Dekaden hin zur Sorge, was von unseren Werten, unseren diversen Lebensformen demnächst noch zu bewahren sein wird – bis hin zur diffusen Angst vor dem Untergang unserer Kultur.

Und damit einher geht die nächste Sorge: Eine Gesellschaft, die von Angst getrieben ist, neigt bekanntlich nicht zu demokratischen Lösungen. Ein befreundeter Handwerker erzählte mir, die älteren Bewohner seines Dorfes in Mecklenburg würden durch die Bank versichern, die Stimmung sei derzeit ähnlich derjenigen vor dem Zusammenbruch der DDR. Mein Hamburger Freund Mehmet drückte es unlängst so aus: »Der Bach geht runter.« Aber er lachte dabei, er hatte keine Angst. Müßig zu sagen, daß er einer dieser Männer ist, auf die wir uns im Fall des Falles verlassen können. Er wartet nicht einfach ab, er stimmt sich ein.

All das war 2020 noch unvorstellbar weit weg. Keiner rechnete damals mit Krieg und was er bereits als Drohkulisse für unsere Gesellschaft auslösen würde. Warum griff ich da ausgerechnet zu meiner seit Jahrzehnten gemiedenen Borges-Gesamtausgabe, warum war ich – ein anerkannter Kriegsdienstverweigerer – bald fasziniert von seinem Werk, in dem Gewalt und Krieg einen solch prominenten Platz einnehmen?

Wenn ich jetzt lese, was ich damals, unter dem unmittelbaren Lektüreeindruck stehend, geschrieben habe, frage ich mich: Lösten Borges' Texte ähnliche Befürchtungen bei mir aus, wie ich sie 2013 im Roman »Samarkand Samarkand«

als Dystopie ausbuchstabiert hatte? Als eine erste Niederschrift des vorliegenden Essays im Herbst 2020 vorlag,
reagierten meine Freunde freilich ihrerseits besorgt: Ein
Buch über Männlichkeit? Und das willst du heutzutage
veröffentlichen? Ja bist du denn verrückt?

War man das, wenn man 2020 über Männlichkeit nach-
dachte? In zahlreichen meiner Bücher habe ich mich mit
den wechselweisen Rollenerwartungen von Männern und
Frauen und den damit verbundenen Sehnsüchten und Ver-
zweiflungen beschäftigt. Am offensichtlichsten im »Weiberroman« samt seinem als eigenständigem Roman unter dem
Titel »Ein Mann von vierzig Jahren« erschienenen vierten
Teil. Oder in »Weißer Mann – was nun?«, einem Essay,
der schon im Jahr 2005 unsre Erwartungen an Männer mit
jenen kontrastierte, wie sie in anderen Weltgegenden herrschen. Zuletzt 2023 im Äthiopienroman »Alles wird gut –
Chronik eines angekündigten Todes«, in dem das Scheitern
einer Liebe ganz maßgeblich in den inkompatiblen Vorstellungen vom jeweils anderen Geschlecht gründet.

Inzwischen sehe ich, daß meine Borges-Lektüre und der
Text über Männlichkeit, der daraus entstand, auch eine
Vorstudie zu ebenjenem Roman war. Und ich frage mich,
ob damals schon der richtige Zeitpunkt für eine Veröffentlichung gewesen wäre oder ob der Text jetzt besser paßt, da
sich das gesellschaftliche Klima so dramatisch verändert hat.

Seit Jahrzehnten vermarktet man Borges als versponnen Weltenbauer, als blinden Seher inmitten einer sich ins
Unendliche dehnenden Bibliothek, als magischen Realisten
weit jenseits der Niederungen konventioneller Plots und
gar solcher über männliche Gewalt. Ich begann zu lesen
und war bald regelrecht wie vor den Kopf geschlagen –

also begeistert? Oder doch eher abgestoßen? Jedenfalls verwirrt, daß hinter dem eifrig kolportierten Vorzeige-intellektuellen ein ganz anderer Borges verborgen ist, ein eminenter (Möchtegern-)Macho, vor dessen literarischem Personal man Angst bekommen kann. Angst, weil seine Protagonisten einer Männlichkeit huldigen, gegen die sich einer wie ich in der realen Welt kaum würde zur Wehr setzen können: Messerstecher, Mörder, Eroberer, Krieger.

Irgendwann wurde ich den Verdacht nicht mehr los, daß man *diesen* Borges aus dem kulturellen Diskurs gehalten und fast schon aus dem kulturellen Gedächtnis getilgt hatte, weil der versponnen scharfsinnige und nahezu geschlechtslos anmutende Borges – den es zweifellos gibt – viel besser zu unsrer Zeit paßte. Auch andere Schriftsteller haben sich mit einem archaischen Männerbild auseinandergesetzt und nicht selten entsprechend gelebt. Daß sich ausgerechnet ein Feingeist wie Borges nicht etwa kritisch damit beschäftigte, sondern dafür begeisterte und in unzähligen Texten daran abarbeitete, das ließ sich mit seiner filigranen Intellektualität immerhin so perfekt kaschieren, daß es auch nicht im entferntesten in sein Image einfloß.

»Ehre« und »Mut«, ausgerechnet bei Jorge Luis Borges habe ich diese beiden Begriffe wiederentdeckt, nachdem ich sie jahrzehntelang zwar nicht völlig vergessen, jedoch allenfalls im Stillen als Handlungsmotiv erwogen hatte. Nämlich solange ich in deutschen Debatten und Befindlichkeiten verortet war. Sobald ich Europa hinter mir gelassen hatte, wurden Ehre und Mut schlagartig wieder von mir gefordert, anders wäre ich gar nicht ernstgenommen worden und mitunter auch nicht unbehelligt geblieben.

Früher hatte ich meine männliche Identität einfach mit

den Kontinenten gewechselt, so war ich da wie dort bestens klargekommen. Herausgefordert durch Borges, wollte ich endlich für mich und in mir selbst zusammenbringen, was ja vielleicht zusammengehört: den »neuen Mann«, der ich als Teil des großstädtischen Akademikermilieus seit Studententagen bin, und den traditionellen »alten Mann«, der ich in der Karibik, in Südamerika, Afrika, Zentralasien und erst recht im arabischen Raum sein muß. Ich wollte *eine*, meine Vorstellung von Männlichkeit gewinnen, die sowohl im mitteleuropäischen Kontext funktioniert als auch in jedwedem »härteren« Winkel der Welt.

Es lief nicht auf ein Entweder-oder hinaus, sondern auf ein Sowohl-als-auch, auf eine Melange von Tugenden und Untugenden »alter« und »neuer« Männlichkeit bei wechselnder Akzentuierung je nach Gegebenheit. Denn davon will ich auch in postwoken Zeiten nicht lassen, von einem spielerischen Verständnis von Männlichkeit, das über eine Bandbreite an Männlichkeit*en* verfügt einschließlich einer etwas breitbeinigeren, die man einnimmt, um nicht verlacht oder vermöbelt zu werden. Und um schon in der nächsten Sekunde über sich selbst den Kopf zu schütteln, weil das geläuterte Selbstverständnis als Mann wieder die Oberhand gewinnt.

Es geht mir um das Umkreisen einer Mitte, die kein fest fixiertes Zentrum hat und dennoch das Gegenteil von beliebig ist. Einer Mitte, in der die Tugenden herkömmlicher wie neuer Männlichkeit(en) – also etwa Mut *und* Empathie – als beständig changierende Schnittmenge zusammenfinden und einander die Waage halten, auf daß sie sich nicht vereinseitigen und zu Untugenden radikalisieren. Bis aufs erste glaube ich zu wissen: Auch ich selbst will kein

»neuer Mann« mehr sein, sondern ein »alter neuer«, wahlweise ein »neuer alter Mann«.

Der Versuchung, das Buch aufgrund der veränderten Rahmenbedingungen noch einmal neu zu schreiben, habe ich widerstanden. Und auch derjenigen, etwa durch nochmalige Lektüre von Klaus Theweleits »Männerphantasien« mein Thema als einen wissenschaftlichen Forschungsgegenstand zu begreifen und abzusichern. Schon erscheinen in den Medien erste Artikel über die sich wandelnde Wahrnehmung von Männern, doch auch in dieser Hinsicht habe ich darauf verzichtet, nachträglich Verbündete für meine Thesen in den Text einzuarbeiten. Denn de facto war ich während der Niederschrift allein.

MP, 10/6/24

Kühn

Beginnen wir mit Hemingway, denn er gilt, anders als Borges, von jeher als Macho. Als ich ihn das erste Mal las, war ich enttäuscht. Ich war Anfang zwanzig und stand auf Gedichte von Brentano und die Dramolette des jungen Hofmannsthal. Ein Text wie »Der alte Mann und das Meer«, der bewußt ganz einfach daherkommt, konnte meinen schwärmerischen Geist nicht berühren. Ich wußte damals noch kaum zwischen den Zeilen zu lesen und liebte Texte, die expressis verbis viel zu bieten hatten, die Satz für Satz funkelten oder zumindest leuchteten. Es zog mich dann weiter zur expressionistischen Lyrik, zu Mallarmé, Laurence Sterne und wie sie alle hießen.

Vielleicht war ich schlichtweg zu jung für Hemingway gewesen, ein romantischer Träumer, der reichlich abgehoben von der wirklichen Wirklichkeit einer Vision vom absoluten Text hinterherschrieb.

Als ich Jahrzehnte später wieder zu Hemingway fand, konnte ich seine Komplexität unter scheinbar simpler Textoberfläche schon besser begreifen. 1987 hatte ich meinen ersten Roman veröffentlicht, »Aus Fälle / Zerlegung des Regenbogens«, die Presse sah ihn einhellig in der Tradition von Joyce und Arno Schmidt. Was als Lob gemeint war, machte mich eher mißtrauisch, schließlich hatte ich von beiden Autoren keine Zeile gelesen. Als ich es dann tat, um zu sehen, was an dem Vergleich dran sein mochte, war ich verstimmt. Nein, in dieser Ecke der Literatur wollte ich mich nicht sehen! Vielleicht war es auch das, was mich Anfang der neunziger Jahre weglockte von den aufwendig bearbeiteten Textoberflächen – all dem Glitzernden, das man leichthin als »experimentell« oder »avantgardistisch« bezeichnet –, hin zum realistischen Erzählen. Und im Lauf der Jahre immer weiter in Richtung eines »Relevanten Realismus«, wie ich ihn 2005, zusammen mit drei Schriftstellerkollegen, in einer gemeinsamen Standortbestimmung nannte.[1]

Da kam Hemingway nur allzu recht. Vor allem seine Romane verschlang ich, er prägte mein Verständnis von gut geschriebener Literatur radikal um. Gut nämlich nicht nur für den Autor, sondern auch für den Leser. Gleichzeitig haderte ich mit ihm; was ich über sein Leben in Erfahrung gebracht hatte, stieß mich eher ab. Zog mich insgeheim jedoch auch wieder an. Es lag etwas in diesem Leben, nach dem ich mich ebenfalls sehnte, es schmeckte nach Abenteuer und Gefahr. Selbst wenn es um Leben und Tod und Töten ging, schreckte ich zumindest als Leser nicht davor zurück, ihm zu folgen.

1997 veröffentlichte ich den »Weiberroman«, der nicht selten als Männerroman rezensiert wurde. Das war damals durchwegs positiv gemeint. Gregor Schattschneider, die Hauptfigur, ist natürlich kein Macho. Er entspricht eher dem (überforderten) deutschen Durchschnittsmann, der an den Ansprüchen seiner wechselnden Partnerinnen, aber auch des Lebens, immer wieder scheitert.

Im Roman »Herr der Hörner« (2005) scheitert ein Hamburger Banker, diesmal im kubanischen *Oriente* – der exemplarische Untergang des weißen Mannes in einer Welt, deren rätselhafte Grausamkeit er immer weniger begreift. Im Roman »Samarkand Samarkand« (2013) ist die Hauptfigur zwar deutlich robuster, ein ehemaliger Gebirgsjäger, aber ob er seinen Weg durchs zentralasiatische Hochgebirge wirklich überlebt, bleibt am Ende offen.

Durch eine ganze Reihe meiner Veröffentlichungen, so scheint es mir im Rückblick, zieht sich das Thema Männlichkeit. Und natürlich auch durch mein Leben. Das wurde mir in den letzten Jahren durchaus schmerzhaft bewußt, als die Debatte um die »alten weißen Männer« von den USA nach Europa überschwappte und Männlichkeit plötzlich als Problem per se gesehen wurde. Mittlerweile hatte ich selber ein paar Abenteuer überstanden, vor allem in Asien und Afrika, und einige davon um Haaresbreite. Ganz zwangsläufig entwickelte ich ein Gespür dafür, daß ich in den richtig aufregenden Ecken der Welt besser nur mit Freunden unterwegs war, die auch mal etwas holzschnittartiger auftreten konnten, bestimmter im Ton, klarer in der Sache und dennoch alles andere als großmäulig und platt. Sondern eher entspannt und, wann immer möglich, mit Humor. Wenn man diese Rolle nicht einnehmen kann, muß man sie spielen; eine dritte Option, mit Würde zu bestehen, gibt es dort nicht. Vielleicht ist ja gerade das spielerische Moment nicht unwichtig, wenn es um ein neues Verständnis von Männlichkeit geht, das dem alten, latent gewaltbereiten Rollenmodell in der direkten Auseinandersetzung ebenbürtig entgegentreten kann?

Ob gespielt oder nicht, die wiederkehrende Erfahrung, daß man auf bestimmten Reisen eine andere Körperhaltung braucht als zu Hause und eine andere Art zu reden, hat auch Auswirkungen darauf, wie man schreibt. Vor allem, wenn man einen Großteil der Sätze bereits vor Ort notiert und nicht in der geschützten Komfortzone des eignen Arbeitszimmers.

Männlichkeit, ein großes Thema, das mich bis heute nie anhaltend interessiert und offensichtlich doch ein Leben lang beschäftigt hat, zumindest immer wieder. Darüber jetzt zu schreiben – und über eine Spielart von Männlichkeit, die mittlerweile in Verruf geraten ist –, mag angesichts des herrschenden Zeitgeists kühn, um nicht zu sagen: vermessen sein.

Und das ausgerechnet deshalb, weil ich Borges gelesen habe.

Um anschließend ein weiteres Mal Hemingway zu lesen.

Und schließlich mit mir selbst ins Gericht zu gehen und mich zu befragen, was mir »Männlichkeit« all die Jahre bedeutet haben mag und heute bedeutet. Ein wie auch immer forciertes Rollenverhalten, um einen Status zu beanspruchen oder gar um Macht zu demonstrieren, da bin ich mir sicher, bedeutet es mir nicht. Es geht mir nicht um Imponiergehabe, Gewaltausübung, Machismo oder jede andere Form einer explizit zur Schau gestellten Männlichkeit auf Kosten anderer. Daß ich all diese meist primitiv, mitunter auch ziemlich raffiniert inszenierten Zerrbilder von Männlichkeit ablehne, versteht sich von selbst. Es geht mir um eine Männlichkeit, mit der ich mich – um hier wenigstens schon mal diesen Aspekt anzusprechen – in der Lage weiß, im Fall des Falles auch außerhalb der eignen intellektuellen Filterblase zu bestehen, *ohne daß ich dabei meine Einstellungen verrate.*

Es geht mir um eine angemessene, vielleicht nur mir auf diese Weise angemessene Männlichkeit. Eine, die ich ganz unabhängig von anderen immer spätestens dann erneut anstrebe, wenn ich in einer mir fremden, eher unwirschen Umgebung etwas suche, das ich in meinem Alltag nicht bekomme. Das kann schon in einem entlegeneren Viertel meiner Heimatstadt sein, in dem ich die guten Wege nicht kenne und die Spielregeln, die dort herrschen. Es geht mir darum, daß ich mich – selbst angesichts von Konfrontationen, wie sie in gewissen Konstellationen manchmal unvermeidbar sind – wohl fühlen kann in meiner Haut. Und in meiner Haltung.

Warum gelingt mir das in der Fremde eher als daheim? Ob es damit zusammenhängt, daß es im Verlauf der letzten Jahrzehnte zunehmend schwerer geworden ist, sich als Mann zu begreifen, in schlichter Gegenüberstellung zum Weiblichen als dem »anderen«? Für den, der sich den Postulaten der Gender Studies nicht von vornherein verschließt, sind Geschlechtergrenzen durchlässig geworden, sind klassische Geschlechterrollen zur Disposition gestellt und durch eine Unzahl weiterer Zuschreibungen, Lesarten, Optionen ergänzt worden. Das, was als Jugendlicher verwirrend war und im Lauf des Lebens überraschend einfach wurde, nun ist es erneut verwirrend geworden. Im Hinblick auf wen oder was kann ich mich je wieder so selbstverständlich als Mann begreifen wie vor fünfzig Jahren, als ich es schlagartig tat, nur weil ich zum ersten Mal in ein Mädchen verliebt war?

Anscheinend kann ich es, und sogar regelmäßig aufs neue, im Hinblick auf das andere, wie es die Fremde nach wie vor bietet – zumindest in den Gegenden, die von der Globalisierung bislang weitgehend verschont blieben.

Es geht mir um eine Männlichkeit, in der ich mich, zurück zu Hause, wieder eine Weile so wohl fühle wie in einem perfekt geschnittenen Anzug: den ich gar nicht spüre und der also nicht weiter der Rede wert ist.

Ausgerechnet Borges hat mir in dieser Hinsicht die Augen geöffnet. Ganz sicher nicht, weil er mir aus der Seele gesprochen hätte! Im Gegenteil. Die Männlichkeit, die er in seinen Texten darstellt, ist vielleicht das Extremste, was ich diesbezüglich – nicht etwa nur in der Literatur, sondern auch in der Welt, die extremsten Ecken eingeschlossen – kennengelernt habe. Ich werde mich bemühen, sie im Folgenden aus den Quellen heraus darzustellen. Der Standpunkt, den ich selber einnehme, wird sich en passant verdeutlichen, indem ich mich an Borges abarbeite, als Leser, als Schriftsteller und, aber ja, als Mann. Ich frage mich, ob all jene, die seinen Namen rühmen, überhaupt ahnen, was ihn hinter seiner weltfremd versponnenen Fassade wirklich umtrieb. Denn so viel sei schon hier gesagt: Ein »alter weißer Mann« war auch er – oder wär's zumindest verdammt gern gewesen.

Barockes Erzählen, direktes Erzählen

Jorge Luis Borges hatte ich schon seit 1999 im Visier, als ich, im Vertrauen auf den großen Namen des Verfassers, gleich eine Gesamtausgabe in zwölf Bänden subskribierte.[1] Jedesmal, wenn ein neuer Band erschien, las ich ihn voll Neugier an, um nur immer wieder zum selben Ergebnis zu kommen: Oje, warum hatte ich mir ausgerechnet *den* verordnen wollen und dann gleich als Gesamtpaket?

Zwanzig Jahre lang hatte ich einen Bogen um ihn gemacht; nun wollte ich mich der Sache stellen. Ich nahm mir den ersten Band von Borges' Erzählungen aus dem Regal und war entschlossen, die Sache durchzuziehen.

Borges gilt als einer der größten Intellektuellen des 20. Jahrhunderts und als Erfinder des magischen Realismus. Man kennt ihn als Bewohner von Bibliotheken, der noch als Blinder nicht von Büchern lassen konnte. Er lebte in der Literatur, von der Literatur, für die Literatur, und ansonsten den größten Teil seines Lebens bei seiner Mutter, die ihn bis zu ihrem Tod im Alter von 99 Jahren versorgte. Zu lesen begann er angeblich mit vier, recht bald die Werke der Weltliteratur, zu schreiben mit sechs. Als Sechsjähriger verkündete er seinen Eltern auch schon, daß er Schriftsteller werden wolle.[2] Seine erste Veröffentlichung war die Übersetzung eines Oscar-Wilde-Gedichts ins Spanische, da war er gerade mal neun,[3] sein erstes eigenes Gedicht publizierte er mit zwanzig.[4] Was für ein überprallvoll gesegnetes, was für ein beklemmend einseitiges Leben schon in diesen frühen Jahren!

Und so blieb es dann mehr oder weniger, bis er sich mit 86 Jahren zum Sterben nach Genf zurückzog.

Das ist nicht polemisch gemeint. Der reife Borges urteilte weit drastischer: »Leben und Tod haben meinem Leben gefehlt. Dieser Armut ist meine beflissene Liebe zu diesen Spitzfindigkeiten entsprungen.«[5] Mit »diesen Spitzfindigkeiten« meint er seine essayistischen Untersuchungen, er hätte es auch über sein Gesamtwerk sagen können. Ausgerechnet der Mangel an Leben ist es und wie er ihn literarisch kompensiert, der mich bei meiner Lektüre später in Bann schlagen wird.

Soweit meine vage Ahnung, was und wer Borges sein könnte. Dann schlage ich den ersten Band seiner Erzählungen auf und beginne … nicht ganz vorne, sondern gleich mit einem seiner berühmtesten Werke, ich will ihn von

Anfang an auf maximaler Flughöhe erleben: »Fiktionen«, erschienen 1941/44. Das von Borges anläßlich der Gesamtausgabe von 1954 verfaßte Vorwort dazu ist kokett, um nicht zu sagen: eitel. Es fährt gleich eine These wie ein schweres Geschütz auf:

»Ein mühseliger und strapazierender Unsinn ist es, dicke Bücher zu verfassen [...]. Ein besseres Verfahren ist es, so zu tun, als gäbe es diese Bücher bereits, und ein Résumé, einen Kommentar vorzulegen.«[6]

Hier erklärt ein weltberühmter Erzähler, daß er nicht eigentlich erzählen, sondern – »aus größerer Gewitztheit, größerer Unbegabtheit, größerer Faulheit«[7] – dem Leser lediglich Zusammenfassungen von Erzählungen präsentieren wird. Fürs »eigentliche« Erzählen hält er sich zu intelligent, vor allem aber gar nicht befähigt;[8] er verspricht, das ästhetisch-sinnliche Defizit durch intellektuellen Surplus wettzumachen. Aus seinen Quellen macht er kein Hehl, ausgerechnet eine seiner bekanntesten Erzählungen, »Die Bibliothek von Babel«, will er nur aus verschiedenen Vorlagen und Anregungen kompiliert und komprimiert haben. Oder leitet er seine Leser hier schon in die Irre, beginnt das Labyrinth seiner Texte bereits im Vorwort?

Ich habe selber lange gebraucht, um zum direkten Erzählen zu finden. Zum Erzählen *um des zu Erzählenden willen*. Die Wendung vom direkten Erzählen beziehungsweise von der direkten Erzählung stammt von Borges,[9] andernorts spricht er von »richtigen«, »wirklichen«, »gültigen Erzählungen«, von »einfache[n], unmittelbare[n] Geschichten«,[10] zu denen er sich erst spät, Mitte dreißig, und »mühsam« hingearbeitet habe.[11]

Sämtliche dieser Äußerungen sind gegen sein Frühwerk

gerichtet. Er kaufte Exemplare seiner ersten Veröffentlichungen, wo immer er sie entdeckte, um sie dann zu ver-
brennen.[12] Selbst an den (frühen) Texten, die er später in die
Gesamtausgabe aufnahm, moniert er den »barocken Stil«,
»der seine Möglichkeiten ausschöpft«, »zur Schau stellt
und verschleudert«.[13]

Vernichtender noch sein knappes Eingeständnis: »Der
Barockismus ist intellektuell.«[14] Sofern Intellektualität ein
Einwand ist – weil sie vom *direkten* Erzählen abhält –, gilt
er im Fall von Borges fürs *Gesamt*werk, also selbst dann
noch, als er von »stilistischem Barock« auf den elegant küh-
len Stil umgeschaltet hatte, für den er zu Recht berühmt
wurde. Hinter den frühen wie den späten Texten steht derselbe intellektuelle »Macher«, als der er sich – so der Titel
einer seiner Gedichtbände[15] – begriff.

Es gibt jedoch einige bemerkenswerte Ausnahmen, auf
die ich gleich zu sprechen komme, frappierende Ausnahmen, von denen man vermuten könnte, ein ganz anderer
Borges hätte sie geschrieben. Es sind genau diese Ausnahmen, die mich begeistern. Die gängige Borges-Rezeption
hat bisher seine intellektuellen, die *nicht* direkt erzählten
Erzählungen in den Fokus gerückt. Vielleicht weil sie interessanter sind für Intellektuelle, deren Erfahrungshorizont
von den verschieden hoch aufzackenden Spitzen der inter-
nationalen Gipfelliteratur bestimmt wird.

Ich will das eine nicht gegen das andre ausspielen, er-
innere nur noch mal daran, daß Borges' intellektuelle Erzählungen für ihn selbst keine *gültigen* Erzählungen sind.
Sondern etwas, das er rückblickend als »Unsinn und Pseu-
do-Essays« abtut, als »Mittelding zwischen Essay und richtiger Erzählung«.[16]

Auch ich distanzierte mich von der Artistik meines Frühwerks, sobald ich den Reiz – und die Schwierigkeit – des
direkten Erzählens erkannt hatte. Wo sich Borges ein Vergnügen daraus gemacht hatte, »Geschichten anderer zurechtzustutzen und zu verdrehen«,[17] hatte ich das meine
vor allem in rhythmischer Lyrifizierung der Satzperioden
gefunden, die mit Musik wetteifern wollte. Ich war der
Sprache verfallen gewesen, nicht den Inhalten – eine nicht
minder hochmütige Haltung, weit entfernt von der Demut
des tatsächlichen Erzählers vor seinem Stoff. Ganz gewiß
hatte ich in meiner Selbstberauschung am schieren Sound
ebenso gewaltig übertrieben wie der junge Borges in der
seinen, sich mit Hilfe von »Gewitztheit« beim Schreiben zu
unterhalten.[18] Leser bekommt man auf diese Weise nicht.

Borges jedenfalls bekam sie (außerhalb eines elitären Zir-
kels Gleichgesinnter) lange nicht. Zum direkten Erzählen
fand er spät und – möchte ich ergänzen, nachdem ich alle
seine Erzählungen gelesen habe – nur dann, wenn er sich
an seinem Lebensthema abarbeitete. Leser bekommt man
lediglich, sofern man sie ernst nimmt, als gleichrangige
Partner beim Erzählen. Borges war vielleicht der Leser par
excellence, gelegentlich stellte er Lesen – als die intellek-
tuellere Tätigkeit – sogar übers Schreiben.[19] Seine enorme
Belesenheit ist fast immer präsent in seiner Literatur, doch
in dem Maße, in dem sich der Leser Borges in seinen Texten
ausbreitet, verliert der Schriftsteller Borges – jedenfalls für
einen Leser wie mich.

Die Erkenntnis, daß man erst Schriftsteller ist, wenn man
für ein Lesepublikum schreibt, und daß alles andere unter
Fleiß- und Vorarbeit fällt, durchaus vonnöten und eine fei-
ne Schule des Stilisten, diese Erkenntnis entschlackt jeden

Text ungemein. Und macht ihn schnell: Man will den Stoff, den man früher mitsamt allen Nebensträngen als fortwährendes Feuerwerk an Formulierungen und Reflexionen präsentiert hätte, in maximalem Tempo »runtererzählen«, will Stoff und Form zur Deckung bringen, so daß der Leser gespannt dem Plot zu folgen glaubt, während er tatsächlich vom Rhythmus der Satzperioden vorangetrieben wird.

Ähnlich Hemingway, der »rhetorische Schriftsteller« ablehnt, in deren Texten das Wissen um die »wirklichen Dinge« »von Rhetorik eingehüllt [ist] wie Rosinen im Kuchenteig«. »Naturalistische Schriftsteller« hingegen wie er selbst seien immer gut, »wenn sie außergewöhnlich exakt und unliterarisch sind«. Wenn sie sich strikt auf den Stoff konzentrieren und sich jeden gedanklichen oder stilistischen Schlenker verkneifen: »Ganz gleichgültig, wie gut ein Satz oder ein Gleichnis ist, das er [der Schriftsteller] parat hat, wenn er es einfügt, wo es nicht absolut notwendig und unersetzbar ist, verdirbt er seine Arbeit durch Selbstgefälligkeit.«[20] Eine solche Prosa »ohne Tricks und Schwindel« zu schreiben, sei »viel schwieriger als Poesie«.[21]

Die Komplexität des Textes, die man bis dahin virtuos an der Oberfläche ausgestellt hat, wird dabei in seine Tiefe verlagert. Das klingt einfach und ist doch ziemlich schwer. Jedenfalls funktioniert direktes Erzählen meiner Meinung nach auf diese Weise; und wenn mir jemand gleich im Vorwort eröffnet, daß er gar nicht erzählen will und daß das, was er hier als Sammlung zusammengestellt hat, entsprechend barock und also alles andere als direkt erzählt ist, dann … bin ich im Rückblick froh, daß sein Urteil allzu pauschal war. In seinen besten Erzählungen ist Borges verdammt schnell. Und verdammt unintellektuell, ungewitzt, unbarock. Nämlich immer da, wo besagter Mangel literarisch verarbeitet und kompensiert wird.

Der Mangel an Leben.

Der Mangel an Leben, wie es ein Mann in Borges' Vorstellung hätte führen müssen.

Der Mangel an Männlichkeit.

»Das kraftvolle Mischblut«

Die erste Erzählung der »Fiktionen« heißt … Oje, sie heißt »Tlön, Uqbar, Orbis Tertius«. Und sie macht ihrem sperrigen Titel alle Ehre. Es geht um das Eindringen einer fiktiven in die reale Welt und deren schrittweise Verwandlung, weiß Gott ein aufregendes Thema, und ein Ray Bradbury, beispielsweise, hat es auch aufregend erzählt.[1] Borges hingegen erschöpft sich in einer Unmenge an Quellenverweisen und Traktaten, und was am Ende als Plot übrigbleibt, wird nicht erzählt, sondern referiert. Vielleicht ist es die schlechteste Erzählung, die ich von Borges gelesen habe, nur im Spätwerk ist er ähnlich enttäuschend. Ob sie bewußt als Lesebremse ganz vorne in seiner Auswahl plaziert wurde, um Unberufenen den Eintritt zu verwehren? Um Distinktionsgewinn bei den Berufenen zu erzielen?

Und reicht das, was in dieser Erzählung als »magischer Realismus« exemplifiziert wird, *erzählerisch* an das heran, was wir von anderen südamerikanischen Autoren unter demselben Label geboten bekommen?

Derlei Fragen zu erörtern wäre durchaus interessant. Freilich will ich kein Lese- und Interpretationstagebuch vorlegen, möglichst vollständig und gelehrt oder gar auf der Höhe der Borges-Forschung. Mich interessierte bei meiner Lektüre letztendlich nur eine einzige Frage, die ich nicht durch Stoff- oder Sinnhuberei aus den Augen verlieren wollte.

Und erst recht nicht, indem ich in den Texten von Borges, die mir die liebsten und wichtigsten sind, die gelegentliche Verwendung von Worten wie »Indio« oder »Mischling« gegeißelt hätte. Ist es eine rassistische Einstellung, die in diesen Worten zum Ausdruck kommt? Tatsächlich praktizierte Borges »den Hochmut, ein Weißer zu sein«,[2] er soll sich in seinen späteren Jahren bei Interviews gelegentlich als ein geradezu kindlich naiver Rassist offenbart haben. Für Alberto Manguel ist *dieser* Borges, bei all seiner sonstigen Bewunderung, »vorübergehend ein Dummkopf«.[3] Borges wurde dafür heftig angegriffen, und wahrscheinlich hat man ihm auch deshalb nie den Nobelpreis verliehen.[4] Das soll hier weder bestritten noch beschönigt werden, selbst wenn ich in seinen *literarischen* Texten kaum einen Hinweis in diese Richtung entdecken konnte.

Auch im Gebrauch gewisser Begriffe war Borges kein Rassist. Versteht man sie im historischen Kontext, sind sie nicht herabsetzend gemeint. Im Gegenteil, schreibt er etwa über »das kraftvolle Mischblut«[5] – in Borges' Verständnis waren Gauchos (meist) Mischlinge –,[6] ist das von latenter bis offener Bewunderung getragen; die bloße Vokabel führt ihn in die Kneipen der Vorstädte von Buenos Aires und hinaus in die argentinische Pampa, zu den Messerstechern.

Schon der normale Alltag der Gauchos als Viehtreiber inmitten wilder Natur – das Zureiten junger Pferde, das Markieren von Rindern mit dem Brandeisen, gelegentliche

Scharmützel mit Indios – könnte ja als »männlich« genug gelten. Denkt man an ihr nordamerikanisches Pendant, die Cowboys, böten sie ebensoviel Stoff für folkloristische Verklärung, etwa als freiheitsliebende Nomaden. Derlei lehnte Borges allerdings ausdrücklich ab. Was ihn wirklich am Leben der Gauchos interessierte, war immer wieder und geradezu obsessiv: der Zweikampf auf Leben und Tod.

Archaische Männlichkeit.

Also überspringe ich all die angestrengten, zum Teil arg konstruierten Texte, die in »Fiktionen« *vor allem* versammelt sind – man kann Borges damit als Vorläufer der Postmoderne reklamieren und sein Verfahren als praktische Inszenierung dessen, was als Dekonstruktivismus derzeit en vogue ist. Als Literaturwissenschaftler kam ich bei ihrer Lektüre voll, als Leser überhaupt nicht auf meine Kosten.

Ich springe daher gleich zur Erzählung »Das Ende« …

Töten wollen, sterben wollen

… nach deren Lektüre ich den Band zuklappte und dachte: Wirklich? Das soll derselbe feinsinnig versponnene Borges geschrieben haben, der mich mit »Tlön, Uqbar, Orbis Tertius« beinah erneut vom Weiterlesen abgehalten hätte? Was für ein Hammer.

Und wenige Seiten später noch einer: »Der Süden«.

Ein völlig anderer Borges, ein völlig anderer Ton, eine unglaubliche Wucht. Beide Male geht es für den Protagonisten innerhalb weniger Minuten darum, ohne jedwede Vorbereitung, ohne Zögern und erst recht ohne Versuch,

den Lauf der Dinge durch Argumentation oder Flucht ab-
zuwehren, eine Aufforderung zum Zweikampf mit dem
Messer anzunehmen. Also spontan bereit zu sein, zu töten
oder zu sterben.

Selbst wenn man der offensichtlich Unterlegene ist.

Dann sogar erst recht. Weil es »ein Glück und ein Fest
[ist], in einem Messerkampf zu sterben, unter freiem Himmel, im Angriff. Er fühlte, daß – wenn er damals seinen
Tod hätte wählen oder erträumen können – es dieser Tod
gewesen wäre, den er erwählt oder erträumt hätte. Mit
festem Griff packte Dahlmann das Messer, das er vielleicht
nicht einmal zu führen wissen wird, und geht in die Ebene
hinaus.«

So die Schlußsätze von »Der Süden«.[1] Danach wird
dann nur noch, nämlich in der mitfiebernden Phantasie
des Lesers, getötet und, höchstwahrscheinlich im Falle
Dahlmanns, gestorben. Die Interpretation, daß Dahlmann
alles nur geträumt hat, während er im Krankenhaus liegt –
von Borges selbst zur Diskussion gestellt –, wäre für mich
eine nachträgliche Abschwächung des direkt Erzählten
ins Interessante. Das Gute, auch in der Literatur, ist weit
mehr als interessant. Borges selbst hat »Der Süden« als
seine »vielleicht« beste Erzählung bezeichnet.[2] Er fügte sie,
wie »Das Ende«, der Sammlung »Fiktionen« erst in der
erweiterten Neuedition von 1956 bei.[3] Da hatte er schon
einen langen Weg als Erzähler zurückgelegt. Die beiden
Texte sind alles andere als barock, sie sind äußerst direkt
erzählt, knallhart realistisch und an den Rändern mit
einem rätselhaften Schillern versehen – fast so etwas wie
zwei magisch-realistische Gegenstücke zu dem, was *in der
Regel* als Borges' »magischer Realismus« gerühmt wird.[4]

Im Lauf meiner Lektüre werden weitere Texte von dieser Wucht dazukommen.

»Das Ende« ist von José Hernandez' »Martín Fierro« angeregt, dem argentinischen Nationalepos, das Figuren und Schauplatz vorgibt. Da wartet einer sieben Jahre lang in einer Kaschemme auf den Mörder seines Bruders – Martín Fierro, dessen Name in der Erzählung kein einziges Mal fällt –, um Rache zu üben. Als der dann endlich kommt, sucht er nicht den Wortwechsel, beschimpft ihn nicht, geht nicht direkt auf ihn los, im Gegenteil, unterhält sich artig mit ihm, siezt ihn sogar ... Die Sache schaukelt sich nichtsdestoweniger schnell hoch, im Grunde ist die Bemerkung Fierros, »Mir reicht das Licht draußen noch«, bereits die Annahme der Herausforderung zum Kampf.

Nur das Duell zwischen Fierro und dem Bruder dessen, den Fierro vor Jahren im Duell getötet hat, ist von Borges selbst erfunden: »Ein Ausfall, und der Neger wich zurück, stolperte, täuschte einen Stoß zum Gesicht an und streckte sich dann in einen tiefen Stich, der in den Bauch drang. Darauf folgte ein zweiter [...], und Fierro stand nicht mehr auf. Reglos schien der Neger über seinen mühsamen Todeskampf zu wachen. Er reinigte die blutige Klinge im Gras und ...«[5] schon ist auch diese Erzählung nach gerade mal dreieinhalb Seiten an ihrem unerbittlichen Ende angekommen.

Kein Wort zuviel.

Solch gnadenlos lakonische Sätze schreibt man nicht mal eben so. Ich habe die Erfahrung gemacht, daß man eine Sache umso länger studiert haben muß, je kürzer man sie schildern und dabei auf den Punkt bringen will. Im Fall von Borges glaube ich inzwischen zu wissen: Er hat diese Sache,

seine Sache – den Mut, eine Aufforderung zum Kampf anzunehmen – ein Leben lang studiert und in seinem Herzen
bewegt.

»Der Süden« wiederum ist von Henry James' »The Turn
of the Screw« angeregt, das hat Borges in einem späten
Interview preisgegeben.[6] Ich vermute in den surreal es-
kalierenden Schlußsequenzen der Erzählung eher Nach-
wirkungen seiner Kafka- und Meyrink-Lektüre; vor allem
jedoch das Generalthema, das ihn ein Leben lang beschäftigte und immer wieder in die Welt der Gauchos und Gauner zurückführte: die plötzliche Herausforderung, die den
Mann – und sei's erst angesichts seines sicheren Todes wie
bei Dahlmann, einem Bibliothekar, der sich bis dahin nur
der Literatur verschrieben hat – zum Mann macht.

»Nur«, nämlich in Borges' Einschätzung. Mit Dahlmann
hat er sich bis hin zu Ahnentafel[7] und Lektürevorlieben,[8] ja
sogar im »Drängen seines germanischen Bluts«[9] selbst dar-
gestellt. Dahlmanns Unfall zu Beginn der Erzählung, die
anschließende Blutvergiftung, der Krankenhausaufenthalt,
das wochenlange Schweben zwischen Leben und Tod, die
langsame Genesung – all das ist kaum kaschierte Autobio-
graphie, ebenjenen Unfall erlitt Borges zu Weihnachten
1938.[10] Auch Dahlmann haßt seine Identität,[11] wenn ihn
Borges als sein Alter ego zielstrebig ins Verderben schickt,
so nicht zuletzt deswegen, um ihm wenigstens einen ähnlich »romantischen Tod«[12] aufzuzwingen, wie er einem
von Dahlmanns Vorfahren (beziehungsweise von Borges'
Großvätern) in der Schlacht widerfuhr.[13]

Im Fall von Dahlmann ist es de facto ein völlig sinnloser,
absurder Tod, mutwillig von betrunkenen Gauchos herbei-
provoziert und ohne historische Größe. Über der ganzen

Wirtshausszene, die unverschuldet eskaliert und gleich völlig ausweglos ist, schwebt das kafkaeske »Gib's auf!« Aber der verhöhnte Dahlmann gibt nicht auf, im Gegenteil. Mit einem Ruck findet er endlich ganz zu sich selbst, nicht unbedingt zu einem höheren, eher zu einem tieferen, archaischen Selbst. Indem er seine Ehre wiederherstellt, wächst er am Ende seines Lebens über sich hinaus und gewinnt die Aura eines Helden. »Der Süden«, so der 71jährige Borges im Rückblick, sei »die Geschichte eines Wunschtraums«.[14]

Diese beiden Erzählungen haben mein Verhältnis zu Borges schlagartig verändert. Auch ich erlitt im Alter von 38 Jahren (was für eine seltsam exakte Parallele) eine Blutvergiftung aufgrund der nachlässigen Desinfektion einer zunächst harmlosen Wunde. Auch ich verbrachte einen Monat in verschiedenen Krankenhäusern, um dann nur sehr langsam ins Leben zurückzufinden – manchmal unter Tränen, wie Borges.[15] Nichts hätte mir indessen ferner gelegen, als mich in diesen traum- und delirienreichen Wochen nach einem heldenhaften Tod als »Erlösung« zu sehnen,[16] wie es Dahlmann tut und dafür prompt büßen muß, indem sein Traum Wirklichkeit wird.

Borges ist selbst um den Preis des eigenen Lebens besessen von einer Idee der Männlichkeit, die mir fremd ist. Gerade weil er, seinem eigenen Verständnis nach, ein »unmännliches« Leben führte. Im Grunde habe ich ihn schon mit »Das Ende« und »Der Süden« bei seinem Lebensthema angetroffen – weit weg von jeder Bibliothek und der gepflegt kultivierten Verehrung als Großintellektueller. Borges hat in seinen Texten kompensiert und nicht selten überkompensiert, was ihm im Leben, genauer gesagt, in seinem Leben als Mann, versagt blieb. Er hat sein Entbehren – und letztlich auch sein *eigenes* Versagen – mit schonungsloser Ehrlichkeit in Literatur verwandelt. Mag er als Mann nicht mutig gewesen sein, als Schriftsteller war er's umso mehr.

Das Messer

Fortan las ich mit Freude, nach den Erzählungen sogar Borges' gesamte Lyrik, drei dicke Bände. Sie gilt selbst bei seinen Fans als vergleichsweise schwach. Die frühen Gedichte gehen kaum je über ein gefühliges Benennen gewisser Topoi hinaus, vor schrägen Metaphern schrecken sie dabei nicht unbedingt zurück: »Das Meer ist ein unzählbares Schwert und eine Fülle von Armut.« »Jemand entkreuzigt die / ans Klavier genagelten Sehnsüchte«.[1] Der reifere Borges ist vor allem ein routinierter Sonettist, der seine Verse als perfekt abschnurrende Uhrwerke konstruiert, ohne daß sie je zur vollen Stunde schlagen würden.

Übrigens klingen seine Sonette auf Spanisch deutlich besser als auf Deutsch, weil in der Übertragung auf Reim und Rhythmus verzichtet wurde.[2] Und dennoch, es fehlt ihnen das Leben. Borges liebte und hoffte und litt wie jeder andre Mann, selbstverständlich auch nach seiner Erblindung Mitte Fünfzig, doch davon ist in seinen Gedichten kaum zu lesen. Sie bleiben bis auf wenige Ausnahmen makellos und steril.

Ein Sonett, gerade weil es a priori »nur« die Variation einer uralten Form ist, lebt durch die spezielle Art und

Weise, wie der Dichter das traditionelle Schema mit neuen Inhalten füllt – darin dem Blues verwandt, der die immergleichen Themen und Akkordfolgen erst durch die Persönlichkeit des Interpreten zur Wahrhaftigkeit läutert. Stattdessen verbirgt sich Borges hinter Hommagen an andere Geistesgrößen; vieles davon ist nächtlicher Zeitvertreib des Blinden, der an Schlaflosigkeit litt. Über Rhythmus und Reim hielt er die Texte so lange in der Erinnerung fest, bis er sie anderntags diktieren konnte. Am berührendsten ist er, wenn er von der Welt spricht, wie er sie in seinem Alltag als Blinder erlebt.[3] »Viele der späten Borges-Gedichte sind freundliches Mittelmaß«, faßt der österreichische Schriftsteller Leopold Federmair zusammen, »während die frühen oft ein wenig outriert wirken.«[4]

Dennoch verstand sich Borges, der Schriftsteller Borges, primär als Lyriker: »Zu allererst und vor allem bin ich Leser, dann Dichter und schließlich Prosaautor.«[5] Und endlich stoße ich auch in seinem lyrischen Werk auf einen ersten Text, der thematisch völlig aus dem Rahmen fällt und mir die Augen öffnet: »Ein Messer im Norden«.

Eingangs beschreibt es eine Art Locus amoenus, einen schattigen Hinterhof, versteckt in einer der Vorstädte von Buenos Aires, in dem nachts noch lange Gitarre gespielt wird. Aber der Schein trügt, irgendwo »hinter einer angelehnten Tür […] / gibts ein Kästchen, und in diesem / wird mit hartem Leuchten […] / wohl ein Messer schlafen«. Wohl? Borges ist sich sicher, im spanischen Original steht kein »wohl«, das Wort ist vielleicht des Rhythmus wegen in die deutsche Übersetzung gelangt. Borges weiß ja sogar, daß dies Messer »dem Chilenen« gehörte, »jenem Saverio Suárez, / der in Kneipen und bei Wahlen / immer zeigte, was er wert war«.[6] Sein Messer ist für »Jungens, die im Leib den Satan haben«, ein Objekt der Verehrung, sie erinnern sich – und Borges mit ihnen: »Wie oft ist es eingedrungen / in den Körper eines Menschen« ... Ziemlich oft, schließlich war Saverio Suárez, dessen Mordwaffe von der nachwachsenden Problemjugend so verehrt wird, ein stadtbekannter Totschläger und -stecher. Einfach nur »öd und einsam« dazuliegen, ist diesem Messer auf Dauer nicht angemessen, »es wartet auf die eine / Hand, die Staub ist«[7] – in der es endlich wieder töten könnte.

Meint Borges mit der Hand, die Staub ist, diejenige des einstigen Besitzers? Oder *irgendeine* Hand, die, biblisch formuliert, aus Staub geformt ist und bald wieder zu Staub werden wird? Auch von sich selbst hat er in späteren Gedichten mitunter als von Staub gesprochen, auch seine eigene Hand könnte gemeint sein. »Durch die Scheibe [...] und die Jahre / kann ich dich doch sehen, Messer.« Mit dieser halb geflüsterten Anrufung endet das Gedicht, man spürt förmlich, wie die Hand, die diese Zeilen schreibt, vor Verlangen zittert.

Daß Borges ein ausgesprochenes Faible für Männer hatte, die einander »in Unschuld«[8] töten, wußte ich mittlerweile. In Prosa, Lyrik und Essay rühmt er den Typus des *compadrito*, des kleinen Vorstadtgauners, »Blüte aller Messerstecher«.[9] Einen Hymnus auf die Tatwaffe selbst kannte ich noch nicht. Ich war baff, mit welcher Sehnsucht Borges dies Messer bedichtet, mit welcher Intensität er einem Verlangen zu töten Ausdruck verleiht, die man von ihm als vergeistigtem Intellektuellen am allerwenigsten erwartet hätte.

Sondern eher von Hemingway.

Daß Hemingway nicht nur eine Leidenschaft für Großwildjagd und Hochseeangeln hatte, sondern vor allem für die »Menschenjagd« im Krieg, hat er mehrfach bekundet: »Sicherlich kommt keine Jagd an die Menschenjagd heran, und diejenigen, die bewaffnete Menschen gejagt haben und lange genug, um auf den Geschmack zu kommen, machen sich, wenn es vorbei ist, aus nichts mehr was.«[10] Er rühmte sich, in beiden Weltkriegen »122 Krauts« getötet und sogar einen Kriegsgefangenen mit mehreren Schüssen erledigt zu haben.[11]

Warum schrieb er das ausgerechnet seinem Verleger so detailliert? Die neuere Hemingway-Forschung hat erhebliche Zweifel an der Glaubwürdigkeit solcher Aussagen. Hemingway selbst habe eifrig an seinem Mythos gestrickt, um seine Biographie den eigenen Texten und den darin vertretenen Idealen von Männlichkeit anzupassen. Daß er die meiste Zeit seines Lebens nicht etwa als Serienkiller verbracht hat, sondern als pflichtbewußt tagtäglich arbeitender Schriftsteller und ansonsten an der Bar, ist offensichtlich. Mit Sicherheit hat er den Vormarsch der Alliierten nicht an vorderster Front erlebt, sondern zum Großteil aus der Distanz des Kriegsreporters. Näher dran als fast jeder andre Schriftsteller war er damit noch immer, und daß er zum Teil auf eigene Faust oder mit französischen Milizen *tatsächlich* am Krieg teilnahm, gilt als gesichert. Alle abwägenden Spekulationen sind am Ende nur berechtigte Zweifel, eine Widerlegung von Hemingways eigenen Aussagen sind sie nicht.

Mag er also auch in dieser Hinsicht vor allem geprahlt haben oder nicht, er will sich damit keinesfalls bloß als treffsicheren Schützen darstellen. Sondern als »echten« Krieger. In literarischer Form spricht er das Thema ebenfalls an; sein Alter ego Robert Jordan, Protagonist in »Wem die Stunde schlägt«, redet vor dem entscheidenden Kampf auf sich ein: »Gib zu, daß dir das Morden Spaß gemacht hat, wie es allen, die aus freien Stücken den Soldatenberuf wählen, irgendeinmal Spaß gemacht hat, ob sie es nun ableugnen oder zugeben.«[12] Ähnliches erfährt man über den kubanischen Revolutionär Roberto in »Haben und Nichthaben«: »Er hat [...] so viel gekillt, daß es ihm jetzt direkt Spaß macht. Er findet es spaßig, jemand zu killen. Er killt natürlich für eine gute Sache.«[13] Sogar in Gedichtform widmete sich Hemingway dem Thema:

In einer Illustrierten
Sah ich ein Bild von einer Kampfkeule,
Besetzt mit Eisennägeln
Und einer Stahlspitze am Ende.
Ich dachte:
Mein Gott, die würde hinhauen;
Und es juckte mich richtig, sie zu schwingen
Und zu fühlen, wie sie knirschend auf den Schädel
                    eines Hunnen traf,
Am liebsten eines unbewaffneten,
Und noch einen,
Und noch einen, und noch einen,
Gott, wäre das nicht ganz groß?
– Den Schädel zerschmettern
Und das Blut spritzt raus wie beim Ochsenschlachten
                    auf dem Viehhof?
Wenn sie schrien »Kamerad«,
Hau zu![14]

Hemingway schreibt, anders als der sorgfältig feilende Borges, nur Gelegenheitsgedichte. Aber um den literarischen Rang geht es mir hier nicht. Es geht um die Erkenntnis dessen, was ein Schriftsteller in der Prosa kaum je so deutlich offenbart. Ein Gedicht ist ein Kondensat des Fühlens und Denkens in einem bestimmten Lebensmoment; idealerweise bringt es, ohne im plumpen Sinne autobiographisch zu sein, das Leben seines Verfassers auf den Punkt.

Hemingway hat das Gedicht auf die Kampfkeule irgendwann zwischen 1918 und 1925 geschrieben, also nach seiner Teilnahme am Ersten Weltkrieg als Ambulanzfahrer an der italienisch-österreichischen Front. Als »Hunnen« bezeichnet man in der angloamerikanischen Welt bekanntlich die Deutschen, wenn sie als Barbaren geschmäht werden sollen (bis zum »Sommermärchen« 2006 auch in der Fußballprosa der englischen Boulevardpresse); das Wort »Kamerad« ist im Original auf Deutsch geschrieben.

Der eine bedichtet ein Messer, dachte ich, und der andere eine Kampfkeule.[15] Sauber.

Beide wollen sie töten. Der eine gibt sich ganz offen seiner Phantasie hin. Der andere – gibt sich in seinem Gedicht zwar wesentlich feiner, liefert in seinem Werk aber so zahlreich Beispiele brutaler Phantasie, daß man es auch bei »Ein Messer im Norden« nicht beschönigen kann. Auch Borges will Blut sehen.

Borges und Hemingway, so sah ich's da plötzlich, das sind zwei Seiten ein und derselben Medaille. Was die beiden verbindet, ist ihre lebenslange Sehnsucht nach einer archaischen Männlichkeit. Der eine boxte, liebte Stierkampf und Alkohol, tötete zu Lande, zu Wasser und in der Luft, was immer er ins Visier bekam. Der andere lebte als Feingeist im Reich der Literatur, scheinbar völlig abgehoben, und träumte doch ähnlich blutrünstige Männerträume.

Ehrenkodex

Alles schien Hemingway zuzufliegen, die Trophäen der Großwildjagd, der Liebe und des Literaturbetriebs, ein früher Ruhm und eine weit über seinen Tod hinausreichende Popularität. Borges wurde dagegen ebensoviel versagt, selbst sein Ruhm kam spät und hält sich schon heute nur noch unter Intellektuellen.

Aber diese offensichtliche Gegensätzlichkeit sagt gar nichts. Borges und Hemingway sind Generationsgenossen. Beide 1899 geboren, beide aufgewachsen in behütet bürgerlichen Verhältnissen, verfolgten sie das Weltgeschehen mit wachem Blick[1] und verarbeiteten ähnliche historische Schlüsselerfahrungen: die beiden Weltkriege, den Kampf gegen den Faschismus (in Spanien und Deutschland) beziehungsweise gegen die Diktatur (in Argentinien) ... Obwohl die beiden einander als Schriftsteller offenbar nicht oder kaum zur Kenntnis nahmen,[2] standen sie sich in ihrer politischen Haltung näher, als man auf den ersten Blick vermutet. Aber als Männer?

Die Vorstellung vom richtigen, vom guten Leben als Mann, wie es über Jahrhunderte in der europäischen Kulturgeschichte umkreist wird,[3] bewegt sich im Spannungsfeld von Bewährung und Erfüllung. Im deutschen Sprachraum ist Hartmann von Aue der erste, der das Thema literarisch bearbeitet und den abendländischen Ehrenkodex anhand des Werdegangs seiner Hauptfiguren exemplifiziert hat: in seinen beiden großen Artusepen »Erec« und »Iwein«, beide um 1200 entstanden als freie Übertragungen altfranzösischer Quellen.

Weil der Königssohn Erec durch den Peitschenhieb eines Zwerges gedemütigt wird, muß er seine ritterliche Ehre durch das Bestehen einer Reihe von Abenteuern zurückgewinnen. Als er sich, mittlerweile selber König, mit seiner frisch angetrauten Frau Enite über Gebühr lange »verligt« und dabei zum Gespött am eigenen Hof wird, muß er erneut aufbrechen und seine »êre« durch Bestehen weiterer »âventiure« wiederherstellen. Erst danach hat er das richtige Maß zwischen den Freuden der Liebe und den Pflichten des Herrschers gefunden.

Den umgekehrten Weg der Läuterung geht Iwein: Weil er im Eifer, sich bei Ritterturnieren Rang und Namen zu machen, den vereinbarten Zeitpunkt vergißt, zu seiner Frau Laudine zurückzukehren, verliert er am Artushof seine Ehre – *und* seine Frau. Er muß ebenfalls eine Reihe von Abenteuern bestehen, bis ihm das verlorene Liebesglück erneut gewährt wird.

Auf dem schmalen Grat zwischen »minne« und »êre«, zwischen Liebeswerben und -genuß einerseits und dem immer wieder erneuerten Beweis von Mut, Kampfkraft und -geschick andrerseits, hatte ein Mann von Stand zu streben. Wurde ihm schließlich der Heldentod in der Schlacht vergönnt, war er ewigen Nachruhms sicher. Und obwohl mit dem Ende des Mittelalters um 1500 eine neue Zeit anbrach, haftete dem jeweils herrschenden Männlichkeitsideal weiterhin viel vom althergebrachten Ethos an.

Man könnte glauben, daß der höfische Ehrenkodex mit dem Verschwinden der Feudalgesellschaft obsolet wurde und im 20. und 21. Jahrhundert als überholt gilt. So einfach ist es aber nicht. Sicher, die Rahmenbedingungen unsrer Welt haben sich gewaltig geändert; die Vorstellung, wie ein ritterliches Ethos in Lebenspraxis umzusetzen sei, ist von bürgerlichen und schließlich individualistischen Konzepten abgelöst worden. Aber die Grundidee einer Ethik, die auf Ehre fokussiert ist, genauer: aufs rechte Maß an Ehre, wirkt weiter fort.

Man muß lediglich die Schlüsselworte »minne« und »âventiure« durch aktuelle Begriffe ersetzen, um das Fortwirken der uralten Wertvorstellungen überall auf der Welt zu erkennen. Selbstredend würden wir über das, was wir da heute als Bewährungsprobe bestehen müssen, nicht als »âventiure« reden, und schon gar nicht über eine, die wir freiwillig gesucht haben. Wir würden eher von einer kritischen Situation sprechen. Aber um den Beweis, daß wir sie als Mann zu bestehen wissen und also auf tapfere, womöglich sogar ehrenvolle Weise, geht es da durchaus. Mitunter würden wir es vielleicht Zivilcourage nennen.

Mit oder ohne höfischen Ehrenkodex, die ihm innewohnende Aufforderung an den Mann, das rechte Maß zwischen Liebeserfüllung und gesellschaftlicher Anerkennung durch Tat und Bewährung zu finden, ist über die Jahrhunderte dieselbe geblieben. Wenn es ein klassisches Männerbild gibt, jedenfalls in der abendländischen Kultur, müßte es an ebenjener Matrix durchdekliniert werden. Ich rede hier nicht davon, wie sehr das, was man als rechtes Maß empfand, im Lauf der Geschichte modifiziert wurde, und wie sehr sich Haltungen und Handlungen veränderten, die dem gerecht werden wollten. Ich rede von der schieren Aufforderung, das für die jeweilige Zeit und die jeweilige Kultur – vielleicht nur: das für diesen einen sehr speziellen Moment, in dem es darauf ankommt, vielleicht nur: das für sich selbst – angemessene Maß zu finden.

Selbst ein Feingeist wie Borges kam nicht darum herum. Geschichte und Kultur der germanischen Völker faszinierten ihn; mit den Überlieferungen des Artusstoffes wie den Sagen des Nordens war er bestens vertraut, natürlich auch mit dem entsprechenden Ehrenkodex. Mit dem der argentinischen Macho-Gesellschaft nicht minder und aufgrund eigener intensiver Studien auch mit dem der Gauchos und Gauner. So unterschiedlich, wie man meinen könnte, ist das Bild vom idealen Mann in all diesen Kulturen nicht. Bricht man es auf seinen essentiellen Kern herunter, kommt man immer wieder zu »minne« und »êre« in ihrer lokalen, zeitgenössischen, schichtspezifischen Variante.

Ebenjenem klassischen Männerbild, das ihm Literatur wie Alltag nahezu deckungsgleich lieferten, hing Borges an, vollkommen unbeeindruckt von der Emanzipationsbewegung, die schon zu seinen Lebzeiten gewaltige Fortschritte gemacht hatte. »Der Krieg und die Frau seien dazu da, daß Männer sich an ihnen bewährten«, läßt er eine seiner Figuren sagen, »und bevor er in einer Schlacht gewesen sei, wisse niemand, wer er wirklich ist.«[4]

Löst man den Konjunktiv der indirekten Rede auf und formuliert im Indikativ der direkten Rede, könnte es in einer von Hemingways Kurzgeschichten stehen.

Macho sein, Macho spielen

Über das Liebesleben von Menschen zu schreiben, die ein großes Werk hinterlassen haben, ist eine heikle Angelegenheit. Man entdeckt darin fast immer Aspekte, die das Große auf eine despektierliche Weise kleiner erscheinen lassen.

Dennoch ist die Betrachtung dessen, was ein Mensch im Lauf seines Lebens an Liebe (Liebesverweigerung, -entzug, -verlust) erfahren hat, aufschlußreich im Hinblick darauf, was er daraus gemacht hat. Das ist im Fall von Hemingway und Borges nicht anders, selbst wenn die Lektüre ihrer Biographien unter diesem Gesichtswinkel unerquicklich bis beklemmend ist.

Bei Hemingway scheint der Fall auf den ersten Blick klar zu sein: Jahrelang wurde er von seiner Mutter in Mädchenkleider gesteckt, noch im Alter soll er davon Alpträume gehabt haben:[1] »Seine Mutter [...] hat ihn als Zwilling seiner Schwester erzogen, die anderthalb Jahre älter war. Mal hat sie die beiden als Mädchen angezogen, mal als Jungen, jeweils bis hin zum identischen Haarschnitt.«[2]

Womöglich würde man das heute als geschlechtsneutrale, gar als genderfluide Erziehung bezeichnen? In seinem posthum erschienenen Roman »Der Garten Eden« hat Hemingway seine frühen Erfahrungen mit wechselnden Geschlechterrollen, literarisch freilich wenig überzeugend, zu verarbeiten versucht. Vor allem aber im Leben selbst – bei jeder Gelegenheit wollte er (nicht zuletzt sich selber) beweisen, trotzdem ein ganzer Kerl geworden zu sein, auch in der Liebe. Das »trotzdem« mag der Schlüssel zu seiner Persönlichkeit sein. Aufschlußreich in dieser Hinsicht seine Interpretation des russischen Chefunterhändlers, den er als Reporter auf der Lausanner Friedenskonferenz beobachtete. Sie endet mit den Worten: »So, das ist Tschitscherins schwache Stelle. Der Junge mußte Mädchenkleider tragen, bis er zwölf Jahre alt war, und er wollte immer Soldat sein. Und Soldaten machen Imperien, und Imperien machen Krieger.«[3]

Vier Mal war Hemingway verheiratet, zuzeiten auch

ein versierter Puffgänger[4] und sein ganzes Leben, so liest man, ein notorischer Frauenheld und begehrter Liebhaber. Martha Gellhorn, seine dritte Frau, hat mit diesem Image gründlich aufgeräumt: »Such a ghastly lover – wham bam thank you ma'am, or maybe just wham bam.«[5] Sie behauptete, Hemingway habe Angst vor Frauen gehabt, ausgelöst durch seine Erfahrungen in der Kindheit und den lebenslangen Haß auf seine Mutter.

Wie dem auch gewesen sein mag, alles, was er über Frauen zu Papier brachte, ist, verglichen mit seiner Brillanz in anderen Themenfeldern, sagenhaft enttäuschend. Was Prostituierte betrifft, mokiert er sich über ihren »stumpfen Geist«, »doch oh, ihre Spalte ist am rechten Fleck«.[6] In »Der Garten Eden« sagt ein Mädchen zum anderen, das einen Spiegel für die Bar kaufen will, in der sie gerade sitzen: »Wir kaufen ihn zusammen, und dann können wir uns alle dabei zusehen, wie wir dummes Zeug reden, und merken, wie dumm es ist.«[7] Von seinen verschiedenen Frauen ließ sich Hemingway als »Papa« adressieren, sprach ihnen gegenüber auch gern von sich selbst als »Papa« und fühlte sich dabei offensichtlich so wohl wie ein Pascha. Nirgendwo in seinem Werk habe ich eine Stelle gefunden, die der Liebe gilt und mich berührt hätte. Im Gegenteil, seine wechselnden Erfahrungen scheinen die Auseinandersetzung mit Liebe und Frauen nicht tiefer und wesentlicher gemacht zu haben, er kommt über Klischees nicht hinaus, seine (jungen) Frauenfiguren sind vor allem Weibchen.

Ganz im Gegensatz zur einzigen reifen Frau in seinem Werk, der 48 Jahre alten Pilar in »Wem die Stunde schlägt«. Als Anführerin einer Schar Partisanen stellt er ihre Persönlichkeit beeindruckend genau dar, indem er stets bei ihrer harten, derben Fassade bleibt, ohne sich je zu Interpretationen hinreißen zu lassen. Alles, was sie im Verlauf des Romans sagt und tut, habe ich mit atemloser Spannung gelesen, sie ist für mich die eigentliche Hauptfigur des Romans. Bezeichnenderweise sagt sie über sich selbst: »Aus mir wäre ein tüchtiger Mann geworden, aber ich bin ganz Weib und ganz häßlich.« Und zum männlichen Protagonisten: »Du benimmst dich wie ein altes Weib.«[8]

Verräterisch nichtssagend dagegen dessen Liebesgeflüster mit Maria, einer 19jährigen Partisanin:

»Oh, ich liebe dich so sehr, und ich muß gut für dich sorgen.«
»Maria.«
»Ja.«
»Maria.«
»Ja.«
»Maria.«
»Oh, ja. Bitte.«
»Ist dir nicht kalt?«
»Oh, nein. Zieh den Schlafsack über deine Schulter.«
»Maria.«
»Ich kann nicht sprechen.«
»Oh, Maria. Maria, Maria.«[9]

Der Roman hat mich in vielerlei Hinsicht begeistert und meine Hemingway-Verehrung begründet. Aber eine solch dürftige Liebesszene habe ich selten gelesen.

Auch der späte Hemingway schreibt Dialoge von sagenhafter Trivialität, sobald es zwei Liebende sind, die sich unterhalten: Oh, das ist wunderbar ... Oh, wir werden uns gut amüsieren ... Oh, ich habe mich fürchterlich benommen ... Nein. Doch. Oh ja. Wirklich? Ja. Gut, die Protagonisten seiner Texte sind oft angetrunken; aber müssen sie deshalb alles »famos« finden und immer wieder dieselben Phrasen wiederholen? Hemingway will ihr Aneinander-vorbei- und Ums-Wesentliche-Herumreden darstellen, so die Lesart als Fan. Da im Gesamtwerk aber an den Stellen, die der Liebe gewidmet sind, immer wieder dieselbe Art von Dialog mit demselben Typus Frau geführt wird, vermute ich: Hemingway kannte es nur so und liebte es so. Das sei ihm als Mann zugestanden. Aber als Schriftsteller? Ist es doch etwas … ja was denn? Bemüht? Trivial? Verklemmt? Belanglos? Und vor allem: Ausgerechnet in den Dialogen vor und nach dem Orgasmus zeigt er für meinen Geschmack nicht nur 1/8 des Eisbergs[10] zwischen den Geschlechtern, er zeigt auch die anderen 7/8:

»Ich werde gerade das sagen, was du wünschst, und ich werde tun, was du willst, und dann wirst du nie andere Frauen haben wollen, nicht wahr?« Sie sah mich sehr glücklich an. »Ich tu’, was du willst, und dann werde ich einen Bombenerfolg haben. Nicht wahr?«
»Ja.«
»Was soll ich jetzt tun, wo du fertig bist?«
»Komm noch mal ins Bett.«
»Schön, ich komme.«
»O Liebling, Liebling, Liebling!« sagte ich.
»Du siehst«, sagte sie, »ich tu’ alles, was du willst.«
»Du bist wunderbar.«
»Ich fürchte, ich mach’s noch nicht sehr gut.«
»Du bist wunderbar.«
»Ich will das, was du willst. Es gibt gar kein Ich mehr. Nur was du willst.«
»Du Süße.«
»Ich bin lieb? Nicht wahr, ich bin lieb? Du willst keine andern Frauen, nicht wahr?«
»Nein.«
»Siehst du? Ich bin lieb. Ich mach’, was du willst.«[11]

Eine ähnlich bedingungslose Unterordnung unter die Wünsche des Mannes auch bei Maria in »Wem die Stunde schlägt«: »Ich möchte alles tun, was du verlangst. Pilar hat mir erzählt, was man für seinen Mann alles tun kann. [...] Hast Du nicht Bedürfnisse, die ich befriedigen kann? [...] Denk dran, ich werde immer tun, was du verlangst.«[12] Die Befriedigung ist hier durchaus und vor allem anderen sexuell gemeint.

Viel zu oft habe ich mich bei der Beschäftigung mit Hemingway wundern müssen, daß er, der ja trotz aller Abenteurer-Attitüde *auch* ein Intellektueller war, offensichtlich nicht über die Oberflächlichkeiten des Macho-Weibchen-Schemas hinauskam. Als Schriftsteller nicht und als Mann ... wahrscheinlich erst recht nicht. Kurze Kostprobe aus »Die grünen Hügel Afrikas«, das ja ausdrücklich kein »Werk der Phantasie« sein will,[13] Hemingway im »Gespräch« mit seiner zweiten Frau:

> »Du bist ein braves Mädchen« [...]
> »Armer oller Papa.«
> [...]
> »Sei schön brav, mein Mädchen.«[14]

Die Gespräche mit seiner ersten Frau kann man in seinen Lebenserinnerungen »Paris, ein Fest fürs Leben« nachlesen:

> »Wir gehen nach Hause und essen hier, etwas Gutes, und trinken [...] Und danach lesen wir, dann gehen wir ins Bett und lieben uns.«
> »Und wir werden niemals jemand anderen lieben als uns.«
> »Nein. Niemals.«

»Das wird ein schöner Nachmittag und Abend. Jetzt sollten wir erst einmal zu Mittag essen.«

Prost Mahlzeit! will man den beiden zurufen, laßt es euch schmecken! Wenige Seiten später versichert uns Hemingway, nach dem Schreiben habe er sich nicht nur durch Lesen abgelenkt: »Ich mußte mich auch sportlich betätigen, mich körperlich erschöpfen, und es tat sehr gut, mit einer Frau zu schlafen, die du liebtest.« Erotik als Leibesübung. Daß Gertrude Stein dachte, Hemingway »sei in Sachen Sex das, was wir heute vielleicht einen Spießer nennen würden«, hat man immerhin schon einige Seiten zuvor gelesen.[15]

Wenn schon die Dialoge so langweilig sind, wie langweilig muß dann erst die ganze Beziehung gewesen sein, sei's im Buch, sei's in Wirklichkeit! Soll mir keiner sagen, die Frauen Anfang des 20. Jahrhunderts seien eben so gewesen, nicht zuletzt hätten es die Männer ja so von ihnen erwartet. Das Gegenteil ist der Fall, die Geschichte ist voller Frauen, die brillante Gesprächspartner waren, intellektuelle Persönlichkeiten, Lebens(abschnitts)gefährten auf Augenhöhe, sowohl als Phantasiegestalten in den Künsten wie auch im konkreten Leben als Ehefrau, Freundin, Geliebte. Man bedenke, daß eine Liebesbeziehung vor allem ein langes, ein sehr langes Gespräch ist! Wie wäre das mit einem von Hemingways »guten Mädchen« überhaupt auszuhalten? Oder für eine Frau mit einem seiner »fabelhaften« »guten Jungen«? Noch einmal Martha Gellhorn, rückblickend auf ihre Ehe mit Hemingway: »Ich weine um die acht Jahre, die ich damit verbracht habe, sein Bild mit zu verehren, und ich weine um alles andere, um das ich betrogen wurde, alles Zeitverschwendung gewesen.«[16]

Dialoge zu schreiben fiel Hemingway angeblich leicht. Vielleicht manchmal zu leicht. Aus heutiger Sicht fehlt ihnen das Feintuning, es fehlt eine glaubhafte Mündlichkeit der Sprache, eine, die den Charakter des Sprechers vermittelt und also bei jeder Figur ein bißchen anders klingt. Bei seinen männlichen Hauptfiguren klingt jeder Satz nur immer wieder so, als hätte ihn Hemingway gesagt. Bei seinen weiblichen Hauptfiguren ... Sobald sie den begehrten Mann nicht nur ihrer Liebe versichern, ziehen die Dialoge deutlich an; sobald sie streiten, werden sie richtig gut. In den Dialogen *zwischen Männern* ist Hemingway trotz des gerade geäußerten Einwands meisterhaft, sie sind bissig, nicht selten witzig, versetzt mit lapidar rausgehauenen Sentenzen. Er selbst gibt zu Protokoll, daß er drei Sachen in seinem Leben geliebt hat: »Fischen, Jagen und später Lesen«.[17] Frauen erwähnt er nicht.

Den Erklärungsversuch, er sei im Grunde schwul oder »zumindest« bisexuell gewesen, halte ich für überambitioniert. In einer Rede vor der Wiener Psychoanalytischen Vereinigung stellte der deutsche Schriftsteller und Psychotherapeut Wolfgang Martin Roth, stellvertretend für viele, die Frage, auf die im Grunde jede psychoanalytische Deutung von Hemingways Werk hinausläuft: »Die hypermännliche Inszenierung des Autors und seiner literarischen Thematik, Krieg, Mannwerdung, Großwildjagd, provoziert im analytischen Blick die Frage, was da abgewehrt wird.«[18] Diese Frage, glaube ich, provoziert die entsprechende Antwort.

Und Hemingway selbst? Schreibt im Rückblick über einen seiner gefallenen Kriegskameraden, dies sei der einzige Mann gewesen, den er je *geliebt* habe.[19] Aber die

Formulierung erklärt sich aus dem Schmerz des Verlustes. In »Paris, ein Fest fürs Leben« räumt er ein, »ich hatte gewisse Vorurteile gegen Homosexualität, da ich deren eher primitive Seiten kannte«. Um sich als Jugendlicher gegen übergriffige Landstreicher zu wehren, wäre er sogar bereit gewesen zu töten. Natürlich mit einem Messer! Das er deshalb in dieser Zeit bei sich trug. Er erklärte Gertrude Stein, man müsse, wenn man sich als Junge in Gesellschaft von Männern bewegt, bereit sein, einen Mann zu töten, müsse wissen, wie man das macht, und wirklich wissen, daß man es tun würde, um nicht belästigt zu werden. […] Wenn du wußtest, daß du töten würdest, spürten das andere Leute sehr schnell, und du wurdest in Ruhe gelassen.[20]

Nichtsdestoweniger summiert Jobst Knigge seinen Artikel zu »Hemingway und die Frauen« mit Recht: »Zeitlebens fühlte sich Hemingway in der Gesellschaft von Männern wohler als in der von Frauen.«[21] Aber auch Knigge legt nahe, daß homoerotische Beziehungen dabei zumindest im Raum standen. Mag es so gewesen sein oder nicht, Männer waren für Hemingway in erster Linie Saufkumpel, Jagdgefährten, Kameraden im Krieg – und nicht zuletzt Gegner oder Freunde. Die Spekulationen über seine angebliche Bisexualität anhand des Romanfragments »Der Garten Eden« sind eher bemüht. Bisexuell sind darin die beiden Frauen, nicht der junge Schriftsteller, in dem man zu Recht Hemingway sehen kann. Dessen frisch angetraute Ehefrau, die sich zunehmend aus ihrer Geschlechterzuordnung löst, fragt ihn während der Siesta im Hotelzimmer, ob sie sich versuchsweise in einen Jungen verwandeln dürfe; seine bezeichnende Antwort: »Es wäre mir lieber, du würdest es lassen.« Daraufhin sie: »Darf ich dich küssen und es versuchen?« Und er erneut: »Nicht, wenn du ein Junge bist und ich ein Junge bin.«[22] In der Rolle, von zwei Frauen gleichzeitig geliebt zu werden, gefällt sich der junge Schriftsteller hingegen, eine klassische Männerphantasie. Am Ende – sofern man das Ende eines Fragments als Ende lesen kann – ist die Dreiecksgeschichte entschieden und eine neue Beziehung beginnt, ganz klassisch heterosexuell.

Im Grunde interessiert mich Hemingways Liebesleben noch weit weniger als das von Borges. Ja, wenn er den Macho nur gespielt hätte! *Gelegentlich* gespielt hätte, um danach in eine andere Identität zu schlüpfen und gleich in die nächste, einfach deshalb, um der geliebten Frau eine ähnliche Bandbreite an Rollenmustern zu präsentieren, wie sie in einer Männergesellschaft ganz fraglos von Frauen erwartet wurde: Hausfrau, Hure, Mutter, Muse, Geliebte, wasweißich. Wer die Vielfalt der Rollenerwartung adäquat auch Männern abverlangen wollte – und nicht zuletzt darin erwiese sich wahrscheinlich eine beiderseits emanzipierte Partnerschaft auf Augenhöhe –, käme um den Macho ebensowenig herum wie um den verständnisvollen Partner, den Hausmann, den Vater, den guten-guten Freund.

Ich rede vom Macho als Rolle, vom situationsbedingt *gespielten* Machismo – der etwas ganz anderes ist als der tatsächliche, der ungebrochene, unreflektierte. Letzterer ist natürlich nicht ausgestorben, nicht mal in den Metropolen des Westens, auch wenn er dort längst als pathologisch, narzisstisch oder zumindest verhaltensgestört gebrandmarkt ist. Der *gespielte* Machismo hingegen ist, obwohl er in der Debatte über Geschlechterrollen nicht vorkommt, wahrscheinlich einer der wesentlichen Aspekte zeitgemäßer Männlichkeit, die den Namen noch verdient. Schließlich wird er *den Frauen zuliebe* gespielt.[23] Daß es ebendanach trotz aller Emanzipation eine ungebrochene Nachfrage gibt, habe ich beim immergleichen Strandspektakel auf zahlreichen Reisen beobachtet, in der Karibik, im Maghreb, an den Küsten Afrikas ... Da wie dort führen Beachboys für ihr weibliches Publikum vor den Strandbars Scheinkämpfe auf und bieten Proben ihrer Kraft und Geschicklichkeit. Sie *spielen* Duelle, um die Gunst der Touristinnen zu gewinnen: eine Schwundstufe von »âventiure«, die nichtsdestoweniger mit »minne« belohnt wird.

Doch abgesehen davon, spielen sie natürlich *nicht*. Sie *sind* Machos und gerade deswegen so begehrt. *Was* sie spielen, ist die Rolle des Verliebten, denn nicht wenigen Touristinnen geht es um mehr als nur Sex. »Im weiblichen Gehirn rangiert vor dem Sex die Hoffnung auf Liebe und Hingabe«, schreibt die amerikanische Neurobiologin Louann Brizendine: »Wie sich in wissenschaftlichen Untersuchungen gezeigt hat, gibt es für Frauen kein besseres Liebeselixier als die Zurschaustellung von Dominanz und Kraft.«[24] Die erfolgreichsten Beachboys pflegen über Jahre Verhältnisse zu mehreren Frauen, es ist ihr Beruf. Ihre eigentliche Meisterleistung ist die Koordination, und sie können damit weitverzweigte Familien ernähren.

Mutter, Schwester, Bordellbesuch

Hemingway spielte den Macho nicht, den man landläufig kennt beziehungsweise zu kennen glaubt, oder jedenfalls spielte er ihn so konsequent, daß ihm die Rolle bald zum eigentlichen Selbst wurde. Für die Frauen, die er begehrte, dürfte es auf Dauer genauso anstrengend und unbefriedigend gewesen sein wie für ihn selbst. Borges dagegen spielte sehr wohl mit seiner Rolle: mit »dem Anderen«, den er in der zweiten Lebenshälfte als Alter ego entdeckte und als Doppelgänger in seinem Werk etablierte. Gab es überhaupt je einen Mann, so fragt man sich bei der Beschäftigung mit seinem Leben, der weniger Glück bei Frauen hatte?

Mir fällt nur Nietzsche ein, der nicht von ungefähr eine ähnlich intensive Beziehung zu Mutter und Schwester hatte wie Borges. Während in Nietzsches Fall die Schwester, zunehmend auf bedenkliche Weise, die Versorgung ihres kranken Bruders übernahm, tat es im Fall von Borges die Mutter. Andere Frauen haben es in dieser Konstellation schwer. Alberto Manguel beschreibt Borges' Mutter als sehr besitzergreifend und berichtet von einem bezeichnenden Fauxpas, der ihr im Interview mit einem französischen Fernsehsender unterlief: Sie erzählte, daß sie bereits ihrem blinden Ehemann als eine Art Sekretärin zur Verfügung gestanden hatte und nun dasselbe für ihren erblindeten Sohn tue. Sie wollte sagen: »J'ai été la main de mon mari; maintenant, je suis la main de mon fils« (Ich war die [Schreib-] Hand meines Mannes; jetzt bin ich die [Schreib-]Hand meines Sohnes). Freilich betonte sie »la main« auf spanische Weise und sagte daher de facto: »J'ai été l'amant de mon mari; maintenant, je suis l'amant de mon fils.« (Ich war die Geliebte meines Mannes; jetzt bin ich die Geliebte meines Sohnes).[1]

Was die Mutter für Borges, war die Schwester für Nietzsche. Gegen Lou von Salomé intrigierte sie, kaum daß sie einander kennengelernt hatten. Es kam dann nur – oder nicht einmal – zu dem einen berühmten Kuß zwischen Nietzsche und Lou, an den sie sich später koketterweise nicht mal erinnern wollte: »Ob ich Nietzsche auf dem Monte sacro geküßt habe – ich weiß es nicht mehr.«[2] Mehr an konkreten Fakten ist zum Thema »Nietzsche und die Frauen« nicht überliefert, abgesehen von seiner Verehrung von Cosima Wagner, die sich lieber an den Supermacho Wagner hielt, und seinem dubiosen Auftritt in einem Kölner Bordell, wo er sich entsetzt ans Klavier geflüchtet und trotzdem die Syphilis zugezogen haben soll.[3] Was Nietzsche als leidenschaftlich Liebender aus einem Leben ohne Gegenliebe gemacht hat, weiß heute die ganze Welt, mit seinem Werk war er für die Nachgeborenen »das Erdbeben der Epoche«.[4]

Dem jungen Borges blieb der Besuch im Bordell ebensowenig erspart. Sein Vater hatte ihn 1917 in Genf arrangiert, man vermutet – und Borges selbst tat es bereits –,[5] bei seiner eigenen Mätresse. Ein derartiger Besuch war im Selbstverständnis der damaligen argentinischen Männergesellschaft längst überfällig. Borges hätte eigentlich schon mit vierzehn seine »Jungfräulichkeit« verlieren sollen, nicht erst mit siebzehn.[6] Die Sache verlief dann so katastrophal, daß er sich als Versager fühlen mußte. Und zwar in doppeltem Sinn, denn die Initiation im Bordell war damals für einen jungen Argentinier vor allem »eine Geste *an die Männer*, sich demonstrativ als einer der ihren zu beweisen. Keine Geste der Annäherung an die Frauen, sondern ein Kotau vor der maskulinen Welt und ihren Gesetzen.«[7]

Borges' Eltern versuchten sogar eine Zeitlang, die »Impotenz« ihres Sohnes mit verschiedenen Medikamenten zu beheben. Dabei war dessen »Scheitern« nicht körperlich,

sondern seelisch bedingt gewesen.[8] Bis zu seiner psychia-
trischen Behandlung[9] 1946–49 hatte Borges Angst vor Sexualität, einschließlich der eigenen. Und war entsprechend
gehemmt in seinem (nichtsdestoweniger beharrlichen) Bestreben, eine Beziehung mit einer Frau einzugehen. Flirten
und hofieren, das konnte er nach seinen Tagen als Bohe-
mien während der zweiten Europareise der Familie 1923/24
leidlich, vor körperlicher Nähe schreckte er zurück. Wenn
das Liebesleben von Hemingway auf eine ausufernde Weise
oberflächlich war, so das von Borges auf eine düstere Weise
verborgen. Nicht einmal gegenüber seinen engsten Freunden soll er das Thema je angeschnitten haben.

Umso mehr redeten andere darüber, die sich für berufen
hielten. Ihre Zeugnisse sind vernichtend. Es beginnt mit
dem kleinen Jungen, der in der behüteten Welt einer gut-
bürgerlichen Kleinfamilie aufwuchs, ohne Freunde, nur
in Gesellschaft seiner Schwester Norah und eines Privat-
lehrers.[10] Als er mit neun Jahren endlich eingeschult wurde,
fand er sich in der rauhen Wirklichkeit der Vorstadt wieder.
Von seinen Klassenkameraden, »die Amateur-Straßenlüm-
mel waren«, wurde er »verhöhnt und tyrannisiert«. Seine
Intelligenz grenzte ihn früh aus, die starke Kurzsichtigkeit
kam dazu, die Krawatte, die Zartheit.[11] Die Pubertät muß
für ihn schrecklich gewesen sein, seine Gefühle wurden von
den verehrten Mädchen nicht erwidert, im Bekanntenkreis
der Familie war es angeblich »allgemein bekannt [...], daß
er emsig onanierte«.[12]

»In jener Zeit suchte ich die Abenddämmerungen, die
Vororte und das Unglück«, schreibt Borges rückblickend.[13]
In einem seiner frühesten Gedichte kommt all das, was er
sich als Jugendlicher erhoffte und erträumte, auf berühren-

de Weise *nicht* zur Sprache. Es heißt »Schlichtheit«, Borges hat es nachträglich als »das erste authentische Gedicht, das ich geschrieben habe«, bezeichnet.[14] Authentisch – also ohne »barocke Ausschweifungen«, wie er sie nicht nur an seiner frühen Prosa, sondern am Frühwerk generell moniert.[15] In der Tat ist das Gedicht alles andere als ausschweifend, zwischen den Zeilen sehnt es sich umso mehr nach Liebe, Anerkennung, Zugehörigkeit und Geborgenheit. Das lyrische Ich betritt einen Garten, der ihm vertraut ist wie die Menschen darin; dort geschieht alles wie von selbst:

> Gut kennen mich, die hier um mich sind,
> gut kennen sie meine Ängste und Schwächen.
> Das ist, das Höchste erreichen,
> das uns vielleicht der Himmel gewähren mag:
> keine Bewunderung oder Siege,
> sondern einfach eingelassen werden
> als Teil einer unbestreitbaren Wirklichkeit,
> wie die Steine und die Blumen.

Klar, das ist vielleicht nur der elterliche Garten, in dem er, gemeinsam mit seiner Schwester, eine glückliche Kindheit verbrachte; hier war er auf selbstverständliche Weise zu Hause. Und doch schwingen in diesem Gedicht auch all die anderen Gärten und Patios mit, die er als Jugendlicher aufsuchte, um dort einem Mädchen im Kreis ihrer Familie die Aufwartung zu machen – ohne auf Dauer irgendwo in der ersehnten Weise angenommen zu werden.

Bis ins weit fortgeschrittene Alter war er der unglücklich Verliebte. Obwohl ihm keine wirkliche Beziehung gelingen wollte, war er den Frauen gegenüber keineswegs blind und wußte, was er versäumte: »Sie sehen und nicht schlafen

können war eins«, schreibt er über eine Frau, »die Lujanera«, auf die noch zu zurückzukommen sein wird.[16] Und
über eine andere: »Ich hatte eine Tänzerin erwischt, die sich
so bewegt, als ob sie meine Gedanken erraten kann. Der
Tango macht mit uns, was er will«[17] – dabei konnte Borges
gar nicht tanzen. Die erotischen Phantasien teilen, die der
Tango in ritualisierten Schrittfolgen inszeniert, konnte er
sehr wohl. Was das Aussehen der Frauen betraf, die ihn
anzogen, war er – ein klassischer Macho; Stöckelschuhe
und ausladende Hüte spielten bei ihm keine geringe Rolle.[18]
»Die Frauen, mit denen er sich umgab«, faßt sein Biograph
Woodall zusammen, »waren meist hübsch, unbeständig,
reich und gierig nach Gesellschaftsleben.«[19] Schon ihre Namen haben Glanz und Zauber: Beatriz Bibiloni Webster de
Bullrich, Susana Bombal, Pipina Moreno Hueyo, Elvira de
Alvear, Esther Zemboraín de Torres Duggan …

Sie und viele, viele andere genossen seine Gesellschaft bei
gemeinsamen Spaziergängen, Restaurant- oder Kinobesu-
chen, schreckten aber ausnahmslos vor einer Beziehung zurück.[20] Nichtsdestoweniger gibt es das Bild von Borges als
»fidele[m] Schürzenjäger, der den Frauen mit seiner Popularität, seinem Geld und seinen Autos zu imponieren versuchte. Hatte er sie dann erobert, war er nicht mehr fähig,
echte Liebe zu leben …«[21] Derlei »Entlarvungen« entlarven
eher ihren Verfasser. Borges war ein Leben lang hinter den
Frauen her, das wohl, aber doch als der ewig Zurückgewie-
sene, von einer Niederlage zur nächsten. Glaubt man den
Quellen, kamen zu seinem wenig vorteilhaften Aussehen
Schüchternheit und Ungepflegtheit dazu, schlaffer Hände-
druck und eine unangenehme Stimme;[22] als junger Mann
schwitzte und stotterte er, und wo sich andere mit Alkohol

in Stimmung tranken, saß er vor einem Glas Milch. Borges selbst geht, wie so oft, am härtesten mit sich ins Gericht: »Wenn ich diese Spanne meines Lebens überblicke, so ist mir der eingebildete und recht dogmatische junge Mann, der ich damals war, wenig sympathisch.«[23]

Minne

Nicht mal eine gute Partie war er, im Gegenteil, er konnte ja kaum für sein eigenes Auskommen sorgen. Das größte Hindernis zwischen ihm und den Frauen war jedoch das Trauma, an dem er seit seinem mißglückten Bordell-Besuch litt. Nicht nur der weibliche, selbst sein eigner Körper war ihm fremd, angeblich zog er sich allabendlich nur im Dunkeln aus. Aber er beklagte sich nicht, nicht mal in seinen Gedichten, und kitschig wurde er erst recht nicht. Ja, Borges war tapfer. Die Stellen in seinem Werk, die der Liebe gelten, sind noch seltener als bei Hemingway:

»Deine Abwesenheit umringt mich / wie die Schlinge die Kehle«, klagt er in einem seiner frühen Gedichte.[1] Und wenn er die »Unliebe« der Angebeteten als Teil ihrer Schönheit begreift, endet er mit den bezeichnenden Versen: »In dir ist die Wonne, / wie die Grausamkeit in den Schwertern.«[2] Liebe und Tod, der sattsam bekannte Topos. Der Vergleich mit den Schwertern führt schon weg von der »minne«, hin zu »âventiure« und Heldentod, dem Modus von Männlichkeit, dem Borges später zunehmend huldigen wird.

Rührend finde ich in diesem Zusammenhang ein zwei-teiliges Prosastück,[3] auf Englisch geschrieben, in dessen zweitem Teil er listenhaft aufzählt, was er einer Frau als

Verehrer zu bieten haben könnte: Der längste Teil davon gilt seinen heldenhaft in verschiedenen Kriegen gefallenen Vorfahren, als würde ihre Tapferkeit auf ihn abstrahlen. Und er schließt direkt an: »Ich biete dir, was meine Bücher an Einsichten enthalten mögen und mein Leben an Mannhaftigkeit oder Witz.«[4]

Es ist nicht der Witz, der hier überrascht, respektive der »humour«, wie's im Original umfassender heißt, davon hatte Borges reichlich zu bieten. Aber was, glaubte er denn, konnte sein Leben an Mannhaftigkeit enthalten? Natürlich hätten die Übersetzer »Männlichkeit« als deutsches Pendant zu »manliness« wählen können, sie haben es aber nicht getan.[5] Ist Mannhaftigkeit nicht etwas anderes als Männlichkeit? Etwas, das nur unter Männern gilt und auf Tapferkeit hinausläuft: die Fähigkeit, seinen Mann zu stehen, nämlich im Kampf? Wohingegen mir Männlichkeit der umfassendere Begriff zu sein scheint, der Mannhaftigkeit als einen seiner Teilaspekte umfaßt?

Bis zur Lektüre dieses Gedichts wäre ich nie auf die Idee gekommen, über meine »Mannhaftigkeit« nachzudenken, schon gar nicht, damit eine Frau beeindrucken zu wollen. Kann man es überhaupt? Immerhin soll sich Borges' Großmutter mütterlicherseits just an jenem Tag in Borges' Großvater verliebt haben, als sie ihn an der Spitze seines Regiments sah, wie er, gewiß mannhaft, zur Verteidigung der belagerten Stadt an ihr vorbeiritt.[6]

Der entsprechende Eintrag in Grimms Deutschem Wörterbuch ist kurz und zielt allein auf körperliche Stärke. Das Lemma »mannhaft« bringt unter anderem den schönen Beispielsatz »ein mann soll mannhaft sein«. Das würde heutzutage gar nicht mehr jeder so unverhohlen auszusprechen wagen, dabei ist es nichts weiter als eine Tautologie. Der Grimm führt »unerschrockene mannhaftige herzen« auf – also den Mut, den Borges so oft in seinen Texten beschwört. Allerdings immer nur dann, wenn sich Männer zum Zweikampf rüsten, *andere* Männer. Daß er sich *selber* Mannhaftigkeit zuspricht, und das ausgerechnet in einem Liebesgedicht, transformiert »minne« auch hier Richtung »âventiure«.

Und der *alte* Borges? Sehnte sich noch immer nach der großen Liebe: »Ich denk […] an jene Gefährtin, die / auf mich wartete und vielleicht noch wartet.«[7] Der »Autobiographische Essay« schließt mit den Worten, seine beste Arbeit sei getan, jetzt stehe ihm der Sinn »danach, zu lieben und geliebt zu werden«.[8] Das war 1969, da hatte er noch siebzehn Jahre zu leben und zu hoffen.

Hoffnung war es wohl auch, die ihn dazu trieb, endlich mal eine Liebesgeschichte zu schreiben: »Ulrika«, enthalten in seinem letzten Erzählband, »Das Sandbuch«. Die Darstellung der Liebe ist darin wenig glaubwürdig, man merkt, daß Borges etwas mit literarischer Bedeutung aufladen wollte, wovon ihm die Erfahrung fehlte: Bei einem Spaziergang küßt der Ich-Erzähler die norwegische Feministin Ulrika mitten im Gespräch – und ausgerechnet über De Quincey, einen von Borges' Lieblingsschriftstellern – »auf Mund und Augen. Sie schob mich mit sanfter Bestimmtheit von sich und erklärte dann: ›Im Wirtshaus von Thorgate gehöre ich dir. Ich bitte dich bis dahin: Berühr mich nicht. Es ist besser so.‹« Wie Frauen eben in solchen Situationen ganz gewiß reagieren. Nachdem die beiden im weiteren Verlauf des Spazicrgangs in die Rollen von Sigurd und Brynhild schlüpfen, erwägt der

Ich-Erzähler noch schnell, ob Ulrika das Rollenspiel etwa ernst meint: »Brynhild, du gehst, als wünschtest du, daß zwischen den beiden ein Schwert im Bett liegt.« Nämlich das Schwert Gram, das in der Völsungen- beziehungsweise Nibelungensage von Sigurd zwischen sich und die besiegte Brynhild gelegt wird, um ebenjene Erotik zu unterbinden, die Brynhilds Bezwinger als Preis zustand. »Minne« und »âventiure«, Kampf zwischen den Geschlechtern und für den Sieger Sex … Aber nein, einen Keuschheitsgaranten Gram wünscht Ulrika nicht! Kaum im Wirtshaus ange-kommen, eilt sie voraus zu ihrer beider Zimmer und – wahrscheinlich checkt der Ich-Erzähler noch am Empfang ein – ruft ihm ungeduldig zu: »Beeil dich.« Was Frauen in solchen Situationen eben ganz gewiß rufen. Als er bei ihr eintrifft, »hatte sie sich bereits entkleidet«, und »alterslos strömte die Liebe im Dunkel«.[9]

Das alles ist *noch* dürftiger als bei Hemingway – hier schreibt ein Gehemmter, der ausnahmsweise mal etwas Enthemmtes zum Besten geben will. Man weiß gar nicht, ob es vor allem kitschig ist oder einfach nur an den Haaren herbeigezogen, ein reichlich unbedarfter Tagtraum oder eine unfreiwillige Satire »Der dreiste Tollpatsch und die überraschend willige Feministin«.

Nein, über Liebe konnte Borges nicht schreiben, es blieb für ihn beim Hoffen. Und beim Erinnern an das wenige, was er an Liebe in seinem Leben erfahren durfte: »Die gan-ze Vergangenheit kehrt zurück wie eine Welle, / […] weil eine Frau dich geküßt hat.«[10] Oder an das wenige, was er nicht erfuhr, an »die Liebe, die wir nicht geteilt haben«:[11] »Was gäbe ich nicht für die Erinnerung, / daß du mir gesagt hättest, du liebst mich«.[12] Wo ein Hemingway prahlte, mit

Frauen aus verschiedenen Ländern Sex gehabt zu haben,[13] bewahrt sich Borges bis zuletzt den Zauber der Liebe, vielleicht gerade deshalb, weil er ihn nie – jedenfalls nicht auf die Weise, die er sich erhoffte – erfahren hat. Er ist und bleibt in dieser Hinsicht, obwohl er sich stilistisch zum Klassizisten umerzog, ein Leben lang Romantiker.

Aber nicht nur. Als ihm seine Reisebegleiterin der Jahre 1964/65, von der er sich – die Namen der Angebeteten wechselten, die Konstellation blieb die gleiche – Heirat und Ehe erhofft hatte, eines Tages eröffnete, daß sie sich mit einem anderen verlobt hatte, ging er zum Zahnarzt und ließ sich Zähne ziehen.[14]

Und wählte sofort eine andere Reisebegleiterin aus.

Auch das ist Borges. Ob diese Reaktion mannhaft, männlich oder sogar typisch männlich war? Ich weiß es nicht.

Sex

Obwohl er in einer Gesellschaft lebte, die sich ganz offen als machistisch verstand, war Borges ein scheuer Minnesänger, der das Thema nur selten und diskret behandelte. Das fällt umso mehr auf, als er sein Leben lang von ausgesprochenen Frauenhelden umgeben war, angefangen bei seinem Vater[1] über viele, deren Nähe er als junger Schriftsteller suchte, bis hin zu seinem Freund Bioy Casares, mit dem gemeinsam er, so seine kokette These, seine besten Bücher schrieb.[2] Nicht zu vergessen Juan Perón, zweimaliger Präsident von Argentinien,[3] der als Sohn eines Viehzüchters obendrein als Gaucho gelten durfte – Borges hat sich sein halbes Leben mit ihm duelliert, wenngleich mit Worten anstelle von Messern. Es mußte ein ungeheurer Druck auf ihm lasten, sich als Mann zu beweisen, öffentlich zu beweisen.

Viel lieber hätte er's getan durch Eheschließung und Vaterschaft. Eine der zahlreichen Frauen, der er Anfang der vierziger Jahre den Hof machte, war Estela Canto, eine noch unbekannte Schriftstellerin, die in vielerlei Hinsicht das Gegenteil des konservativen Borges war. Allerdings war auch sie eine leidenschaftliche Spaziergängerin und belesen kaum weniger als er. Was Lou von Salomé für Nietzsche, war Estela Canto für Borges – eine Femme fatale, mit allen intellektuellen Wassern gewaschen, begehrenswert in jeder Hinsicht: für den einen wie den andern die größte Liebe seines Lebens. Die größte unglückliche Liebe. Beide Männer waren diesen Frauen nicht gewachsen – von den bürgerlichen Rollenerwartungen, denen sie anhingen, hatten sich diese längst befreit.

Borges' Mutter mochte Estela Canto nicht, natürlich. Dessen ungeachtet führte er sie drei Jahre lang zum Essen aus und widmete ihr seine berühmteste Erzählung, »Das Aleph«. Sie war seine größte Niederlage als Mann: »Borges' Liebe war romantisch, exaltiert und besaß eine gewisse jugendliche Unschuld. Er schien sich rückhaltlos hinzugeben, flehte, man möge ihn nicht zurückweisen«, schreibt sie in ihrem Lebensrückblick: »Aber lieben konnte ich ihn nicht.«[4]

Estela Canto, man kann sich des Eindrucks nicht erwehren, genoß nicht nur seine Gesellschaft, sondern auch die Macht, die sie über ihn ausübte: »Mir gefiel die Rolle, in der er mich sah, die ich für ihn spielte. Sexuell war er mir gleichgültig [...]. Seine abrupten, linkischen Küsse zu den unpassendsten Momenten ließ ich über mich ergehen.«[5]

Wenn sich ihre nächtlichen Spaziergänge zu lange hinzogen, rief Borges seine Mutter an, um sie seines baldigen Kommens zu versichern.[6] Eines Nachts machte er Estela unvermittelt einen Heiratsantrag, und weil sie, wie angeblich die meiste Zeit, betrunken[7] und ohnehin jemand war, der gern mit dem Feuer und den Männern spielte, nahm sie den Antrag unter der Bedingung an, daß er zuvor mit ihr eine sexuelle Beziehung einging: »Wir können nicht heiraten, ohne vorher miteinander zu schlafen.« Obwohl sie selbst dazu bereit gewesen wäre, wie sie nachträglich versichert, wußte sie, »daß weitere Schritte in dieser Richtung von ihm kaum zu erwarten waren«.[8]

In ihren Lebenserinnerungen »Borges im Gegenlicht« behauptet sie, daß Borges dazu schlichtweg nicht in der Lage war, »nicht einmal, wenn er erregt war – und was seine Erregung betraf, war er ein normaler Mann wie jeder andere«.[9] Vielleicht gerade deshalb ließ sie sich eine Weile in die Rolle seiner Verlobten drängen,[10] es hatte für sie ja keinerlei Konsequenz. Auf Borges' Wunsch hin begleitete sie ihn sogar – zu diesem Zeitpunkt war sie nur noch eine gute-gute Freundin – zum Psychiater, bei dem Borges seit 1946 in Behandlung war. Borges wollte, daß auch sie ihm von seinen Schwierigkeiten erzählte.

Immerhin entließ ihn der Psychiater nach drei Jahren Behandlung in die Arme einer nicht weiter bekannten Tänzerin. »Ich konnte die verbale Impotenz mildern«, eröffnete er, nachdem Borges gestorben war, »aber ich konnte seine Therapie gegen die sexuelle Impotenz nicht zu Ende führen, obwohl ich ihm bis zu einem gewissen Grad helfen konnte.«[11] Bis zu einem gewissen Grad: Gefallen hat es Borges wohl eher nicht, was er irgendwann nach der

Therapie – sie zog sich bis 1949, da wurde er fünfzig – zum ersten Mal erlebt hatte.[12] Ein verstärktes Verlangen danach entwickelte er erst recht nicht. Viel wichtiger war ja, davon zu erzählen – er tat es zum Beispiel leicht verschämt bei einem Treffen mit Estela Canto 1955 –,[13] so daß man nun endlich überall wußte, daß er *in die argentinische Männerwelt* Eingang gefunden hatte.

Wenigstens in dieser Hinsicht fiel die Last des Versagens von ihm ab. Sowohl in »Ulrika« wie in »Der Kongreß«, beides sehr späte Erzählungen, verliebt sich der Ich-Erzähler in eine Frau, die zwar jede weiterreichende Bindung an ihn ablehnt,[14] aber eine sexuelle Beziehung mit ihm eingeht. Diese eine Nacht, in der Borges um Estela Cantos Hand angehalten und stattdessen eine sexuelle Offerte bekommen hatte, wirkte ein Leben lang nach.

Mehr Fluch als Segen

Den Dämon der Sexualität hat er in seinen Gaucho-Geschichten nur en passant und umso eindrucksvoller geschildert. Schon in »Mann von Esquina Rosada« geht die begehrte Frau – die Lujanera – in einer einzigen Nacht wie ein Wanderpokal von Mann zu Mann zu Mann: Als sich ihr Ehemann in einer Kneipe als Feigling entpuppt, der nicht kämpfen will, wirft sie sich seinem Herausforderer an den Hals; als der vom Ich-Erzähler aufgespürt und vor ihren Augen erstochen wird, empfängt sie schließlich diesen – indem sie ihn, der endlich von der Kneipe heimkehrt, in seinem Haus erwartet. *Eigentlich* geht es in der Geschichte um etwas anderes, aber ein erotischer Katalysator der Handlung ist sie durchaus: »Die Lujanera war nämlich schon was«, ringt sich der Ich-Erzähler zur Tat durch: »Weiß Gott, wo sie stecken. Weit können sie nicht sein. Wahrscheinlich treiben sie es schon in irgendeinem Graben.«[1] Sex als Währung, in der Mut belohnt wird.

Das Messerduell als verdrängte Libido zu interpretieren, wäre zu platt. Das Messerduell, und hier argumentiere ich ganz mit Hemingway, wenn er übers Schreiben spricht,[2] das Messerduell ist das Messerduell. Es verweist nicht auf irgendetwas dahinter, etwas Höheres oder Niederes oder Verdrängtes oder Symbolisches, es ist nicht mehr und nicht weniger als das, was es ist, ein Kampf auf Leben und Tod.

Eine Frau gilt unter Gauchos, wie in der späteren Erzäh-lung »Eindringling«, ohnehin als bloßer »Gegenstand«,[3] mit dem nach Belieben zu verfahren ist. Ihr Wert bemißt sich, selbst wenn man ihr mit Leidenschaft verfallen ist, nach ihrer sexuellen Attraktivität. Die beiden um die Frau rivalisierenden Brüder, um die es in dieser Geschichte geht, führen bald eine Menage à trois. Weil ihre brüderliche Freundschaft dadurch aber permanent auf die Zerreiß-probe gestellt wird, verkaufen sie die Frau zunächst an ein Bordell; und weil sie ihr noch immer hörig sind, kaufen sie sie zurück, um sie, den erneuten Eindringling in ihr ein-trächtiges »Leben von Männern unter Männern«, schließ-lich umzubringen. »Soll sie hier bleiben mit ihrem Plun-der«, sagt der eine, bevor sie ihre Leiche verscharren: »So richtet sie keinen Schaden mehr an.«[4]

Woraufhin sich die Brüder umarmen, »fast weinend«. Die harte Männerwelt ist wieder unter sich und, bis auf wei-teres, mit sich und ihrer Gewalttätigkeit im reinen. Auch in der Erzählung »Der Tote« ist die begehrte Frau mehr

Fluch als Segen: Als sexuelle Beute ist sie der Beifang eines jahrelang geführten Duells um die Befehlsgewalt über eine Gaucho-Bande. Am Ende wird sie vor aller Augen entehrt und verhöhnt, ehe sie, mit dem Verlierer des Duells zu einer letzten Liebesszene arrangiert, mit dem Leben bezahlt.

Irgendwann fragt man sich bei der Lektüre dieser Geschichten, ob es Wunsch- oder Angstphantasien sind. Sexualität als Subtext des Duells – auch darum geht es mitunter, wenn in Borges' Erzählungen echte Männer in aller »unschuldigen« Brutalität aneinandergeraten. Aber eigentlich, wie gesagt, geht es um etwas anderes.[5] Die Frau, die es für den Sieger obendrein geben mag, ist allenfalls eine Nebenbemerkung wert. Borges war sehr beeindruckt von einem Satz, den ihm Nicolás Paredes gesagt haben soll, ein von ihm bewunderter Schläger und Messerstecher, er baute den Satz wörtlich in »Die Geschichte des Rosendo Juárez« ein: »Ein Mann, der fünf Minuten lang an eine Frau denkt, ist kein Mann, sondern eine Tunte.«[6] In seinen Gaucho-Geschichten hält sich Borges an dieses Diktum.

Wie das Protokoll einer Erlösung liest sich die Erzählung »Die Phönix-Sekte«, 1952 in der Zeitschrift »Sur« veröffentlicht, also relativ kurz *nach* Borges' später »Initiation« durch die Tänzerin. Der Kult der Phönix-Sekte, der mit der für Borges (jenseits der Gaucho-Geschichten) so typischen spitzfindigen Gelehrsamkeit in allen erdenklichen Details ausgebreitet wird, ohne daß sein eigentliches Mysterium dabei verraten wird, gilt dem Geschlechtsakt – Borges selbst hat das Geheimnis später gelüftet.[7]

In »Der Kongreß«, einer seiner letzten Erzählungen, versucht er in puncto Sexualität sogar ein bißchen zu schwärmen: Die Frau, in die sich der Ich-Erzähler verliebt, ist erneut eine emanzipierte Norwegerin. Sie schlägt, wie erwähnt, den Heiratsantrag des Ich-Erzählers aus, ist aber nichtsdestoweniger bereit, eine Affäre mit ihm einzugehen: »Aus ihrem Mund kam das Wort, das ich nicht auszusprechen wagte.« Ein Schelm, wer hier schon wieder an Estela Canto denkt.[8] Der Ich-Erzähler, anders als Borges, geht auf das frivole Angebot ein und berauscht sich bereits im nächsten Satz: »O Nächte, o geteiltes und laues Dunkel, o Liebe, im Schatten fließend wie ein verborgener Strom, […], o Vereinigung, in der wir uns verloren, um uns darauf im Schlaf zu verlieren […].«[9]

Pflicht, glücklich zu werden

Ja, es gibt auch richtig peinliche Momente bei der Borges-Lektüre.[1] Und in seinem Leben, die einige seiner Biographen gleichwohl penibel ausgeforscht haben. Was mich mehr als derlei Details interessiert, ist die Frage, warum Borges so hartnäckig versuchte, eine Frau zu heiraten, beziehungsweise, in seinen eigenen Worten, »die Frage, die jeder sich verbissen gestellt hat: / Warum braucht es ein Mann, daß eine Frau ihn liebt?«[2]

Nur um vor allen anderen Männern als Mann dazustehen, am besten als verheirateter Mann, der dann umgehend einen Sohn zeugt? Ja, Borges wollte genau das. Estela Canto gestand er nicht nur, »daß er wahnsinnig in mich verliebt sei«, sondern im selben Atemzug, »daß er mit mir eine Familie gründen, Kinder haben wollte«.[3] Noch in seinem Gedicht »An den Sohn« im Band »Der Andere, der Selbe«, 1969 veröffentlicht, spielt er mit diesem Gedanken, selbst wenn das lyrische Ich gleich im ersten Vers einräumt, »nicht ich hab dich gezeugt«, sondern seine Vorfahren oder sogar »alle«, die in ihm fortleben. Über den Umweg der Teilhabe feiert er »diesen Tag / der Zukunft, an dem ich dich heute zeuge« – denn »Wir sind wir, / und zwischen uns du und die zukünftigen / Söhne, die du noch zeugen mußt.«[4]

Das ist ein Lebenskonzept nach alter Väter Weise und dabei ein bißchen bemüht um die Ecke gedacht, auch wenn es mit Borges' Vorstellung von der Gleichzeitigkeit des Ungleichzeitigen und der damit ermöglichten Anteilnahme jedes einzelnen an der gesamten Weltgeschichte ein hochintellektuelles Fundament hat. Meiner Kenntnis nach zum ersten Mal ausgerechnet in »Tlön, Uqbar, Orbis Tertius« erwägt er – in der Erzählung ist es natürlich »ein brillanter Denker« – die These, »daß es ein einziges Subjekt gibt, daß dieses unteilbare Subjekt jedes der Wesen des Universums ist«: »Alle Menschen sind im schwindelerregenden Augenblick des Koitus derselbe Mensch.«[5]

Was immer an jenem »Tag der Zukunft, an dem ich dich heute zeuge« von Borges geplant und nicht geschehen sein mag, in einem anderen Gedicht stellt er unter dem Titel »Things that Might Have Been« eine Liste zusammen, an deren Ende er sich klipp und klar eingesteht: »Der Sohn, den ich nicht hatte.«[6] Die Frage, »warum braucht es ein Mann, daß eine Frau ihn liebt«, ist allerdings auch viel einfacher zu beantworten: weil es ihm sein Vater so aufgetragen hatte. Borges *sollte* Schriftsteller werden,[7] aber nicht minder *sollte* er ein »richtiger« Mann werden. Estela Canto überliefert, wie Borges' Psychiater dessen sexuelle Probleme begründete: »Hinter seiner zur Schau getragenen Konventionalität lastete auf Borges' Leben ein Befehl. Sein

Vater hatte ihm befohlen, ein *Mann* zu sein.« Daß er den Befehl nicht erfüllen konnte, im Genfer Bordell ebensowenig wie in den Jahrzehnten danach, empfand er als Schuld. Nur »als verheirateter Mann würde es ihm leichter fallen, sich von seinem Schuldgefühl zu befreien«.[8]

Eine ähnlich lastende Schuld gegenüber einem Vater, der vergeblich auf den Eintritt seines Sohnes in die bürgerliche Gesellschaft gehofft hatte, empfand Kafka, sich selbst im Vergleich zu ihm als Schwächling und sogar als »Schmutz«: »Ich stand ja in allem meinem Denken unter Deinem schweren Druck«, schreibt er im niemals abgeschickten »Brief an den Vater«. Auch Hermann Kafka riet seinem Sohn dringend, ins Bordell zu gehen, statt »eine Beliebige zu heiraten«: »Wenn Du Dich davor fürchtest, werde ich selbst mit Dir hingehen.« Kafka memoriert die entsprechende Szene bezeichnenderweise nur vage, »vielleicht wurde mir auch ein wenig nebelhaft vor den Augen«, und resümiert: »Tiefer gedemütigt hast Du mich mit Worten wohl kaum und deutlicher mir Deine Verachtung gezeigt.« Um »die Schande, die Du mir antatest«, wettzumachen, versuchte er mehrfach, »einen Hausstand [zu] gründen, selbstständig [zu] werden«. Er spricht von »der übermenschlichen Anstrengung des Heiraten-Wollens«, um dem übermächtigen Vater endlich »zu entgehn«, wenngleich ihm die »Möglichkeit einer Ehe« als der »bisher größte Schrecken meines Lebens« erschien.[9]

Borges' Vater war im Vergleich dazu feinsinnig und liberal, Borges würdigt ihn in seinem Lebensrückblick als »sehr gütig« und »bescheiden«.[10] Nichtsdestoweniger schrieb ebenjener Vater »ein Drama, das von der Enttäuschung eines Mannes über seinen Sohn handelt« – so berichtet es Borges selbst, anscheinend ungerührt.[11] Der Vater betitelte das Stück »Dem Nichts entgegen« und vernichtete es schließlich.

Schon 1922 versuchte Borges durch die förmliche Verlobung mit der 16jährigen Concepcíon Guerrero vor aller Augen als ein »ganz normaler Mann« dazustehen. Estela Canto drängte er nicht zuletzt deswegen in die Rolle der Verlobten. Daß er 1967 tatsächlich eine Frau gewinnen konnte, ihn zu heiraten, löste das Problem nicht. Bei der Frau handelte es sich um eine Jugendliebe, Elsa Astete Millán, die ihn damals abgewiesen hatte und mittlerweile verwitwet war. Das Eheglück war von Anfang an ein Eheunglück, es gab weder ein erotisches, noch ein geistiges Miteinander. Einzig wichtig war für Borges, endlich ein eigenes Zuhause zu haben.[12] Oder eigentlich: allen zu beweisen, daß er einen eigenen Hausstand gründen konnte wie jeder andre.

Natürlich ging es schief. 1970 floh er äußerst unrühmlich mit Hilfe seines amerikanischen Übersetzers und überließ es Freunden, seiner Frau ein paar Erklärungen zukommen zu lassen und die gemeinsame Wohnung zu räumen. Nach landläufiger Meinung war er ohnehin mit seinen Träumen oder der Bibliothek oder mit seiner Mutter »verheiratet« gewesen und kehrte jetzt dorthin zurück.

Auch der Reisebegleiterin seines letzten Lebensjahrzehnts, María Kodama, konnte er nur das Versprechen abgewinnen, ihn wenigstens noch kurz vor seinem Tod zu heiraten: »Also gut, aber versprich mir, daß du mich heiraten wirst, wenn ich eher sterbe als du«.[13] Sie versprach's, und die Ehe wurde ein paar Tage vor seinem Tod geschlossen. Jetzt war er dort angekommen, wo er immer hin wollte: in einer bürgerlichen Beziehung, augenfällig für jedermann, und mit einer Frau, die er tatsächlich liebte. Wir müssen ihn uns im Angesicht des Todes als glücklichen Menschen vorstellen.

»Warum braucht es ein Mann, daß eine Frau ihn liebt?« Die Antwort jenseits bürgerlicher Konventionen, väterlicher Befehle und eher halbherziger Ambitionen als Ehemann und Vater in einer unendlichen Kette von Vätern, Großvätern und Ahnen, ist am Ende einfach: weil Borges glücklich werden wollte. Und weil er sich ein Glück ohne die Liebe einer Frau nicht vorstellen konnte: »Ich glaube [...], daß es unmöglich ist, ohne Liebe zu leben.«[14] Daran hielt er trotz allen Unglücks bis zu seinem Tod fest.

Es gibt einen berührenden Text von ihm, den er – ich vermute – erst in der Ausgabe von 1954 seinem ersten Erzählband »Universalgeschichte der Niedertracht« angefügt hat: Er ist nur zwei Seiten lang und heißt »Ein Theologe im Tod«. Darin wird geschildert, wie der Reformator Melanchthon im Jenseits einfach genauso weitermacht wie auf Erden, indem er über den rechten Glauben schreibt. Die Engel bemerken bald, daß er dabei »nicht ein Wort über die Liebe« sagt. Von ihnen zur Rede gestellt, rechtfertigt sich Melanchthon mit den Worten: »Ich habe unwiderleglich bewiesen, daß die Seele der Liebe entraten kann und daß, um in den Himmel einzugehen, der Glaube genügt.« Das sehen die Engel anders. Ob seiner anhaltenden Verleugnung der Liebe verbannen sie ihn schließlich in eine unterirdisch dunkle Welt, wo er »heute eine Art Knecht der Dämonen ist«. Damit endet die Geschichte. Sie ist, trotz allem, was er erlebt beziehungsweise nicht erlebt hat, Borges' Bekenntnis zur Liebe.

Die andere Mannwerdung

Borges war ein empfindsamer Mensch, nicht selten weinte er vor Ergriffenheit, ob am Ende von Gangsterfilmen (»wenn irgendetwas Gewaltiges passierte – also Chicago-Gangster tapfer starben«),[1] beim Anblick der Pampa (»die unser Blut von fern fühlt, wie der Brite das Meer«)[2] oder beim Rezitieren von Gedichten.[3] Er selbst machte kein Hehl daraus, daß er »ungeniert sentimental« war.[4] Wenn er sich wenigstens im Feld der »âventiure« als Mann erweisen wollte, so blieb ihm nur eines: Er mußte seine Sentimentalität überwinden, er mußte hart werden.

Wenn nicht als Mensch, so zumindest als Schriftsteller. Und er wurde hart.

Der väterliche Befehl, ein Mann zu werden, hat nämlich noch eine Kehrseite. Borges thematisiert sie im Eröffnungstext seines Gedichtbands »El hacedor«, der auf Deutsch »Borges und ich« betitelt ist und zahlreich eingestreute Prosaskizzen enthält. Besagter Eröffnungstext, »Der Wortschöpfer«, ist eine davon; Borges beschreibt darin, wie sich der alte und mittlerweile erblindete Homer an seine Jugend erinnert, genaugenommen an zwei Schlüsselmomente an der Schwelle der Erwachsenenwelt: Der erste bahnt sich mit einer Beleidigung durch einen anderen Jungen an. Homer läuft zu seinem Vater, der ihm allerdings kaum zuzuhören scheint. Stattdessen nimmt er einen bronzenen Dolch von der Wand, »schön und voll von Macht, den der Junge schon heimlich begehrt hatte«, und schenkt ihn dem Sohn mit den Worten: »›Jemand soll wissen, daß du ein Mann bist‹, und in der Stimme war ein Befehl.« Der eben noch kindlich zu seinem Vater geeilt war und sein Leid geklagt hat, eilt nun, den andern Jungen zu töten. Noch auf dem Weg dorthin verblaßt der Anlaß, wird das schiere Töten zur Obsession. »Nun suchte er den deutlichen Geschmack dieses Moments; alles übrige war ihm gleich: die Beleidigungen bei der Herausforderung, der plumpe Kampf, die Heimkehr mit blutiger Klinge.«

Fortan gilt der junge Homer als Mann. Die zweite Initiation durch »eine Frau, die erste, die ihm die Götter gewährten,« erfolgt zwangsläufig (sie »ergab sich aus jener«) – und wird mit einem einzigen Satz abgehandelt. »Âventiure« und »minne«, in dieser Reihenfolge, das ist die Formel, auf die sich das Leben Homers reduzieren läßt. Noch angesichts des nahenden Todes ahnt er, daß ihn »beim Abstieg zum letzten Schatten« wieder »die Liebe und die Gefahr« erwarten werden.[5]

»Homer kann in dem kurzen Titeltext auch für den erblindenden Borges stehen«, schreiben die deutschen Übersetzer in ihrem Kommentar, »mit Einschränkungen.«[6] Die Einschränkungen sind offensichtlich, nie hätte es Borges vermocht, auf Leben und Tod zu kämpfen, obendrein mit einem Dolch, und dabei womöglich einen Menschen zu töten.

In seinen Texten hingegen hat er sich genau das wieder und wieder ausgemalt.[7] Ein letztes Mal gestaltet er das Thema in der späten Erzählung »Nacht der Gaben«, enthalten in einem Band mit sonst eher dürftig zusammengeschusterter Gelehrtenliteratur, »Das Sandbuch«. Die Erzählung spielt im Gaucho-Milieu, in einer jener berüchtigten Vorortschänken, die so häufig den Schauplatz der »âventiure« in Borges' Werk abgeben. Der Ich-Erzähler, damals noch

»nicht ganz dreizehn«, erfährt darin im Verlauf einer einzigen Nacht seine doppelte Initiation: Eine der anwesenden Prostituierten weiht ihn in die Geheimnisse der Sexualität ein, kurz darauf wird vor seinen Augen einer der *compadritos* von einem Polizisten mit dem Bajonett erstochen: Tod und Liebe … Oder Töten und Geliebt-Werden? Wo »âventiure« wie »minne« noch von ritterlichem Ehrgefühl geläutert und romantisiert wurden, scheint es bei Gauchos und *compadritos* da wie dort nurmehr auf den rohen Akt hinauszulaufen. Wenn Borges davon schreibt, wie ihn das als heranwachsenden Mann geprägt hat, und sei es nur vom Hörensagen oder in der Phantasie, ist er ein atemberaubender Erzähler auch noch im Alter. Schnörkellos direkt schreibt er innerhalb weniger Seiten auf die Katastrophe zu, und während man als Leser noch nach Luft schnappt, ist die Geschichte schon zu Ende.

»Nur dich spüre ich, harte rosa Straße«[1]

Borges liebte ein ganz bestimmtes Buenos Aires, das der Vorstädte, in denen er des Nachts schon als junger Mann stundenlang herumstreifte. In seinen Gedichten wird die Stadt zu einer einzigen langen Straße, die in ärmliche Viertel führt und schließlich hinaus in die Pampa, in der seine Vorstellung vom abenteuerlichen Leben kulminiert.

Das Abenteuer beginnt schon auf dem Weg dorthin, in den Vorstädten vermischt sich die Stadt mit der Pampa,[2] der Verhaltenskodex der bürgerlichen Gesellschaft franst zusehends aus und wird durch das Gesetz des Stärkeren ersetzt: ob in den verschwiegenen Hinterhöfen, wo die

Liebe besungen und auch schon mal ein kleines Kästchen mit einem Messer aufbewahrt wird, ob in den verrufenen Kneipen, wo »Messerhelden«[3] und Prostituierte verkehren. Immer wieder steht das lyrische Ich von Borges' Gedichten gebannt davor und traut sich nicht hinein. Ebensowenig in die dunkel lockenden Nebenstraßen – ein Nachtwandler, der alles überwach wahrnimmt und dann doch lieber an allem vorbeigeht.

Nur das lyrische Ich? Oder Borges selbst? Borges hat in seinen Erzählungen immer wieder die eigene Person und deren Lebensumstände, oft bis ins Detail, eingebracht. Über eine seiner Erzählungen schreibt er: »In die Handlung habe ich, meiner Gewohnheit getreu, autobiographische Züge eingewoben.«[4]

Meiner Gewohnheit getreu.

Auch in den Gedichten taucht immer wieder sein eigener Name auf, dazu derjenige von Verwandten, Freunden, Orten, die in seinem Leben besondere Bedeutung hatten. »Mein Postulat heißt: Literatur ist letztendlich immer autobiographisch.«[5]

Bei derlei Bekenntnissen winken Literaturwissenschaftler gern ab, selbst das sei natürlich Figurenrede und keinesfalls als Aufforderung zu verstehen, die Texte eins zu eins wie verkappte Tagebucheinträge zu lesen. Auf der anderen Seite muß man gerade bei Borges konzedieren, daß er seinen Lesern immer wieder versichert, dies oder jenes habe er selber erlebt, dieser oder jener Freund habe es glaubhaft berichtet, es »stimme«. In einem Seminar mit amerikanischen Studenten tut er es bei der Besprechung seiner Texte am laufenden Band:

»Gut, dies ist lediglich die Feststellung dessen, was wirklich geschah. Ich hab die Geschichte außerdem noch von jemand anderem […]«

»Aber das hier stimmt unbedingt […]«.

»Ja, er hat mir die Geschichte erzählt […]«.

»Das habe ich selbst gesehen.«

»Das habe ich von meinem Großvater Acevedo.«

»Das hat mir ein politischer Anführer in unserer Nachbarschaft in Palermo erzählt.«

»Das wurde selten gemacht, aber ich habe durch meinen Vater davon gehört.«

»Das ist tatsächlich geschehen.«

»Das habe ich von meinem Vater gehört, der wiederum hat es von einem alten Kehlenabschneider […]«.

»Die Sache ist wirklich passiert und gehört nicht mir.«[6]

Natürlich verändert Borges die Fakten je nach Bedarf, vor allem, um eine tatsächlich geschehene Geschichte, die oft ganz unwahrscheinlich klingt, glaubwürdiger erscheinen zu lassen.[7] Das ändert aber nichts daran, daß die meisten seiner Texte auf einem wahren Kern basieren und »Wahrheit« vermitteln wollen.

Und das trifft nicht nur auf ihn zu. »Du brauchst nur einen einzigen wahren Satz zu schreiben. Schreib den ersten wahren Satz, den du kennst« – mit diesem Mantra brachte sich der junge Hemingway in Schreibschwung.[8] »Gut schreiben, heißt die Wahrheit schreiben«, trichtert er Jahre später einem angehenden Schriftsteller ein: »Wenn sich jemand eine Geschichte ausdenkt, hängt ihre Wahrheit von seiner Lebenskenntnis und seinem Gewissen ab«, andernfalls sei er »ein Fälscher«.[9]

Ich würde sogar so weit gehen zu sagen: Ein wichtiger,

vielleicht der wichtigste Teil der schriftstellerischen Arbeit besteht nicht etwa im Schreiben, sondern im Sammeln unmittelbarer Anschauungen, wenn nicht Erlebnisse. Die Erfahrungen, die wir dabei machen, verarbeiten wir mit Hilfe literarischer Phantasie in Fiktion. *Ohne* zugrundeliegende Erfahrungen wäre es nur intellektuelle Bastelarbeit, Borges würde wohl von »Schönrednerei« sprechen. Die Texte, die auf diese Weise entstehen, darf man nicht eins zu eins lesen, das stimmt, aber durchaus mit Blick auf den, der sie verfaßt hat.

Auch hier, an der Schwelle einer harten Männerwelt und der ihr innewohnenden Gefahr, scheiterte kein ominöses lyrisches Ich, hier scheiterte der junge Borges selbst, auf ebenso fatale Weise wie in seinem Liebeswerben. Und wie im Fall der »minne« ist er fortan nur umso mehr von der Idee der »âventiure« besessen, von den frühesten Texten bis zu den allerletzten verherrlicht er sie geradezu.

Während eines Restaurantbesuchs in einer brasilianischen Grenzstadt wurde er 1934 Zeuge, wie man einen Mann am Nebentisch erschoß; anderntags saß der Mörder im selben Restaurant, offensichtlich unbescholten, seine Tat schien allgemein als gerechtfertigt zu gelten – das hat Borges ein Leben lang beschäftigt: »In meiner Phantasie kehre ich immer wieder zu dieser einen […] Erfahrung zurück.«[10]

Das ist aber nur die halbe Wahrheit. Zu diesem Zeitpunkt hatte er nämlich die Arbeit an der »Universalgeschichte der Niedertracht« schon abgeschlossen, seinem ersten Erzählband, Mord und Totschlag ist *das* Thema des gesamten Buches. »Mann von Esquina Rosada«, Borges' erste Meistererzählung aus dem Gaucho-Milieu, ist darin enthalten. Sie spielt, natürlich, in einer jener verrufenen Schänken.

Borges verbrachte seine Kindheit – auch in seiner eigenen Erinnerung – wohlbehütet im elterlichen Garten. In seiner Phantasie waren die Schläger und Messerstecher schon damals präsent, auf der anderen Seite des schützenden Gartenzauns: »Das Palermo des Messers und der Gitarre [...] befand sich gleich um die Ecke.«[11] Palermo heißt das Stadtviertel von Buenos Aires, in dem Borges aufwuchs; damals lag es noch am Stadtrand. Die Welt, die er draußen vor der Tür versäumte, erlas er sich in der väterlichen Bibliothek: »Ich fand immer erst nach den Büchern zu den Dingen.«[12] Und das ist noch übertrieben, zu den meisten Dingen fand er ein Leben lang gar nicht: »Tatsächlich glaube ich manchmal, nie aus dieser Bibliothek [meines Vaters] hinausgefunden zu haben.«[13]

Das wenige, was Borges im konkreten Lebensalltag »fand«, kehrt in seinen Texten als diskrete Beschwörung wie als unmißverständlicher Fingerzeig wieder und wieder – nächtliche Patios mit Bogengängen und Zisternen, die Rose, der Duft von Jasmin, der Spiegel, der Schatten, der Tiger, das Labyrinth ... und eben die rosa Ecke, Straße oder Kneipe, die als Chiffre für eine Männerwelt immer dann auftaucht, wenn er sich in seinen Texten nach dem radikal anderen sehnt: »das feste Rosa deiner Ecken« in einer Elegie auf »sein« Viertel Palermo;«[14] die »hochrot« angestrichene »Ladenschänke« in »Der Süden«, deren Farbe im Lauf der Jahre »vorteilhaft gedämpft« wurde;[15] nicht zuletzt »die Männer an der rosa Straßenecke« in »Evarista Carriego«.[16]

Dieser erste Essay, den der dreißigjährige Borges unter

Mißbilligung seiner Eltern schrieb, wird von der Forschung wenig gewürdigt. Ich finde ihn hinreißend. Er beginnt mit einer packenden Schilderung dessen, was für Borges den mittlerweile verblaßten Zauber der Vorstädte von Buenos Aires im allgemeinen und von Palermo im besonderen ausmacht.[17] Im Verlauf der Darlegungen feiert *und erklärt* er dem Leser all das, was ihn an seinen Bewohnern, »die mal in der harten Vorstadt / leben mußten wie im Kriege«,[18] so unwiderstehlich anzog: der Tango, die Pferdedroschken, das Kartenspiel Truco … und eben das Bandenwesen rund um den Caudillo, den Boß eines Stadtviertels, und die damit unweigerlich verbundenen Machtkämpfe.

Auch im Gedicht »Mythische Gründung von Buenos Aires« fehlt der »Schankladen« nicht, »rosa wie Spielkartenrücken«,[19] in dem sich die *compadritos* treffen, die Vorstadthelden, die im eigenen Viertel weltberühmt und die eigentlichen Herrscher sind, »die Sekte des Messers und des Muts«.[20] Das verstaubt klingende Wort »Schankladen« ist nicht mal im Grimmschen Wörterbuch verzeichnet, im spanischen Original steht »almacén«, das die Übersetzer andernorts als »Ladenschänke« wiedergeben. Auch dieses Wort ist im Grimm nicht aufgeführt. Mein Freund Mariano Tenconi Blanco, ein argentinischer Dramatiker, der in Buenos Aires lebt, meint, Borges verwende das Wort »almacén« im Sinne von »pulperia«. Es bezeichnet damit einen kleinen Tante-Emma-Laden, in dem man auch etwas zu essen und zu trinken bekommt; heutzutage gebe es deren in Buenos Aires kaum noch. Was die Übersetzung ins Deutsche betrifft, so paßt sie also perfekt. Manche dieser Ladenschänken scheinen sich des Nachts in regelrechte Kneipen verwandelt zu haben, in deren Hinterzimmern sich gegebenenfalls –

etwa in besagtem Gedicht »Mythische Gründung von Buenos Aires« – die örtliche Halbwelt einfand.

Die Farbe Rosa ist dabei ganz konkret gemeint. Es ist diese ausgewaschene rosa Wandfarbe, mit reichlich Kalk vermischt, wie man sie heute noch an vielen Orten der Welt sieht, das nächste Haus in einem ausgewaschen hellen Schwimmbadblau oder Lindgrün[21] – in der Karibik, auf den Bermudas, am Horn von Afrika oder sonstwo. Mit ihren täuschend »sanften Farben«[22] sehen sich solche Straßenzüge oder ganze Stadtviertel, wo auch immer man in sie hineingerät, erstaunlich ähnlich.

In vielen Ländern Südamerikas haben diese Farben eine lange Tradition, und Rosa scheint davon eine der beliebtesten (gewesen) zu sein. Indem Borges die rosa Farbe benennt, hat er pars pro toto das gesamte Viertel charakterisiert; man »sieht« es als Leser vor sich und denkt sich die armseligen bis zwielichtigen Details dazu. Noch Ende der vierziger Jahre suchte Borges bei seinen Spaziergängen »ein paar verbliebene rosafarbene Ecken«, um seinem Besucher zu zeigen, welches (inzwischen untergegangene) Buenos Aires er meinte, wenn er darüber redete oder schrieb.[23]

Einen einzigen jener stadt(viertel)bekannten Messerstecher kannte Borges selbst, Nicolás (oder Nicanor) Paredes, dessen Name in seinen Texten entsprechend oft auftaucht. Bereits Borges' Eltern kannten ihn, *jeder* in Palermo kannte ihn, schließlich war er der Caudillo und Palermo »sein Reich«.[24] Borges war offensichtlich stolz darauf, daß er wenigstens auf diese Weise in die Halbwelt »dazugehörte«, und rühmt Paredes rückblickend als »einen meiner Freunde«.[25] Angeblich widmete ihm der sogar einen Band (offenbar eigener) Gedichte mit den Zeilen: »Und Sie, Kamerad Borges, / begrüß ich von ganzem Herzen.«[26]

Ansonsten hatte Borges, so sein Biograph Woodall, »keinerlei Erfahrungen mit Gewalt. Seine Begeisterung für Messerstechereien basierte auf einer selbstgemachten Mythologie.«[27] Aber das steigerte nur den Zauber und die Verlockung. Daß es ihm versagt blieb, an dieser Welt aktiv teilzunehmen, mögen wir eher als Glücksfall sehen denn als Versagen, Borges selbst tat dies nicht.

Im Rückblick bedauert er, daß er die rosa Straße nie gegangen sei und auch nie gehen werde, jedenfalls bis zu ihrem Ende: »Buenos Aires ist die andere Straße, die ich nie betreten habe«, »es ist eine lange Straße mit niedrigen Häusern«,[28] die »Straße mit rosa Ladenschänke«.[29] Schöner kann man nicht in ein Bild fassen, was ihn fasziniert, gelockt, ein Leben lang beschäftigt, aber auch bedrängt, ja erschüttert hat. Natürlich spielt die Liebe oder eher: Sexualität in diese Metapher hinein. Aber es ging ihm bei den verstaubt rosaroten Häusern weniger um das Verruchte, das sich dort zwischen Mann und Frau anbahnte – der Tango gehörte damals noch ins Rotlichtmilieu, und auch dafür hatten die Kneipen ihre Hinterzimmer –, als um das, was dort unter Männern verhandelt wurde: wenn es harmlos verlief, beim Kartenspiel, wenn es eskalierte, im Kampf Mann gegen Mann. Nicht selten dann auf ebenjener staubigen Straße oder in einem der Hinterhöfe, die Borges nicht ohne Grund als verschwiegen bedichtete.

In diesen Kämpfen ging es um die Ehre, also um Leben und Tod. Und genau das war es, was ihn in Bann schlug.

Was bei Feigheit hilft

Borges war, wie's Estela Canto charmant umschreibt, »ein übervorsichtiger Mensch, ängstlich darauf bedacht, niemanden zu verletzen oder zu verärgern«.[1] Er selbst ist da wesentlich direkter: »Ich bin ein Feigling.«[2] Auch die Worte, die er einer seiner Figuren zu Beginn ihres Lebensrückblicks in den Mund legt – einem Buchhändler, der sich, wie Borges, intensiv mit religiösen Schriften beschäftigt –, lesen sich wie ein spätes Bekenntnis:

> »Wie alle jungen Burschen wollte ich sein wie die anderen. [...] Ich habe die Verachtung der Leute gespürt und mich selbst verachtet. Zu jener Zeit, und vor allem in jener Umgebung war es wichtig, mutig zu sein; ich wußte, daß ich feige war. Vor Frauen hatte ich Angst; ich fühlte geheime Beschämung wegen meiner furchtsamen Unberührtheit.«[3]

Zeit seines Lebens wollte Borges »sein wie die anderen«, ein Mann unter Männern. Insofern traf es ihn an seiner empfindlichsten Stelle, als man ihn nach der Machtergreifung Peróns vom kleinen Angestellten einer Bibliothek zum Marktinspektor für Kaninchen und Geflügel »beförderte«. Borges wunderte sich zunächst nur und fragte im Rathaus nach, wieso man ausgerechnet ihn dazu gewählt hatte.[4] Wahrscheinlich waren es erst seine Freunde, die ihm die Augen öffneten: »Geflügel und Kaninchen sind im spanischen Sprachgebrauch Synonym für Feigheit.«[5] Man wollte den bekennenden Gegner der Peronisten nicht nur loswerden, man wollte ihn demütigen. Dies gelang. Borges kündigte umgehend. Er ertrug die Schmach nur, indem er sich einredete, Perón persönlich habe ihm dies antun wollen.[6]

Das, was »den Vororten ihr unendliches Abenteuer gibt«,[7] kannte er nur vom Hörensagen. Der Mut, der dort von einem Moment zum nächsten und vor aller Augen unter Beweis zu stellen war, die Ehre, die man selbst um den Preis des eigenen Lebens zu verteidigen hatte, aber auch schon das markante Auftreten derer, die in dieser Männerhalbwelt das Sagen hatten, ihre halbseidene Eleganz, ihre derbe Form des Frohsinns, die blitzschnell in blutigen Ernst umschlagen konnte – all das bewunderte Borges maßlos und feierte es als Ausweis des Männlichen schlechthin. Was ihm auf dem Feld der »minne« nicht glücken wollte, auf dem Feld der »êre« war's ihm erst recht versagt. Wenn er sein Leben als Mann – wie er selber es wahrnahm – nicht als ein völlig Gescheiterter, Unwürdiger, Schuldiger führen wollte, mußte er sich über den Umweg der literarischen Teilhabe auf Augenhöhe mit denen schreiben, die er verehrte.

Insofern ist der Wahrheitsgehalt, vielleicht auch nur: die prätendierte Wahrhaftigkeit der Geschichten, die Borges erzählt, von zentraler Bedeutung. Allein weil sie (angeblich) so geschehen sind, wie er sie unter Wahrung von Orts- und Personenangaben sowie Angabe seiner Quellen dem Leser berichtet, haben sie Glaubwürdigkeit *auch im Milieu*. Und nur weil er ohne »sentimentalen Pomp«[8] und ohne moralische Erwägungen berichtet, als wäre er Teil des Milieus, kann er als Rhapsode gelten, auf den als Übermittler einer Heldentat ein wenig vom Glanz des Heldentums abstrahlt. Wir mögen als seine Leser den Atem anhalten und am Ende ungläubig den Kopf schütteln, wir mögen entsetzt sein oder moralisch empört über diesen »fast skandalösen Geschmack der Wahrhaftigkeit«;[9] Borges ist all dies als Erzähler nicht, als wäre er einer der *compadritos*, der die Geschichte am Tresen einer rosa Ladenschänke erzählt. Er wertet nicht, er berichtet. Er vermischt den Bericht nicht mit Emotionen, sondern hält ihn immer ganz dicht an den Fakten.

Vielleicht ist das »männliches« Erzählen?

Eine Art des männlichen Erzählens?

Eine Technik, die selbstverständlich auch von Schriftstellerinnen angewandt werden könnte, angewandt werden kann, angewandt wird.

Im übrigen wäre »weibliches« Erzählen, was immer man darunter verstehen wollte, nicht etwa dessen Gegenteil. Vor allem nicht a priori emotionaler; mit simplen Antagonismen kommt man hier nicht weit, gerade weil gängige Klischees (und Fettnäpfchen) allzu nahe liegen.

Jedenfalls funktioniert ein auf die Fakten reduziertes Erzählen für den Leser – der in die Rolle des Zuhörers am Tresen rutscht – grandios. So sehr man sich bei vielen von Borges' Geschichten quält, um sie am Ende mit gemischten Gefühlen und bestenfalls als intellektuelles Vergnügen abzuhaken, so gebannt folgt man ihm, wenn er von der unglaublichen Hybris und Brutalität im Milieu erzählt. Und das, obwohl er keine emotionalisierenden Kniffe der Genreliteratur anwendet, obwohl er so nüchtern referiert wie ein Polizeibericht. Das literarische Ereignis ist nicht so sehr der Plot – wie bei Thrillern und in der Kriminalliteratur –, sondern die aufs Allernotwendigste komprimierte Form, die dem Leser höchste Konzentration abfordert.

Schon die Leserbriefe, die Borges von »Sachkundigen«

(direkten Nachfahren von Augenzeugen) zur Erzählung »Die Herausforderung« erhielt,[10] modifizieren die Handlung zwar im einen oder anderen Detail, aber gerade damit bestätigen sie ihn als Erzähler: »Ich schreibe Ihnen dies in der Absicht, Sie weitergehend zu informieren, keineswegs zu korrigieren, da sich der Kern der Geschichte nicht ändert, sondern lediglich einige Formen des Ereignisses variieren.«[11]

Wie bei Sagen und Legenden üblich, sind die Heldenepen im Gaucho- und *Compadrito*-Milieu in leicht voneinander abweichenden Varianten im Umlauf; die Heldentat an sich wird dadurch nur umso mehr beglaubigt. Borges behauptet zu Beginn seiner Erzählungen nie, im Besitz der vollständigen Kenntnis einer Geschichte zu sein. Er nennt seine Quellen und fügt sich damit in den Kanon der bestehenden Überlieferung ein. Mit derselben Beharrlichkeit beteuert er immer wieder, sich an die Fakten zu halten, soweit sie ihm bekannt sind, und der Versuchung zu widerstehen, sie mit Landschaftsschilderungen oder stilistischen Extravaganzen aufzuwerten.

Nein, das ist kein intellektuelles Spiel mit erfundenen Referenzen, erst recht keine raffiniert inszenierte Simulation von Realität, die de facto aber nur ausgedacht ist. Borges war viel seltener ein weltenschöpfender Erzähler, als es sein Image nahelegt, und viel öfter Nacherzähler. Es ist eine Beteuerung, sich strikt an das zu halten, was ihm aus berufenem Mund erzählt wurde, und nicht die geringste Kleinigkeit dazuzudichten.

Das zahlt sich bei den berufensten Lesern aus, ebenjenen, die dem Milicu auf irgendeine Weise nahestehen und die Sache beurteilen können. Mag die Fassung, die Borges in

»Die Herausforderung« liefert, damit nur eine von mehreren sein, als ihr Erzähler wurde er sogar von besagten Nachfahren der Augenzeugen ernstgenommen. War eine großartigere Anerkennung für ihn überhaupt denkbar? Mit berechtigtem Stolz fügte er die Leserbriefe einer späteren Ausgabe bei.

Wieder kommt mir Hemingway in den Sinn. Er scheint mir mit einem ähnlichen Ethos zu schreiben, dem Ethos dessen, der auf jedes Ethos verzichtet und die Tatsachen für sich sprechen läßt. Der den Autor dabei nicht etwa abschafft, wie man als poststrukturalistischer Interpret womöglich unterstellen würde, sondern im Gegenteil auf subtilste Weise in Stellung bringt: eng umringt von Zuhörern (obwohl es in Wirklichkeit weit verstreute Leser sind), die ihm atemlos an den Lippen hängen, weil hier kein Halbsatz an »barocke« Erzählornamentik verschwendet wird, schon gar nicht an (explizit ausformulierte) Empathie mit Haupt- oder Nebenfiguren, sondern harte Fakten geboten werden.

Männliches Erzählen?

Gut, nennen wir es so.

Was dieses Verfahren betrifft, zeigen sie beide, Borges wie Hemingway, eine überraschende Nähe zu Gottfried Benn. Der stellt in seiner autobiographischen Schrift »Doppelleben« dem »Kulturträger« den »Kunstträger« (den Künstler) gegenüber:

Er ist kalt, das Material muß kaltgehalten werden, er muß ja die Idee, die Wärme, denen sich die anderen menschlich überlassen dürfen, kalt machen, härten, dem Weichen Stabilität verleihen. Er ist meistens äußerst nüchtern und behauptet auch gar nichts anderes zu sein, während die

Idealisten unter den Kulturträgern und Erwerbsständen sitzen.[12]

Kalt werden

Natürlich haben weder Hemingway noch Borges den Text von Gottfried Benn je gelesen. Und doch scheinen sie, jeder für sich, im Lauf ihrer schriftstellerischen Entwicklung zu vergleichbaren Überzeugungen gelangt zu sein. Der kalte Blick, vielleicht ist auch das ein Stichwort, wenn man darüber nachdenkt, was männliches Erzählen sein könnte?

Das Bannen selbst des Überwältigenden durch einen literarischen Kraftakt: Reduktion aufs Faktische.

Berichterstattung statt Klage, Empörung, Kommentierung, Aufschrei, Solidarisierung, Botschaft.

Gewaltausübung gegen akkurat das, was den Schriftsteller nach landläufiger Vorstellung ausmacht: Einfühlungsvermögen, Anteilnahme, Mitgefühl.

Borges, der zarte Jüngling, der noch als Erwachsener zu Tränen gerührt sein konnte, hat sich stilistisch ganz bewußt in diese Richtung umerzogen, vom schwärmerischen Lyriker zum nüchternen, ja nicht selten trockenen – und in seinen Gaucho- beziehungsweise *Compadrito*-Texten wuchtig direkten – Erzähler: Er wurde hart, um wenigstens als Schriftsteller Mann zu sein. Übrigens schrieb er als knapp Vierzigjähriger eine kurze Rezension zu Hemingways »Haben und Nichthaben«, in der er zunächst lobt: »In den Anfangskapiteln des Romans berichtet Hemingway ungerührt von barbarischen Handlungen. Er berichtet sie natürlich, gleichgültig, fast gelangweilt.« In den Schlußkapiteln aber habe sich Hemingway auf die Seite seiner barbarischen Hauptfigur geschlagen und ihn dem Leser als »vorbildliche[n] Kerl« enthüllt.[1] Ein klarer Verstoß gegen die ästhetische Grundprämisse des direkten Erzählens, Borges' Rezension endet als Verriß.

Und ich, frage ich mich an dieser Stelle, was habe ich getan? Ich wurde *vorübergehend* hart. Nicht aufgrund einer freiwilligen Entscheidung. Und doch war der Effekt auf mein Schreiben verblüffend ähnlich.

Für die Recherche zum Roman »Herr der Hörner« verbrachte ich ab 2001 insgesamt sieben Monate in Santiago de Cuba. Und weil dort Hunde- und Hahnenkämpfe ebenso zum Alltag gehörten wie die Tötung von Opfertieren bei den Ritualen der Santería oder des Palo Monte, ganz zu schweigen von den Hausschlachtungen, die in der Nachbarschaft immer dann stattfanden, wenn eines der Dachschweine ausreichend gemästet war, ging ich mit meinen Freunden einfach mit. Es waren blutige Lehrstunden für mich, am liebsten hätte ich die Augen verschlossen. Aber dann hätte ich den kubanischen Alltag nicht vollständig verstanden, einschließlich der Ab- und Kehrseiten dessen, was wir uns gern unter »Kuba« vorstellen möchten.

Ging es bei den Hahnenkämpfen grausam zu? Es wurde so lange gekämpft, bis sich einer der beiden Kampfhähne zum Sterben niederlegte. Und die Hausschlachtungen, bei denen ein Mann mit einem Messer, das mir winzig erscheinen wollte, eine ganze Weile Aug in Aug mit dem Schwein verharrte und sich auf die Stelle konzentrierte, wo er das Herz wußte, während seine Gehilfen das schreiende Tier zu Boden drückten? Die Schlachtungen der Opfertiere, wenn das Messer des *santero* nicht scharf genug war oder der Hals des Hahns zu kräftig, als daß er mit einem raschen Schnitt zu durchtrennen gewesen wäre? Ich hielt mich in meiner Not am Notizbuch und auf diese Weise alles fest, jedes einzelne Detail. Wenn es gerade keine weiteren Details aufzunotieren gab, schrieb ich trotzdem weiter, so daß ich zu keinem Zeitpunkt ins Nachdenken geraten und erst recht nichts empfinden konnte.

Vor der endgültigen Niederschrift mußte auch ich erst wieder »ganz kalt« werden, denn das, was ich erlebt hatte, stand mir weiterhin überdeutlich vor Augen. Selbstverständlich hatte ich mit der Kreatur mitgelitten, furchtbar mitgelitten sogar. Aber beim Schreiben beschränkte ich mich auf die Fakten und blendete jedes Gefühl aus. Vielleicht kam ich gerade dadurch zum »direkten Erzählen«? Ich weiß es nicht. Ich weiß nur, daß ich es fortan immer so hielt – und daß es auf ähnliche Weise vom »Mileu« honoriert wurde: Leser mit kubanischen Wurzeln bestätigten mir nach der Lektüre des Romans, er »stimme«. Es war für mich damals das höchste Lob und ist es bei allen Texten, die folgten, geblieben. Wie Borges vor dem Milieu der *com-padritos* bestehen wollte, so wollte ich und will in Zukunft immer auch die Anerkennung derer, über die ich schreibe, selbst wenn ihr Alltag wenig kommensurabel mit dem eines mitteleuropäischen Intellektuellen erscheint und nach moralischer Empörung geradezu schreit.

Ich will ihre Welt so darstellen, daß sich die Einheimischen darin wiederfinden. Sowie all jene, die mit ihnen eine Zeitlang gelebt und ihren Alltag geteilt haben. Ohne diese zweifellos härtere Welt zu retuschieren oder gar auf eine »bunte« Fremde zurechtzustutzen. Und ohne sie zu bewerten oder zumindest durch unterschwellige Anteilnahme zu verfremden. Der Leser wird schon, so meine Überzeugung, zwischen den Zeilen lesen und seine Schlüsse ziehen.

Nein, so hart wie Borges wurde ich als Erzähler nicht. Ich fand's hart genug, was ich auf Kuba und fortan sonstwo in entlegeneren Weltgegenden durchzustehen hatte, um meine Stoffe nach Hause und am Ende zwischen zwei Buchdeckel zu bringen. Töten und Getötet-Werden, selbst wenn es in meinem Fall – im Kampf, als Opfer, bei einer Schlachtung – »nur« Tiere waren: Wer derlei nie mit eigenen Augen gesehen hat und also lediglich in der Phantasie nachvollzieht, was er gehört oder gelesen hat – wie Borges –, mag gerne *noch* härter und kälter schreiben. *Noch* männlicher wird er für mich dadurch nicht. Und vielleicht ist das ja der Punkt, wo ich Borges am nächsten stehe und gleichzeitig, mit Stolz, am fernsten.

Männliches Erzählen

Wie könnte das aussehen, männliches Erzählen? Nämlich *eine Weise des Erzählens*, völlig unabhängig von Stoffen und Themen, die man als »männlich« bezeichnen könnte? Wenn der Gedanke einmal gedacht ist, läßt er sich nicht so leicht beiseiteschieben. Mit dem Verweis auf Bukowski, Wondratschek oder Bodo Kirchhoff, zum Beispiel, wäre er auf allzu naheliegende Weise illustriert. Männliche Stereotype und Denkfiguren in Texten nachzuweisen, ist vergleichsweise billig. Beim »männlichen Erzählen« interessieren mich nicht die Inhalte, sondern die Form.

Der Begriff ist ähnlich polemisch zu verstehen wie derjenige der männlichen Kadenz – nämlich ganz und gar nicht. Bei der poetologischen Betrachtung von Gedichten unterscheidet man, ob die letzte Silbe eines Verses betont ist – männliche Kadenz – oder unbetont – weibliche Kadenz. Besser oder schlechter geeignet als Reim ist selbstredend keine der beiden. Im übrigen ist die *vor*letzte Silbe der männlichen Kadenz *un*betont, die der weiblichen Kadenz betont: ergibt insgesamt ein Gleichgewicht an betonten und unbetonten Silben ohne Gleichmacherei.

Über weibliches Erzählen gibt es wissenschaftliche Untersuchungen, ob in Aufsatz- oder Buchformat. Unweigerlich denkt man: Wenn's ein weibliches Erzählen gibt, sollte's auch ein männliches geben, zumindest mit Fragezeichen. Borges jedenfalls ging davon aus. Schon von Anfang an geriet er darüber mit Estela Canto in Streit: »Von Borges' Wertschätzung für ›männliche‹ Autoren (Conrad, Chesterton, Melville, Quevedo) wußte ich ebenso wie von seiner Verachtung für das, was er als ›Literatur für Frauen‹ ansah.«[1] Als sie ihm Kontra gab, wurde er wütend. Allerdings ging es in ihrer Auseinandersetzung damals um »männliche« Inhalte und Themen. Nicht um die Art des Erzählens.

Männliches Erzählen … Hemingway hat zwar, soweit ich weiß, nie diese Formulierung verwendet, jedoch Entsprechendes geäußert:

»Als Schriftsteller dürfen Sie keine Partei nehmen, Sie sollen nur verstehen.«[2]

»Wenn ich anfing, kompliziert zu schreiben oder wie einer, der etwas bekanntmachen oder vorführen will, erkannte ich, daß ich die Schnörkel oder Ornamente ausmerzen und wegwerfen und mit dem ersten wahren einfachen Aussagesatz anfangen konnte, den ich geschrieben hatte.«

»Weggelassen hatte ich es [das Ende einer Geschichte] wegen meiner neuen Theorie, daß man alles weglassen konnte, wenn man sich dessen bewußt war, und das Weggelassene die Geschichte noch verstärkte und die Leute dazu brachte, daß sie mehr fühlten, als sie verstanden.«[3]

Durch gezieltes Weglassen, nicht zuletzt von moralisierender Parteinahme für oder gegen Figuren und ihre Handlungsweise, schreckt Hemingway den Leser aus seiner passiven Aufmerksamkeit auf. Indem der Leser selber ergänzen muß, was nicht explizit im Text steht, wird er kreativ statt rezeptiv. Und nun fühlt er natürlich erst recht und weit heftiger, als wenn er nur »mitfühlend« gelesen hätte, was der Text ihm expressis verbis vorgibt. Überraschend ähnlich Sigmund Freud, wenn er über das reduzierte Erzählen in Shakespeares »Richard III.« befindet: »Dadurch nötigt er uns, sie [die Geschichte] zu ergänzen, beschäftigt unsere geistige Tätigkeit, lenkt sie vom kritischen Denken ab und hält uns in der Identifizierung mit dem Helden fest.«[4]

Hemingways Ziel war es, »dem Leser ein Ereignis so zu vermitteln, daß er nach der Lektüre meine, selbst dabei gewesen zu sein, als ob es wirklich passiert sei«.[5] Im selben Paris Review Interview mit George Plimpton führt er dazu seinen mittlerweile berühmt gewordenen Vergleich mit dem Eisberg an: »Ich schreibe immer nach dem Prinzip des Eisbergs. Sieben Achtel davon sind bei all dem, was man sieht, unter Wasser. Alles, was man [als Schriftsteller von seiner Geschichte] weiß, kann man weglassen, das macht den Eisberg nur umso mächtiger. Das ist der Teil, den man nicht sieht. Wenn ein Schriftsteller irgendetwas wegläßt, weil er es nicht weiß, entsteht ein Loch in der Geschichte.«[6]

Wolfgang Martin Roth nennt das Verfahren reduktionistischen Lakonismus.[7] Das Wichtigste daran: Der Autor muß auch all das wissen, was er wegläßt. »Es ist ja prima, wenn du einfach schreibst«, legt Hemingway einer seiner Figuren, einem Schriftsteller, in den Mund, »und je einfacher, desto besser. Aber fang bloß nicht an, so verdammt einfach zu denken. Mach dir klar, wie kompliziert es ist, und drück es dann einfach aus.«[8] An anderer Stelle haut Hemingway einen Satz raus, der mich fast noch mehr beeindruckt hat als sein Eisberg: »Prosa ist Architektur, nicht Inneneinrichtung, und die Zeit des Barock ist vorbei.«[9] Als hätte er damit eine Steilvorlage für Borges gegeben, der nicht müde wird, den »Barockismus« seines Frühwerks als »unverantwortliches Spiel« und »Endstadium jeder Kunst« zu geißeln –[10] Nietzsche würde es als *décadence* bezeichnen – und gegen Beherrschtheit, Mäßigung und »Klassizismus« des Spätwerks auszuspielen.[11] Gegen das *direkte* Erzählen; und wenn wir ebendas mit *männlichem* Erzählen gleichsetzen, wäre Borges wahrscheinlich entzückt.

Keine erzählerischen Experimente! So hätte es der klassische oder eigentlich klassizistische Borges zusammenfassen können: Experimentelles Schreiben diene nur der »Erarbeitung einer Art Museum, eines Spiels, das für die Diskussion der Literaturhistoriker bestimmt ist oder für den schieren Skandal«.[12] Stattdessen »Sparsamkeit und ein klar umrissener Anfang, Mitte und Schluß«.[13] Also der »Versuch, logisch zu schreiben und dem Leser die Dinge zu erleichtern, statt ihn mit kunstvollen Stellen zu blenden«.[14]

Letzteres wirft er ausgerechnet Ernst Jünger vor, der erklärtermaßen nach Nüchternheit, womöglich Kälte der Beschreibung strebte: »Statt der Lakonie, die seine Doktrin und sein Thema verlangen, gefällt er sich in der eitlen Anhäufung sinnloser Metaphern.«[15]

Zwingend gehört zum reduzierten Plot der reduzierte Stil. Verzicht auf Metaphern, deren es ohnehin, so sie gut auch sein sollten, nur ein begrenztes Reservoir gebe,[16] Verzicht auf ausschmückendes »Lokalkolorit«[17] und überhaupt all das, was nicht unbedingt zum Verständnis der Fakten nötig ist – ein Stil, »verallgemeinernd und abstrakt bis zur Unsichtbarkeit«, das ist Borges' extrem puristische Vorstellung vom idealen Text. Der Autor solle sich darauf beschränken, »eine Realität zu verzeichnen, nicht sie [in sämtlichen Details] darzustellen«.[18] Schließlich könne ein Text nicht gut werden, wenn man mit dem Stil spiele, sondern nur, wenn man an das glaube, was man schreibe.[19]

In seinem 1930 geschriebenen Essay über »Die abergläubische Ethik des Lesers«, eine Art verkapptes poetologisches Manifest, erinnert Borges den Schriftsteller daran – und er meint zu diesem Zeitpunkt nicht zuletzt sich selbst –, »daß etwas zuviel sagen genau so ungeschickt ist wie gar nichts sagen, und daß die unbekümmerte Verallgemeinerung und Übertreibung von Armut zeugt«.[20] Stattdessen begeistert er sich für die »Aneinanderreihung [...] lakonische[r] Einzelheiten von vielsagender Ausstrahlung«.[21] »Ich behaupte nur, daß der bewußte Verzicht auf [...] Zierden minderen Ranges [...] der Beweis sind, daß ein Schriftsteller von der Leidenschaft für ein Thema beherrscht ist.«[22]

Damit favorisiert Borges nicht, wie Hemingway, kurze einfache Hauptsätze, parataktisch den einen an den anderen

gefügt. Im Gegenteil! Er polemisiert gegen »eine abergläubische Vergötzung des Stils«, die »ihr Augenmerk nicht auf
die Leistung des gesamten Mechanismus, sondern auf die
Anordnung seiner Teile« richtet. Die Leser läsen alle nurmehr wie potentielle Kritiker: »Sie haben gehört, daß kon-
zise Knappheit eine Stärke ist und halten den für konzis,
der bei zehn kurzen Sätzen verweilt, nicht den, der einen
langen beherrscht.«[23] Endlich sind sie sich einmal uneins,
Borges und Hemingway! Hemingway: »Man muß einen
einfachen, eindeutigen Satz schreiben lernen. Das tut jedem
gut.«[24] Borges hingegen spricht sogar von der »Scharla-
tanerie der Knappheit«.[25] Er grenzt sich davon ebenso ab
wie von »Verzierungen und Schönheitspflaster[n]«, eben
all den »Überraschungen eines barocken Stils«.[26] »Gutes
Schreiben, das glaube ich ganz sicher, muß unaufdringlich
geschehen.«[27]

Einfach des Vergleiches wegen habe ich nach meiner
Borges-Lektüre Francisco Coloane gelesen, einen chile-
nischen Autor, der etwa zur gleichen Zeit lebte und sich
gleichfalls im Genre der Gaucho-Geschichte einen Namen
machte. Als Fundus seiner Texte verfügt er, im Gegensatz
zu Borges, über jede Menge eigener Erfahrungen, unter anderem als Verwalter einer großen Schaffarm in Patagonien
und, tatsächlich, als Gaucho. Auch in *seinen* Erzählungen
geht es um Leben und Tod, und sie sind kaum weniger bru-
tal als die von Borges. Dennoch las ich bald nur noch aus
Pflichtgefühl weiter. Es lag daran, daß Coloane die Texte
auserzählt, er beschreibt jeden Sonnenuntergang und jede
Mondnacht, jede Gefühlsregung seiner Protagonisten und
notiert auch das, was sie *nicht* sagen. Das Gegenteil eines
aufs Faktische eingedampften Texts, ausgeschmückt oben-

drein mit kitschigen und völlig überflüssigen Vergleichen und Metaphern:

»Im Nachmittagslicht sah der Bart wie eine verfilzte Torflandschaft aus [...]«.

»Gegen Mitternacht streifte mich der Schlaf mit seinen Krähenschwingen.«

»Als das Unwetter sich ein wenig gelegt hatte, klang das Heulen fast lieblich, und aus den Ecken pfiff es in den verschiedensten Tönen, als hätten sich mehrere Windgötter zusammengefunden und eine seltsame Symphonie komponiert.«[28]

Will man all das wissen? Es ist Ballast, der den Fluß der Erzählung abbremst. Wer Borges gelesen hat, wird regelrecht ungehalten, da mag der Plot noch so interessant sein. »Das, was in der Literatur gesagt wird, ist immer dasselbe«, behauptet Borges: »Wichtig ist die Art und Weise, wie es gesagt wird.«[29] Im Vergleich beider Autoren sieht man, welch ein Gewinn es für den Text *als Ganzes* ist, wenn man auf all das verzichtet, was dem Text *im Detail* Glanz und Aufmerksamkeit verschaffen möchte.

Neben dem Verzicht auf »Schönschreiben«, für Borges ein »aus Eitelkeit geborener Fehler« und eine »Sünde«,[30] ist vor allem noch der Verzicht auf Emotionalität ins Feld zu führen, auf falsches Pathos, unterschwellige Parteinahme. Schon der frühe Borges polemisiert gegen Dichtung, die im Leser Mitleid erwecken will, er sieht darin eine »beschwichtigende Besorgnis, wie Klatschbasen sie praktizieren«: »Eine verquere Meinung [...] behauptet, diese Darstellung von Elend impliziere großherzige Güte. Sie impliziert eher Taktlosigkeit.« Moralisierende Gedichte, zum Beispiel, »sind keine Literatur, sondern ein Delikt: Sie sind eine gezielte sentimentale Erpressung, reduzierbar auf die Formel: ›Ich führe Ihnen ein Leiden vor; wenn Sie sich nicht rühren lassen, sind Sie ein Schurke.‹«[31]

Stark! Und nach wie vor aktuell.

Und extrem schnell mißzuverstehen. Schon Estela Canto verkennt diese Haltung, wenn sie schreibt: »In all seinen Texten ist Borges gewissenhaft darauf bedacht [...], Mitgefühl zu vermeiden.«[32] Da ist sie über die Oberfläche der Texte nicht hinausgekommen. Indem Borges als Erzähler keinerlei Mitgefühl bekundet, erzeugt er es im Leser nur umso mehr. Darin liegt doch gerade die Großartigkeit seiner Gaucho- und Ganovengeschichten! Es menschelt nicht, es wird keine Nestwärme für den Leser erzeugt, er kann sich nirgendwo identifizieren oder solidarisieren; und dennoch ist er, wenn Borges wirklich auf den Punkt kommt, nichts weniger als ergriffen.

Die Axt für das gefrorene Meer in uns.

Alles andere mag magischer Realismus sein oder nicht, es ist Gelehrtenliteratur, also eben für Leser, die auf gelehrte Weise zu genießen wissen.

Wieder einmal sind wir beim *einen* Borges und beim *andern* Borges. Bei dem, der sich ein Leben lang das Faszinosum der rosa Ecke von der Seele schreibt, und bei dem, der diverse literarische Glasperlenspiele betreibt, versetzt mit gleichermaßen hochinteressanten wie -überflüssigen Exkursen und Verweisen: der Andere, der Selbe. Oja, diese beiden Borges unterscheiden sich auch stilistisch. Wo Reduktion im einen Fall spannungssteigernd wirkt und die Glaubwürdigkeit ins Unerträgliche steigert, führt sie im andern Fall zu einer Staubtrockenheit, die beim Lesen durstig macht.

Genaugenommen gibt es natürlich noch einen *dritten* Borges – den, der gemeinsam mit seinem Freund Bioy Casares sprachparodistische Kriminalgeschichten und Gesellschaftssatiren schrieb. Die beiden, so Zeitzeugen, hatten dabei viel Spaß. Für den Leser, der Anspielungen und Sprachspiele nicht dechiffrieren und also nicht genießen kann, wird es oft mühsam. Als vorgebliches »Fresco dessen, was ich ohne Zögern das zeitgenössische Argentinien nennen will«,[33] ist das Gemeinschaftswerk der beiden, immerhin zwei komplette Bände der Borges-Gesamtausgabe, nur Bastelware und *mindestens* »barock«. Es lebt vom Sprachwitz, von der derben Pointe und der frechen Detailbeobachtung; über eine längere Distanz – wie bei »Mord nach Modell« – verliert man schnell den Plot aus den Augen. Herrschaft des Details über das Ganze. Herzmanovsky-Orlando im argentinischen Lokalkolorit. Großartig erheiternd da oder dort, insgesamt aber ohne bleibenden literarischen Wert.[34] Als ob sich Borges dabei von der Anstrengung erholt hätte, die ihm die Reduktion seiner eigenen Erzählungen abverlangte, und seine Kreativität bei jeder sich bietenden Gelegenheit ins Kraut schießen ließ.

Im Vergleich fällt es *noch* deutlicher auf, wie direkt seine Gaunergeschichten erzählt sind. Es sei kein Anflug von Essay oder Poesie darin, erklärt er im Interview, und Witz, so läßt sich ergänzen, erst recht keiner: »Diese Geschichten sind in gewisser Weise traurig, vielleicht schrecklich. Sie sind immer untertrieben. Sie werden von Leuten erzählt, die selber Ganoven sind, und man kann sie nur schwer verstehen. Sie erzählen die Geschichte lediglich, und der Leser bekommt dabei das Gefühl, so nehme ich an, daß die Geschichte tiefer geht als die tatsächliche Geschichte.«[35]

Borges hält sich strikt an die Textoberfläche, den Abgrund zwischen den Zeilen überläßt er dem Leser: »Ich habe nicht die Absicht, irgendetwas zu zeigen.« Und auf Nachfrage: »Ich beschreibe. Ich schreibe.«[36] Auch über seine Zusammenarbeit mit Bioy Casares sagt er klipp und klar: »Wissen Sie, wir haben überhaupt keine Botschaft.«[37] Die Kurzgeschichten von Henry James liebe er vor allem deshalb, weil »er niemals irgendeine Erklärung gab. Die Erklärung hätte die Geschichte ärmer gemacht.« Schließlich würde *eine* Erklärung alle anderen Erklärungen und Lesarten ausschließen. Damit würde sich die Geschichte, um eine Formulierung von Walter Benjamin zu verwenden, »verausgaben«. Wenn sie sich hingegen auf die trockensten Fakten konzentriere, bewahre sie »ihre Kraft gesammelt und ist noch nach langer Zeit der Entfaltung fähig«.[38]

»Wollen Sie denselben Effekt bei Ihren Lesern erzielen?« wird Borges gefragt.

»Aber ja. Natürlich will ich das.«[39]

Und um wirklich keine Mißverständnisse aufkommen zu lassen, daß das eine ästhetische Position ist, keine moralische: Auf die Frage des Interviewers: »Manche Leser finden Ihre Geschichten kalt und unpersönlich. Ist das Ihre Absicht?« antwortet er: Nein, wenn sie so gelesen werden könnten, dann aus schierer Ungeschicklichkeit, und damit meint er seine angebliche Ungeschicklichkeit beim Schreiben der Geschichten. »Denn ich habe sie so tief empfunden, daß ich sie erzählt habe, indem ich, naja, seltsame Symbole dabei verwendet habe, so daß die Leute nicht herausfänden, daß sie alle mehr oder weniger autobiographisch waren. Die Geschichten handelten von mir, von meinen persönlichen Erfahrungen.«[40]

Oberfläche – aus Tiefe. Das philosophische Diktum Nietzsches wird bei Borges zum ästhetischen Credo. Echte Intellektualität will sich nicht ausstellen, will keinen Distinktionsgewinn durch all das, was philologisch geschulte Augen auf der Textoberfläche dingfest machen können. Sie will andrerseits aber auch keine schlichte, sondern eine komplexe Einfachheit. Sie versucht nicht etwa, wie Borges es formuliert, »zur Einfachheit zu gelangen, die nichts ist, sondern zur bescheidenen und geheimen Kompliziertheit«.[41] Durch Verzicht gewinnt der Text, nicht zuletzt Sound und Sogkraft. Weil er all seinen Ballast abgeworfen hat, wird er schnell.

Ob dies nun männlich sein mag oder nicht, es ist gut. Richtig gut.

Das edle Duell

Geht es bei den Duellen in und vor den rosa Ladenschänken um Macht? Nein. Um Liebe beziehungsweise den Besitz eines sexuell begehrenswerten »Gegenstands«? Nein. In der Erzählung »Die Geschichte des Rosendo Juárez« wird einer Nebenfigur, einem älteren Mann, die Frau ausgespannt. Als ihn Rosendo davon abhalten will, ihretwegen ein Messerduell zu riskieren, versetzt er barsch: »Um die geht's mir gar nicht.« Es geht ihm um seinen Ruf als Mann unter Männern: »Was sollen die Leute sagen? Daß ich ein Schlappschwanz bin?«[1] Auch in der Prosaskizze »Der Verdammte« lauert einer, den Dolch im Gewande, auf einen gewissen Chengo, »der ihm die Matilde ausgespannt hat«: »Er erinnert sich längst nicht mehr an die Frau; er denkt nur an den anderen.«[2]

Wenn's überhaupt um einen Gegenstand geht, so vielleicht um den Ring, den man dem Getöteten vom Finger zieht, um ihn sich selber anzustecken.[3] Es geht um Rache dafür, daß man beim Kartenspiel betrogen wurde.[4] Oder darum, »eine Schuld ein[zu]treiben«,[5] sich für eine Beleidigung oder Demütigung zu rächen.

Also um die Wiederherstellung der êre.

Aber das sind nicht die eigentlichen, die großen, die legendären Duelle, die als Vorstadtmythen überliefert werden. In ihnen geht es um die Sache an sich. Die Kontrahenten, so Borges im Interview, hätten sich noch nie zuvor gesehen, und sie wären weder über Geld noch Frauen oder sonstwas in Streit geraten.[6] Einem Außenstehenden mag es verrückt erscheinen, noch dazu einem Intellektuellen des 21. Jahrhunderts, aber tatsächlich gilt ein Kampf mit dem Messer der Klärung der Rangfrage – wer ist der Mutigere, der Geschicktere, der Stärkere? Oder noch simpler: Wer ist *mehr* Mann, der Herausforderer oder der Herausgeforderte?[7]

Von einem tapferen Mann wurde erwartet, daß er immer ein kurzes Messer in der Achselhöhle mit sich trug, für den Fall der Fälle.

Je kürzer das Messer, umso mutiger.

Borges berichtet von einem 70jährigen, der einen etwa 25- bis 30jährigen zum Kampf aufforderte. Er gab ihm die Wahl zwischen zwei Dolchen, deren einer um eine Spanne länger war als der andere. Indem er ihm eine längere Waffe anbot, mit der er im Kampf einen Vorteil gehabt hätte, zeigte er ihm, wie sicher er sich war, ihn trotz dieses Handicaps zu töten. Der andere entschuldigte sich und gab lieber klein bei.[8]

Ja, das ist *sehr* archaisch und rekurriert auf eine Welt, die wir überwunden haben. Oder nur überwunden zu haben glauben? Es ist ganz leicht, Borges hier als Verklärer des Verbrechens zu verurteilen – und schon Estela Canto hat genau das getan, als er ihr die Geschichte »Der Eindringling« erzählte, bevor er sie niederschrieb. Sie fand die Geschichte »erbärmlich, niederträchtig und des Erzählens nicht wert«, unterstellt sogar, daß deren schreckliches Ende nicht von Borges, sondern von seiner Mutter erfunden wurde. Und daß Borges im schurkischen Bund der beiden Brüder gegen die Frau unbewußt das Verhältnis zu seiner Mutter beschrieben hatte.[9] Aber oft macht Empörung blind. Was Ernst Gombrich 1983 zur Bewertung von Kunst im allgemeinen geschrieben hat, gilt auch im Fall von Borges, und erst recht in Zeiten wie der unseren, wo wir ästhetische Urteile zunehmend wieder aufgrund unsrer Vorstellung von einer gerechten und politisch korrekt sortierten Welt fällen und dabei manches übersehen, was uns der Text erst beim zweiten und dritten Blick preisgibt:

Es kann vorkommen, daß wir [...] die Werte ablehnen, die das Werk verkörpert, denn wir haben das Recht auf unser freies Urteil und dürfen auch aussprechen, daß ein Meisterwerk, das auf einer langen Tradition fußt, uns nicht wertvoll, sondern verworfen vorkommt. Es gibt ja so etwas wie raffinierte Grausamkeit, und auch in einem Kunstwerk kann raffinierte Verderbtheit zum Ausdruck kommen. Aber sowohl die freiwillige Bemühung, einem Verständnis näherzukommen, als auch die Freiheit der Kritik werden heute zu oft vernachlässigt zugunsten der Betonung einer subjektiven Reaktion, die als beinahe automatisch angesehen wird. [...] Ich will die moralische Berechtigung dieser Verurteilung nicht gänzlich leugnen. Aber es scheint mir dennoch, daß ein noch höherer moralischer Wert in dem Glauben liegt, daß uns die Wirklichkeit überpersönlicher Werte aufgehen kann, wenn wir uns aus freien Stücken einem großen Kunstwerk hingeben, um seine unerschöpflichen Reichtümer zu erforschen.[10]

Als mitfühlende Wesen mögen wir über Borges' Gauner- und Gaucho-Geschichten entsetzt sein, als Leser können wir sie gleichwohl genießen. Als Zeitgenossen dürfen wir sogar mit Befriedigung feststellen, daß Literatur noch lange nach ihrer Entstehung der Aufgabe nachkommt, die *ganze* Wirklichkeit abzubilden, einschließlich all dessen, was gerade außerhalb des weltanschaulich Akzeptablen liegen mag. Und was mich selbst daran fasziniert, ist noch einmal etwas anderes. Ich lese sie als Schlüssel zum Verständnis von Borges' Persönlichkeit und seines lebenslangen Ringens um Männlichkeit. Das Duell unter Männern – und unter diesem Gesichtspunkt sind Gauchos und Vorstadtgauner nichts weiter als zwei Erscheinungsformen ein und derselben Idee – gab ihm dazu die denkbar extremste Antwort.

Um die Frage nach dem Rang ihrer Männlichkeit zu klären, annonciert sich der Herausforderer schon mal per Brief.[11] Die meisten reisen freilich ohne jede Vorankündigung einfach an, oft durch »die halbe Provinz«,[12] und platzen in den Alltag dessen hinein, auf den sie ob seiner kolportierten Taten eifersüchtig sind. Mag der sein Glück so schnell gar nicht fassen können, kneifen darf er nicht. Einige kommen in Begleitung von Spielleuten auf einer Kutsche wie zu einem Turnier,[13] und alle werfen sie sich in ihren Sonntagsstaat, putzen sich geckenhaft heraus. Der Tag der Wahrheit ist für sie ein Festtag, und sie halten sich mit einer gewissen Ehrpusseligkeit an die Regularien, die der Tag erfordert.

Eine Art Ritterturnier für alle, die ganz unten in der Gesellschaft stehen oder schon außerhalb davon. Ohne Frauen in der Ehrenloge, für deren Ruf man kämpft, dafür mit scharfen Waffen. Und mit einer gewissen ritterlichen Gesinnung.

Niemals würde ein großer Messerkämpfer seine Fähigkeiten an offensichtlich Unterlegenen demonstrieren. Und den, den er herausfordert, durch Beleidigungen zum Kampf anstacheln, erst recht nicht. Ganz höflich erkundigt er sich nach ihm, dessen Geschicklichkeit ihm zu Ohren gekommen. Er hoffe, etwas von ihm zu lernen, deshalb sei er gekommen:

»Nie haben sie sich gesehen,
werden sich nie wiedersehen;
weder um Besitz geht's ihnen
noch um die Gunst einer Frau.

Dem Fremden hat man gesagt,
in dem Ort gibt's einen Kerl.
Er kommt, um den zu erproben
und sucht ihn unter den Leuten.

Anständig lädt er ihn ein,
droht nicht, hebt auch nicht die Stimme;
sie sind sich einig, gehen hinaus
um das Haus nicht zu entehren.

Und schon kreuzen sich die Dolche [...][14]

Oder der Herausforderer gibt den Grund seiner Anreise erst mal gar nicht preis, sondern eine Lokalrunde aus: »Irgendetwas lag in der Luft«, schildert einer der Gäste die Szene, wie ein Fremder in seiner Stammkneipe auftauchte,

»er ist zu mir gekommen und hat angefangen, mich zu loben. Er wär aus dem Norden und hätt viel von mir gehört.
Ich hab ihn reden lassen, ihn aber schon ein bißchen ein-
zuschätzen versucht.«[15]

Oder man führt erst mal Small talk, plaudert über die
Erziehung der Kinder und wie man ihnen beibringt, »daß
der Mensch nicht das Blut des Menschen vergießen soll«.
Dabei schaukelt sich die Sache unweigerlich hoch: »Gut
so«, lautet die Antwort: »Dann werden sie nicht wie wir.«
Schon ist das Thema gesetzt, und die Replik darauf spitzt
es gleich zu: »Zumindest wie ich [...]. Mein Schicksal hat
gewollt, daß ich töte, und jetzt drückt es mir wieder das
Messer in die Hand.«[16]

Jetzt.

Alles ist gesagt, es kann losgehen.

Das ist ebenso meisterhaft geschrieben wie atemlos zu
lesen, gerade weil es ganz ohne jede künstliche Dramati-
sierung auskommt. Borges hat mit diesem Dialog und dem
sich anschließenden Duell das argentinische Nationalepos
»Martín Fierro« um eine Szene weitererzählt. Wir sind wieder bei der Erzählung »Das Ende«, dem ersten Hammer.
In seinem üblichen Gestus des Understatements versichert
Borges, »nichts oder so gut wie nichts« sei seine eigene Er-
findung, »alles, was in ihr vorkommt, ist implizit in einem
berühmten Buch [ebenjenem »Martín Fierro«] enthalten;
ich bin nur der erste, der es herausgelöst oder zumindest
erklärt hat«.[17] Er sucht ganz offensichtlich selbst dort, wo
er auf seine eigene Phantasie vertrauen könnte, die Nähe
der Tradition, um als Erzähler beglaubigt zu sein.

Und tatsächlich bin ich überzeugt, daß er nichts wirklich neu erfunden hat. Er *konnte* es ja gar nicht, dazu fehlte

ihm die eigene Anschauung. Ersatzweise hielt er sich an all das, was er gehört oder gelesen hatte, und montierte daraus etwas, das dann als neu *und trotzdem glaubwürdig* gelten konnte. »Sag mal, Borges, was verstehst du denn wohl von Strolchen?« wird er in einer seiner Erzählungen gefragt. »›Ich habe Belege‹, entgegnete ich.«[18] Schon in »Evaristo Carriego«, seiner Expertise zum Milieu, rühmt er sich seiner Quellen, darunter sein Lieblings*compadrito*, Nicolás Paredes höchstselbst: »Ich habe sie reden lassen und darauf geachtet, keine Fragen zu stellen, die bestimmte Antworten nahegelegt hätten.«[19]

Magischer Realismus?

Es ging ihm, auch wenn er sich in diesem Genre der Literatur weiß Gott aufs Fiktionale hätte berufen können, um nichts weniger als die Wahrheit. Borges war in seinem Selbstverständnis als (direkter) Erzähler vor allem ein penibler Chronist. Freilich einer, der sich mühte, ausgerechnet die Sagen und Legenden einer ihn phantastisch anmutenden Welt aufzuzeichnen, einer Welt, die ihm verschlossen war: »Ich will sie erzählen, so wie sie mir erzählt wurde[n], ohne Beifügung von Metaphern oder Landschaftsschilderungen.«[1] In seinen besten Texten ist er einer, der jene Mythen auf ihren realen Kern reduziert, ein realistischer Erzähler par excellence.

Ich schreibe dies mit festem Blick auf sein Image als magischer Realist. »Es gibt, was Borges betrifft, ein Tabu«, fühle ich mich durch eine Passage in Estela Cantos Biographie ermuntert: »Wir haben es nicht gern, wenn man unseren Helden den Sockel nimmt, zumal es viel bequemer ist, sie auf dem Sockel zu wissen [...]: Man bewundert sie, weiter nichts.«[2] Es ist leicht, Borges als magischen Realisten zu rühmen, selbst wenn man keine Zeile von ihm gelesen hat. Ich fürchte nur, man tut Borges damit – nun ja, nicht unbedingt unrecht. Aber in den Kern seines literarischen Schaffens trifft man damit nicht.

Ziehen wir den Sockel mal versuchsweise weg und blikken auf Borges, wie er dann, noch immer groß, vor uns steht. Schon auf der ersten Seite seines »Autobiographischen Essays« – er ist gerade mal geboren – kommt er auf die »Messerstechereien« in seinem Stadtviertel zu sprechen.[3] Als Kind, so erzählt er wenig später, »las ich viele Bücher [...] über argentinische Gesetzlose und Desperados [...]. Meine Mutter verbat mir, *Martín Fierro* zu lesen, da es nur ein Buch für Strolche und Schulbuben sei [...]. Auch das las ich heimlich.«[4] Welch bleibenden Eindruck die Lektüre von Verbotenem in diesem Alter hinterläßt, weiß jeder.

1914, kurz vor der Abreise seiner Familie nach Europa, also im Alter von 14 Jahren, schrieb er »ein Gedicht über Gauchos«,[5] 1915 rezitierte er im leeren Amphitheater von Verona »laut und kühn verschiedene Gaucho-Verse«.[6]

Die erste Erzählung, die er in seinem Lebensrückblick erwähnt – er muß sie irgendwann vor 1930 geschrieben haben –, hieß »Männer kämpften«: »mein erster Vorstoß in die Mythologie der alten Nordseite von Buenos Aires. Ich versuchte darin eine rein argentinische Geschichte auf argentinische Weise zu erzählen.« Und es schließt sich das denkwürdige Bekenntnis an: »Diese Geschichte habe ich seither mit kleinen Abweichungen immer wieder erzählt.

Es ist die Geschichte des unmotivierten, oder uneigennützigen Duells – lediglich aus Liebe zum Mut.«[7]

1930 publizierte er den ersten Essayband, den er *nicht* nachträglich verwarf, sondern in seine Gesamtausgabe aufnahm: »Evaristo Carriego«.

1932 erschien der zweite Essayband, »Diskussionen«, er wird mit einem für Borges' Verhältnisse außerordentlich langen Text eröffnet: »Die Gaucho-Dichtung«, 35 Seiten in der deutschen Ausgabe.

1933 gelingt ihm zum ersten Mal die »mühsame [...] Komposition einer direkten Erzählung«,[8] nachdem er sich in seinen Augen jahrelang in barocken und anderen Stilexperimenten versucht hatte: »Mann von Esquina Rosada«.

1945 dann sein erster öffentlicher Vortrag, wenngleich er den Text als schüchterner Stotterer, der er noch immer war, nur soufflierte, während ihn ein anderer für ihn vortrug: eine Rede über Gaucho-Literatur. Im selben Jahr gibt er eine Anthologie mit dem Titel »El compadrito« heraus.[9]

1965 die Gedichtsammlung »Für die sechs Saiten«, die sich ausschließlich dem Nachruf berühmter *compadritos* widmet.

Daran anschließend die Zeit der Ehe, für Borges eine Qual, in der er nahezu verstummt. Sein amerikanischer Übersetzer di Giovanni bringt ihn wieder zum Schreiben, indem er ihn an die Randgebiete von Buenos Aires begleitet und an die alten Stoffe erinnert. 1970 erscheint ein neuer Erzählband von Borges, »David Brodies Bericht«, der gleich mit fünf Geschichten hintereinander aus dem Gaucho- oder Gaunermilieu aufmacht.[10]

Das ist eine lange Liste, und sie ist noch nicht mal vollständig. Doch lang genug, um sich die Frage stellen zu dürfen: Vielleicht ist Borges nicht – nicht nur, nicht vor allen Dingen – der magische Realist, zu dem ihn die Literaturwissenschaft verkürzt und damit letztlich verdammt hat? Borges braucht diesen Sockel gar nicht. Vielleicht ist er, zumindest in den Geschichten, die ihm am wichtigsten waren, der Erzähler der Vorstädte und der Pampa, vielleicht ist seine eigentliche Leistung, so etwas wie – in Analogie zum Western und zum Eastern – den *Southern* geschaffen zu haben? Nämlich als einer, den das gebildete Publikum ernst nahm und der folglich jenen Typus an Erzählung salonfähig machen konnte, der bei anderen Autoren als Trivialliteratur zurückgewiesen worden wäre?

So charakterisiert er sich immerhin selber. Ein fiktiver Lexikonartikel über Borges in der »Enciclopedia Sudamericana« des Jahres 2074, von ihm selbst als »Epilog« der Gesamtausgabe verfaßt, widmet sich ausführlich und mit der ihm eigenen Selbstironie seinen Verdiensten bei der literarischen Darstellung des Milieus: »Für ihn war Tapferkeit eine der wenigen Tugenden, deren Männer fähig sind, doch deren Kult verführte ihn […] zur unbesonnenen Verehrung der Männer der Unterwelt. […] Die Schwankdichter [vor ihm] hatten bereits eine Welt aufgebaut, die im wesentlichen die von Borges war, doch vermochten die gebildeten Leute deren Schaustellungen nicht ruhigen Gewissens zu genießen. Es ist verzeihlich, daß sie jemandem Beifall klatschten, der ihnen diesen Geschmack zugestand.«[11]

Im selben »Lexikonartikel« erwähnt er »Mann von Esquina Rosada«, seinen Essay über »einen gewissen minderen Dichter« (»Evaristo Carriego«) und seine Milonga-Gedichte (»Für die sechs Saiten«), »die artverwandte Totschläger feiern«.[12] Alle anderen Texte, die uns als seine berühmtesten gelten – etwa »Die kreisrunden Ruinen«, »Das Aleph«, »Die Bibliothek von Babel« –, werden nicht genannt. Und vom magischen Realismus kein einziges Wort.

Der Tanz der gleichen Messer

Beim Duell des »wackeren Pöbels«,[1] anders als beim Ritterturnier, geht es zwar auch »nur« um die Ehre, allerdings ohne Erbarmen und bis einer der beiden tödlich getroffen wird. Wobei das ziemlich schnell passieren kann; einziger Schutz beim Kampf zwischen Gauchos ist der Poncho, den man sich um den linken Arm wickelt. Vorstadtganoven, die auf ihre Weise eher wie Vorstadtgecken gekleidet sind, kämpfen ohne jeden Schutz.

»Zuviel Ehre zerstört einen Mann schneller als zuviel von irgendeiner andern hervorragenden Eigenschaft«, scheint Hemingway von fern zu kommentieren.[2]

Und wenn der entscheidende Stoß in den Bauch erfolgt ist? Ist die Sache geklärt, das ist die Hauptsache. Manchmal werden auf diese Weise alte Rechnungen beglichen, wie in »Das Ende«. Manchmal trifft es vollkommen Unschuldige wie einen gewissen Soto, Löwendompteur eines Wanderzirkus, dessen Geschichte Borges dem jungen Alberto Manguel erzählte. Soto hat das Pech, denselben Namen zu tragen wie ein stadtbekannter Schläger. Als der von jenem anderen Soto vernimmt, macht er sich auf den Weg quer durch Buenos Aires, spürt ihn in einer Kneipe auf und fragt ihn nach seinem Namen: »›Soto‹, antwortet der Dompteur. ›Der einzige Soto in der Stadt bin ich‹, sagt der Schläger, ›also schnapp dir ein Messer und komm raus.‹ Der entsetzte

Dompteur ist gezwungen einzuwilligen und wird aufgrund eines Gesetzes getötet, das er gar nicht kennt.«[3]

Der Sieger gilt keineswegs als Mörder, im Gegenteil, er steigt in der Hierarchie der Wertschätzung. Der Ruf seiner Tat sorgt dafür, daß er als harter Bursche bekannt und für entsprechende Dienstherren interessant wird, nicht zuletzt als Schläger für politische Parteien, der vor einer Wahl Stimmen eintreibt. Der Getötete wiederum gilt keinesfalls als Opfer: »Er wollte töten und ist fair getötet worden, von Mann zu Mann.«[4] Aufgrund seines Heldentodes steigt auch er posthum in der allgemeinen Achtung. Hatte er die Niederlage überlebt – vermutet Borges –, dann vielleicht nur deshalb, weil man ihm »die Würde des Sterbens nicht gönnt«.[5]

Die Karrieren berühmter Messerstecher verlaufen im Prinzip alle ähnlich, sie enden als Überlebende oder als Aussteiger.[6] Gelegentlich wird der eine oder andere durch einen heimtückischen Überraschungsangriff getötet, wenn er auf dem Weg zum Kampfplatz stolpert.[7] Weil »die gute alte Zeit« nach dem Ersten Weltkrieg auch in Argentinien vorbei ist, wird manch einer dann schon mal erschossen. Aber das werden viele andere Figuren in Borges' Erzählungen gleichfalls, nicht zuletzt er »selbst«, das erzählerische Ich. Was die Anzahl der Toten in seinem Gesamtwerk betrifft, könnte Borges locker mit jedem Thriller-Autor mithalten.

Eine Gewalttat aus niederen Beweggründen gilt im Milieu wie in der Pampa als Verbrechen. Ein Duell dagegen, ob es dabei um die Sache selbst geht oder um Rache, gilt als Kräftemessen und jeder der Kämpfenden, ob er dazu herausgefordert oder die Herausforderung angenommen hat, als Ehrenmann. Borges berichtet in seinem langen Essay zur Gaucho-Dichtung von einem Mann aus der Vorstadt, der ihm würdevoll versicherte: »Ich habe in meinem Leben viele Male im Gefängnis gesessen, Señor Borges, aber immer nur wegen Totschlag.« Hinter dieser Denkweise, so Borges, stehe »die Ethik, die vermutet, daß vergossenes Blut nicht allzu denkwürdig ist und daß Männer eben manchmal töten«.[8]

Distanziert sich Borges etwa davon? Keineswegs. Im »Fragment eines apokryphen Evangeliums«, das als Gedicht firmiert und de facto ein höchst persönliches Glaubensbekenntnis in 51 Punkten ist, schließt er sich diesem Ethos ganz unmißverständlich an: »Wer tötet um der Gerechtigkeit willen oder um der Sache willen, die er für gerecht hält, trägt keine Schuld.«[9] Sondern wird sich noch im Alter an der Erinnerung daran aufrichten, wird »die Begeisterung, / die Wut und die Ungläubigkeit« über seinen Sieg als Lebenselixier genießen: »So viele Jahre her; wiedergewonnen / hat er endlich das Glücksgefühl, ein Mann / zu sein und tapfer, oder jedenfalls, / daß er dies war, in irgendeinem Gestern.«[10]

Was konnte einen Intellektuellen vom Schlage Borges' daran so faszinieren? Die schiere, die archaische Männlichkeit, die sich in solchen Lebensentwürfen zum Ausdruck bringt und im Kampf ihren Kulminationspunkt erreicht: »Für die Prüfung [im Duell auf Leben und Tod] haben diese / Männer lebenslang gelebt«.[11] Denen, die die Prüfung nach landläufiger Legendenbildung bestanden, widmet er, abgesehen von den 13 bis 15 Erzählungen, die ihnen gelten,[12] und der Grundlagenforschung in Essayform, einen ganzen Gedichtzyklus: »Für die sechs Saiten«,

Texte für Milongas, laut Borges die ursprünglichere Form des Tangos, die in ebenjenen rosa Eckkneipen gespielt und gesungen werden. Oder eher wurden, ihre Zeit war kurz nach der Jahrhundertwende vorbei, und der Siegeszug des Tangos begann, wie wir ihn heute kennen und wie ihn Borges als verweichlicht ablehnt. Unbeirrt dichtet er noch in hohem Alter weitere Milongas. In ihnen verklärt er das zweifelhafte Leben dieser »Söldner, de[r]en herbes Amt / der Mut war«, selbst wenn er sie im selben Atemzug als »Mörder« bezeichnet:[13] »Wo sind jene, die eine Episode / dem Epos hinterließen, und der Zeit / eine Fabel, und die einander ohne / Haß, Leidenschaft oder Gewinn erstachen?«[14]

Ohne Haß und Leidenschaft, taten sie das wirklich? Und meint es Borges auch dann noch ernst, wenn er die Geschichten, die man sich über »das Gelichter«[15] erzählt, zu Epen hochstilisiert? Sollen sie ihm gar als eine Art argentinischer Artusepik gelten?

In einem Interview wurde er gefragt: »Aber die Figuren, die Sie als Helden Ihrer Epen auswählen – die Gangster zum Beispiel –, hält man gemeinhin ja nicht für episch, nicht wahr? Dennoch finden Sie anscheinend das Epische bei ihnen?« Borges' Antwort: »Ich denke, es liegt vielleicht eine Art niederes Epos in ihnen, oder nicht?« Und als der Interviewer nachhakt: »Ich glaube, daß das Epische heutzutage, da die Schriftsteller ihre epischen Pflichten zu vernachlässigen scheinen, seltsamerweise von den Western für uns gerettet wurde.«[16]

Andernorts geht er in seiner Verbrämung noch einen Schritt weiter: Er deutet das Duell als »einen äußerst ernsten Tanz«,[17] als ob sich die Kämpfenden in Wirklichkeit nur einer allgemein verbindlichen Schrittfolge fügen, sprich, der gängigen Choreographie des Männerschicksals mit grimmigem Vergnügen unterordnen würden. In übertragener Weise stimmt das sogar; was sich als unbändiger Stolz voreinander in Szene setzte, war ja vor allem Unterwerfung unters herrschende Männerbild. Noch spitzer formuliert: Was sich untereinander so mutig gab, war auf einer höheren Ebene feige. Statt sich gegen unsinnig überzogene Rituale aufzulehnen, war man beflissen bemüht, sie bis zum letzten Atemzug zu erfüllen.

Wie eine direkte Einlassung dazu liest sich eine Bemerkung Hemingways, die er freilich nicht mit Blick auf Borges machte: »Studieren Sie seine Vorliebe für Duelle. Wirklich mutige Leute brauchen sich nicht zu duellieren, und viele Feiglinge schlagen sich unentwegt, um sich selber einzureden, sie wären mutig.«[18] Was zu diesem Thema von Borges berichtet wird, klingt anders. Schon auf dem Gang zum womöglich letzten »Tanz« glaubt er, Zeichen der Vorfreude zu registrieren – der Täter in spe, vielleicht auch Opfer in spe, »tastet nach / der Festigkeit des Dolchs im Westenausschnitt«, und »beim Gehen wiegt er sich und weiß es nicht«.[19] Als ob er das Duell im Rhythmus einer Milonga führen wird, auf »Weiberschuhen«.[20] Wenig später, womöglich auch mal »scharf umrissen von blaß*blauen* Wänden« anstelle der rosaroten, hebt er dann tatsächlich an, der »Tanz der gleichen Messer«.[21] Und entpuppt sich, zumindest für den Zuschauer, als …? »Ich hatte mir den Kampf als Chaos aus Stahl vorgestellt, aber ich konnte ihm folgen, oder fast folgen, als ob er ein Schachspiel wäre.«[22]

Mythos, Muttersöhnchen, Gott

Der Tango – insbesondere in seiner rauheren Spielart als Milonga, als »Krakeeler-Tango« – drückt für Borges aus, »was die Dichter viele Male mit Worten sagen wollten: die Überzeugung, daß Kämpfen ein Fest sein kann«.[1] Das ist starker Tobak. Denn hier sind wir nicht mehr im Bereich der erzählenden Prosa oder der Lyrik, hier äußert der Essayist Borges seine *eigene* Meinung. Und er geht in seiner Verklärung der Gewalt noch einen Schritt weiter – der »Kult des Muts«[2] ist ihm nichts weniger als »die mutige *Mythologie* von Messern«,[3] also *Kultus*. Das Epos vom Schurken wird damit auch noch Mythos und der Typus des »Messerstecher[s], in dem alle Mutgeschichten zusammenlaufen«,[4] ob Gaucho oder Gauner, zum Heiligen erhoben. Borges resümiert seine Überlegungen tatsächlich folgendermaßen:
»Wir hätten somit Männer mit armseligstem Leben vor uns [...], die, ohne es zu wissen, eine Religion mit ihrer Mythologie und ihren Märtyrern begründen, die harte und blinde Religion des Muts, des Bereitseins zum Töten und Sterben.« Und wenige Sätze später: All diese Männer »bekannten sich fraglos zu diesem männlichen Glauben, der sehr wohl nicht bloß Eitelkeit sein mag, sondern das Bewußtsein, daß in jedem Menschen Gott ist«.[5]
Ein Gott, der sich ausgerechnet dann offenbart, wenn sich Männer zur Religion des Tötens und Getötetwerdens bekennen und die entsprechenden kultischen Handlungen vollziehen? Man kann es nicht als Figurenrede abtun oder ein lyrisches Ich vorschieben. Schon Estela Canto geht hart mit Borges ins Gericht: In einigen seiner Gaucho-

Geschichten »handeln die Personen wie Marionetten. Das Geschehen gleicht einem Ritual [...]; einem blinden Götzendienst; einer rudimentären, pervertierten Form von Religiosität.«[6]

Ich schließe die Augen und stelle mir Borges vor, wie er »Evaristo Carriego« geschrieben hat, seinen Hymnus aufs Messerduell als Tanz, als Fest, als Epos, als Religion, als Menschwerdung Gottes, da war er gerade dreißig. Auf den Photos dieser Zeit sieht man einen dicklichen Menschen, der wie ein Kind wirkt, das man in einen Anzug gestopft hat. Ein Muttersöhnchen, mal bräsig, mal muffig, mal dezent schmollend. Später, als er zum vergeistigten Asketen und blinden Seher abmagerte, wirkt er zwar entspannter, mitunter fast heiter; aber wenn er nicht gerade lacht oder jemandem interessiert zuhört, doch immer noch wie, sagen wir nur: nicht ganz von dieser Welt. Wie einer, der gerade deshalb von seinen Bewunderern, oft ohne die geringste Kenntnis seiner Werke, zum hyperintellektuellen Bewohner der Universalbibliothek stilisiert wurde und zum blinden Seher – auch das eine religiöse Überhöhung dessen, was ursprünglich eine schlimme Verhaltungsstörung war und im Lauf von 86 Jahren eine einigermaßen erträgliche Verhaltensstörung wurde.

Nein, sympathisch ist mir Borges nicht. Er selbst ist es sich im Rückblick ebensowenig: »Donnerwetter! Was war ich für ein unansehnlicher Mensch! Und wie fett ich war!«[7] Was er *nicht* sagt: Und welch abgefahrenen Visionen ich nachhing! Nun ja, ich hatte es bitter nötig.

Denn er hing ihnen auch im Alter noch nach.

In seiner Überhöhung einer, man muß es so nennen, toxischen Männlichkeit, ist Borges selber toxisch männlich –

toxisch möchtegernmännlich. Man kann es nicht beschönigen. Was ich hingegen in Schutz nehmen möchte, sind die Texte, die er aus dieser Haltung heraus geschrieben hat, die Texte im Genre *Southern* und, nennen wir sie mal, *Stories von der rosa Ecke*. Alles, was mich daran begeistert hat, gilt ohne Abstriche weiterhin, selbst wenn mir der Hintergrund der Texte – der Autor – zunehmend abgründig erscheint. Man muß einen Schriftsteller nicht unbedingt lieben, wenn man seine Texte liebt.

Barde

Noch mal: Was konnte einen Intellektuellen vom Schlage Borges' dazu bringen, diese Texte nicht nur zu schreiben, sondern ihre Protagonisten zu epischen Helden und ihre Handlungen zu religiösen Ritualen zu verklären?

Um den Schriftsteller Borges zu verstehen, muß man den Menschen verstehen. Er war aufgebrochen, sich eine Männlichkeit zu erschreiben, an deren Erwerb er während seiner Pubertät gescheitert war und die ihm qua Herkunft, Zartheit und Feigheit ohnehin verschlossen geblieben wäre: Da hätte er schon als Junge mit einem angerußten Stock zu kämpfen lernen müssen,[1] da hätte er Schmiere stehen und sich »als Mann bewähren« müssen.[2] Borges, dem der direkte Weg zur Mannhaftigkeit – zu dieser wenig kultivierten Form von Mannhaftigkeit – verwehrt war, wählte den indirekten. Er spricht den Gaucho vom landläufigen Vorwurf der »Barbarei« frei[3] und macht sich gleich noch daran, das ähnlich schlechte Bild zu korrigieren, das man in der bürgerlichen Welt vom Kleinkriminellen der Vororte hat: »Auch das Geschick der *compadritos* ist es, verleumdet zu werden«[4] – schon mit diesem Satz schlägt er sich, obwohl selber Angehöriger des Bürgertums, ostentativ auf die Seite des Milieus. »Sie irren sich«, scheint er sich direkt an seinesgleichen zu wenden, »der *compadre* muß kein Prolet sein, wie auch der Bauer es selten ist. *Compadrito* ist immer der städtische Plebejer mit einem Hang zum Feineren«, nämlich in seiner Wortwahl, seiner Tracht.[5]

Vor allem, und hier konnte sich Borges immerhin in Gedanken sofort einreihen, dichteten einzelne *compadritos* sogar (wie der bereits erwähnte Paredes), wahrscheinlich Milonga-Texte – der Gauner als Dichter. Umgekehrt wurden die Dichter, sogenannte *payadores*, die in den Schänken Lieder zur Gitarre vortrugen, mitunter selber zu Messerhelden: »Wenn bei einem Wettbewerb zwei Männer sangen und ihre Gitarren spielten, dann ging einer plötzlich wortlos hinaus. Daraufhin ging der andere ebenfalls, fand den ersteren draußen herumlungern und dann trugen sie es mit Messern aus. Ein Duell folgte dem anderen – von der Guitarre zum Messer, ihren Werkzeugen.«[6]

Indem sich Borges zum Sänger der Mannhaftigkeit aufschwang, war er schon fast ein *payador* und damit einer der ihren.[7] Selbst wenn er als der Sänger ihrer zweifelhaften Vorstadtepen de facto außen vor blieb, fiel der Glanz der Tat doch auch auf ihn, waren seine Gedichte und Geschichten über die verkannten Helden ja vor allem anderen »Berichte über Waffengänge, *deren Mannhaftigkeit den einschließt, der sie erzählt*«.[8]

Genau darauf kam es ihm an. Daß er sich als Verkünder ihrer »Religion des Muts« womöglich noch als ihr Prophet hätte empfinden können, war ihm dagegen gleichgültig. Die

Rolle des einsamen Verkünders wollte er ja gerade nicht einnehmen, er wollte dabei sein, mittendrin in der Schänke.

Barbaren

V. S. Naipaul überliefert ein Borges-Zitat, das auf den ersten Blick abfällig klingt: »Die Gauchos waren sehr einfach gestrickt. Barbaren.«[1] Damit scheint der argentinische Männerkult jener Zeit am Ende doch auch für Borges nur eine Form der Barbarei zu sein. Aber ein solches Zitat heißt wenig. Der alte Borges paßte bekanntlich seine Meinungen, jedenfalls für die Dauer eines Gesprächs, seinen Gesprächspartnern an und sagte gern das, was sie hören wollten. Vielleicht war das eine seiner Masken; so war er tatsächlich von Gespräch zu Gespräch, von Interview zu Interview ein Anderer.

Die Fülle an Zitaten hingegen, die den Gaucho als *angeblichen* Barbaren rehabilitieren und aufwerten, kulminiert für mich im Bekenntnis, »daß für die meisten von uns der Gaucho ein prototypisches Idealobjekt ist«, ja, »daß jeder Gaucho der Literatur (jede Figur der Literatur) irgendwie der Literat ist, der ihn ersonnen hat«.[2] Mit dem unscheinbaren »irgendwie« hält sich Borges ein Hintertürchen offen. Dennoch bezieht er sich hier ein. Und wird fortan nicht müde, den autobiographischen Charakter seines Schreibens *auch in dieser Hinsicht* zu betonen:

Wenn er sich in einer seiner späten Erzählungen als Randfigur erwähnt – »Ich höre, daß der neue Direktor der Bibliothek ein Literat ist, der sich […] der demagogischen Verherrlichung eines imaginären Buenos Aires der Messerhelden« widmet –,[3] so ist das vor allem kokett. Borges *spielt* mit seinem Image, aber er versucht keinesfalls, das vom Ich-Erzähler kolportierte Bild zurechtzurücken.

»Wir alle wollten Helden trivialer Anekdoten sein«, schreibt er im Rückblick auf seine Jugend.[4] »So wie die Männer anderer Völker dem Meer huldigen und es im Gefühl haben, so verlangen wir (auch der Mann, der diese Symbole verwebt) nach der unendlichen Ebene, die unter den Hufen dröhnt.«[5] Das schreibt der etwa Fünfzigjährige, und er bezieht seine eigene Sehnsucht, in Klammern gesetzt, dezidiert in die argentinische Nationalsehnsucht mit ein.

»Er lebte gern im Verlorenen, / in der Mythologie der Messerstecher«, schreibt der knapp Achtzigjährige.[6] Das Gedicht gilt zwar nominell einem verstorbenen Freund, doch wie so oft in seinen Elegien, Anrufungen und Hymnen, spricht Borges auch von sich selbst. Und für den, der all das noch immer als Rollenlyrik oder -prosa abtun will, hier Borges' restlose Offenbarung: »Von mir möchte ich bekennen, daß ich weder *El Marne* noch *Don Juan* hören kann [zwei berühmte Tangos], ohne mich sehr genau an eine apokryphe, gleichzeitig stoische und orgiastische Vergangenheit zu erinnern, in der ich herausgefordert und gekämpft habe, um schließlich stumm in einem düsteren Messerduell zu fallen.«[7]

Ist das vielleicht der Urknall, an dem der argentinische Mann leidet, und Borges ist da keine Ausnahme? Jedenfalls ist es kein bloßes Lippenbekenntnis. Borges war für den Fall des Falles gerüstet: Nachdem man ihm – höchstwahrscheinlich Peronisten – eine Bombe vors Haus gelegt hatte, die aber nicht zündete, sagte der 74jährige zu einem

Journalisten: »Sehen Sie, wie feige sie sind? Sie legen eine Bombe hin. Dabei wäre es doch mehr als einfach, herzukommen und mich von Angesicht zu Angesicht anzugreifen. Wozu trage ich denn sonst immer mein Messer mit mir herum?«[8]

Und tatsächlich griff man ihn einmal an, allerdings mit Worten. Nach einer Podiumsdiskussion an der New Yorker Columbia University 1971 fing eine Gruppe puertoricanischer Studenten an, Borges zu beschimpfen, einer verhöhnte ihn, daß er mit seiner politischen Einstellung – Borges glaubte nicht an die Revolution – eigentlich schon tot sei, und nannte ihn »einen Hurensohn«. Woraufhin der blinde Borges mit seinem Stock auf den Tisch schlug und den Studenten zum Duell forderte.

Der Vorfall ist bezeugt.[9] Borges zitterte vor Erregung, er meinte es ernst. Jetzt war er da angekommen, wo er immer hinwollte, er war ein Mann, und er hatte es vor aller Augen bewiesen.

Ernst und nur ernst

Hemingway schlug bei ähnlicher Gelegenheit auch schon mal zu. Irgendwo ließ er verlauten, gute Literatur solle den Leser wie ein Faustschlag treffen. In einem Brief an seinen Verleger führt er der Reihe nach auf, welche Autoren er der Reihe nach k.o. schlagen will oder es bereits getan hat, Turgenjew, Maupaussant, Shakespeare, Cervantes, Melville, Dostojewski … und denselben Henry James, den Borges so verehrte:

»Mr. Henry James würde ich mit dem bloßen Daumen

erledigen, sobald er das erste Mal nach mir grapscht, und ihm dann eins dorthin verpassen, wo er keine Eier hatte [...].«[1]

Nur gegen Tolstoi glaubt er, über 20 Runden nicht bestehen zu können: »Aber über sechs [Runden] würde ich es mit ihm aufnehmen, und er würde mich keinmal treffen, und ich würde ihn völlig fertigmachen [im Original: would knock the shit out of him] und ihn vielleicht k. o. schlagen.« Die Begründung: »Ich bin ein Mann ohne Ehrgeiz, außer dem, daß ich Weltmeister sein will; [...] das ist das einzige, was ich mir immer gewünscht habe.«

Einen Kritiker, der eines seiner Bücher verrissen hatte, soll er in einer Kneipe k.o. geschlagen haben. Angeblich hat er denselben Kritiker später noch mal in der Kneipe getroffen und erneut zu Boden geschlagen. Vielleicht ist das aber auch nur eine der Legenden, die über Hemingway in Umlauf sind; *vorstellen* kann ich mir die Szene jedenfalls gut, auch die Wiederholung derselben.

Ich könnte jetzt einen Bogen schlagen zu Hemingways Fachsimpeleien über Profiboxkämpfe[2] und sie in die Nähe dessen rücken, was Borges am Kampf der Messerstecher rühmt: das Duell unter echten Männern. Ich könnte Hemingways Faible für die Großwildjagd anführen, denn auch hier geht es nicht nur ums Töten, sondern um die Lust, dabei das eigene Leben aufs Spiel zu setzen: »Jeder gute Mann riskiert lieber sein Leben, jeden Tag, als seine Existenz. Das ist es, was die Amateure bei den Professionals nie verstehen können.«[3] Als Gewährsmann führt er einen befreundeten Elefantenjäger ins Feld: »Für ihn bedeutet Sport nur dann etwas, wenn er mit Gefahr verbunden ist [...] und die Frage offen bleibe, wer wen töte.« Um dann anzuschließen: Wenn er an die Ambitionen seines Jagdfreunds denke, werde er »das Gefühl nicht los, daß es ein Versuch ist, die alten Tage zu beschwören, wo man Soldaten jagen konnte, die Sie jagten«.[4]

Großwildjagd als Ersatz für Krieg – das ultimative Risiko.

Ähnlich der Stierkampf: »Es ist, als hätte man beim Krieg einen Platz in der Arena, auf dem einem nichts passieren kann.« Der Kampf verlange von den Stierkämpfern »mehr Mumm und Geschicklichkeit und noch mal Mumm als sonst etwas«.[5] Hemingway empfindet sie als Helden, deren »Mißachtung des Todes« und damit auch: deren spezielle Interpretation der Männlichkeit er voller Leidenschaft in »Tod am Nachmittag« darstellt.[6] Immer wieder sehnt er sich darin nach der alten Zeit, in der die ästhetisch perfekte Tötung des Kampfstiers der Höhepunkt jeder Darstellung gewesen sei. Wohingegen man jetzt den Schwerpunkt der Vorführung darauf lege, raffiniert riskante Figuren zu zeigen, bei denen man den Stier möglichst nah an sich passieren läßt. Er selbst habe den Tod von über 500 Stieren gesehen, doch nur vier Mal sei der Todesstoß korrekt ausgeführt worden. »Ein großer Töter muß leidenschaftlich gern töten«, erst dann ist Hemingway begeistert: »Der Augenblick, wenn sie [Stier und Matador] durch den Degen, der anscheinend immer nur zentimeterweise hineinrutscht, verbunden sind, ist die arroganteste Austeilung des Todes und mit das Großartigste, was Sie beim Stierkampf sehen können.« Alles andere ist ihm nur Vorspiel, dies erst sei es, worauf es bei einer Fiesta ankomme und gehöre mit entsprechender Würde inszeniert. »Der wahrhaft große Töter [...] muß den Augenblick des Tötens als spirituelles Hochgefühl empfinden. Sauber zu töten und auf eine Art und Weise, die einem ein ästhetisches Vergnügen und ein Gefühl von Stolz gibt, war immer einer der stärksten Genüsse für einen Teil der menschlichen Rasse.«[7]

Auf keinen Fall dürfe es wie nebenbei, unter Anwendung von Tricks oder gar widerwillig geschehen – Töten sei nicht gleich Töten: Der eine »tötete wie ein Schlächterjunge«, der andere »wie ein Priester bei der Erteilung des Segens«. Mit seiner Darstellung des Stierkampfs als Tragödie, die Matador wie Publikum zunehmend in Ekstase versetzt, erst recht mit seiner Überhöhung des Tötens ins Quasi-Religiöse steht Hemingway Seite an Seite mit Borges. Er schwärmt von der »Schönheit des Tötens«, schwärmt von einem »der besten Töter, [...] der immer mit dem Herzen dem Degen hineinverfolgte«, wie von den Spaniern generell: Aufgrund ihres ausgeprägten Stolzes mache »es ihnen nichts aus zu töten; sie fühlen, daß sie würdig sind, diese Gabe zu spenden«. Die Gabe, die sie spenden, wohlgemerkt, ist das Gegenteil einer milden Gabe, auch wenn das in der Formulierung mitschwingt, es ist der Todesstoß, den sie versetzen.[8]

An all diesen Stellen habe ich mir immer wieder die Augen gerieben. Aber es besteht kein Zweifel, Hemingway meint es ernst. Der Matador ist für ihn ein Inbegriff des Mannes, und das spanische Verb »matar« heißt töten. Dessen ungeachtet, ist der Kampf *unter Männern* Hemingways eigentliche Obsession. Zumindest als Wettkampf, übrigens auch unter rivalisierenden Großwildjägern auf der Jagd nach den größeren Trophäen.[9] Erst recht als Kampf um Leben und Tod. In Erinnerung an den Zweiten

Weltkrieg, an dem er als Reporter ebenso begeistert teilnahm wie als Sanitätsfahrer am Ersten Weltkrieg, schreibt er in einem Gedicht: »Bring mit: Keine Angst vor dem Tod / […] / Bring Haß mit auf diese Saukerle.«[10] Wie zu erwarten, schimmert unter der Begeisterung, für die gerechte Sache zu kämpfen, immer wieder etwas anderes hervor, die Lust zu töten.[11] Wer Hemingway hier verteidigen wollte, hätte fleißig Zitate zu relativieren, bis er, vielleicht, in Hemingways Haltung »eine Moral von fast närrischer Überforderung und ohne Übertragbarkeit« erkennen könnte, wie es sein deutscher Übersetzer Ernst Schnabel freundlicherweise tut.[12]

Meine alte Liebe zu Hemingway wie auch die neue zu Borges, jedenfalls dem Borges des *Southern* und der *Stories von der rosa Ecke*, wird niemals über die Begeisterung für ihre Stoffe und deren sprachliche Gestaltung hinausgehen. Als Männer – es tut mir weh, es so unmißverständlich sagen zu müssen – kann ich sie nur schwer ertragen. Beiden fehlt, was schon die Philosophen der Antike als die gute Mitte lehrten. Es fehlt ihnen das gelassene Ruhen in ihrer Männlichkeit, das sich seiner Möglichkeiten zwar bewußt ist, sie jedoch nicht bei jeder Gelegenheit auszuspielen sucht, ob real oder in der Phantasie: der eine als ein Mann, der vor allem aus männlichen Defiziten besteht und sich in seiner Verklemmtheit an männlichen Exzessen berauscht; der andere als ein breitbeiniger Übermann, der seine Rolle ständig maximal interpretiert, weil er es nicht weniger nötig hat. Beides sind Karikaturen von Männlichkeit, gleich weit vom Ruhepol einer männlichen Mitte entfernt, einer gewissen Selbstverständlichkeit des Mann-Seins, die im Alltag eher verborgen bleibt und nur in Extremsituationen abgerufen wird. Vor allem aber gestatten sie, Borges wie Hemingway, dem Mann keinerlei spielerische Momente, wie er seine Rolle als Mann vorübergehend gestalten könnte. Es ist ihnen ernst und *nur* ernst.

Die Schublade

Mir ist es schon auch ernst, vor allem dann, wenn ich das Spielerische der männlichen Rolle betone. »Der Mensch ist nur da ganz Mensch, wo er spielt«, das ist einer von Schillers Gedanken, der mich beschäftigt hat, seit ich ihn mit Anfang Zwanzig zum ersten Mal las.[1] Der Satz funktioniert auch in der Variante »Der Mann ist nur da ganz Mann, wo er spielt« – wo er sich selber spielt, gelegentlich zumindest. Spielen im Sinne Schillers ist eine ernste Angelegenheit; das Spiel als Mann nicht minder: ein Rollenspiel, nicht nur um die verschieden traditionellen Rollenerwartungen einer Gesellschaft zu erfüllen, sondern auch die der Frauen im besonderen, zunehmend seit Anbruch der Moderne und nicht zuletzt innerhalb von Beziehungen. Was in früheren Jahrhunderten nur von Frauen verlangt wurde, ständiger Rollenwechsel je nach Perspektive des Mannes, wird heutzutage nicht minder von Männern erwartet. Auch das – die Erwartung wie deren versuchsweise Erfüllung – ist ja vielleicht, wie gesagt, ein Zeichen von Emanzipation. Bis sich unsre Zeit, die so klug darin ist, Rollen zu dekonstruieren und Identitäten zu hinterfragen, aufzubrechen und neu zusammenzusetzen, wieder zu halbwegs verbindlichen Rollenzuweisungen durchgerungen haben mag, bleibt im Grunde gar keine andre Wahl, so vermute ich, als auch die klassischen Ausdrucksformen der Männlichkeit – wie selbstredend der Weiblichkeit – in *spielerischer* Form aufrechtzuerhalten.

Doch zurück zum *ernsten* Ernst, zum Duell, zum Messer, mit dem das Duell geführt wird. Zu Beginn meiner Borges-Lektüre war ich wie vor den Kopf geschlagen, als ich unter seinen Gedichten auf »Ein Messer im Norden« stieß. Am Ende meiner Lektüre habe ich fast den Überblick über all die Stellen verloren, die sich mit Messern respektive Dolchen beschäftigen, und überraschen kann mich nichts mehr. Obwohl – oder gerade weil – sich Borges bemüht, beim Schreiben immer ganz sachlich zu bleiben, spürt man beim Lesen seine innere Erregung nur umso deutlicher. Unter der manchmal puristischen, manchmal feierlichen Sachlichkeit des Textes lodert die Leidenschaft.

So auch im Prosastück »Der Dolch«, das zunächst in der Sammlung »Der Andere, der Selbe« plaziert war, später jedoch von Borges als eigenständiges Kapitel in die erweiterte Ausgabe von »Evaristo Carriego« aufgenommen wurde. Wie das »Messer im Norden« schläft dieser Dolch und träumt »unaufhörlich seinen einfachen Tigertraum«: »Er will töten, er will jähes Blut vergießen.« Der Dolch sehnt sich nicht nur danach, probehalber gedrückt zu werden. Er wartet auf die »Hand [...], *die ihn führt*«.[2]

Soweit gleicht er dem Messer des berühmten Chilenen, das in einem Kästchen aufbewahrt wird, in einem verschwiegenen Patio. Der entscheidende Unterschied jedoch: Der Dolch liegt »in einer Schublade des Schreibtischs, zwischen Notizheften und Briefen«. Weil Borges, wie immer, bestrebt ist, die Authentizität des Beschriebenen durch Referenzen aus der wirklichen Wirklichkeit zu beglaubigen, schildert er, woher der Dolch stammt und wie er schließlich in den Besitz seines Vaters kam. Da dieser zum Zeitpunkt der Niederschrift des Textes schon lange tot war, hätte Borges eigentlich schreiben können, daß es *sein eigener* Dolch ist, und im übrigen auch *sein eigener* Schreibtisch, in dessen Schublade er liegt.

Und wartet.

Borges fügt im letzten Absatz an: »Bisweilen bedaure ich ihn.« Weswegen? Weil es ein solch phantastisches Mordwerkzeug ist und er ein solch miserabler Besitzer. Weil der Dolch vergeblich wartet. Weil er nicht mehr seiner Bestimmung gemäß am Körper getragen und im Fall des Falles gezogen wird.

Hemingway berichtet etwas frappierend Ähnliches. In »Wem die Stunde schlägt« erinnert sich sein Alter Ego Robert Jordan an die Pistole seines Großvaters, eine Smith & Wesson, mit dem dieser »im Rebellionskrieg und auch nachher« einige Menschen erschossen hat. Nach dem Amerikanischen Bürgerkrieg kämpfte der Großvater vorwiegend gegen Indianer; einen Säbel zum Herzeigen für den Enkel hatte er ebenfalls. Dann erschoß sich Roberts Vater mit der Pistole des Großvaters, und weil sie »ein verteufelt guter Revolver« und sein ursprünglicher Besitzer »ein verteufelt guter Soldat« gewesen sei, beschlagnahmt sie der Gerichtsmediziner nicht, sondern schenkt sie nach dem Leichenbegängnis Robert. Ein Vermächtnis? Robert, damals noch ein Schüler, legt »die Waffe wieder in die Schublade [...], wo sie hingehörte«. Soweit könnte es die Geschichte von Borges sein. Tags drauf jedoch versenkt Robert die Waffe in einem Bergsee. »Ich weiß, warum du das gemacht hast«, sagt der Freund, der ihn dabei begleitet hat. »Gut«, antwortet Robert, »dann brauchen wir nicht darüber zu reden.«[3]

Damit ist die Sache beendet. Wirklich beendet. Wohingegen der Dolch in Borges' Schreibtischschublade ewig weiterzuleben scheint. »Und die Jahre verstreichen, nutzlos«, so der Schlußsatz des Prosastücks. Ebenjener Nutzlosigkeit wegen ist es für Borges weiterhin der Dolch seines Vaters. Um ihn tatsächlich zu seinem eigenen zu machen, reicht es nicht, ihn gelegentlich in der Hand zu wiegen und damit zu spielen.

Die Vitrine

Mindestens einen weiteren Dolch besaß er. Anläßlich eines Kolloquiums an der Universität von Oklahoma schenkte ihm der einladende Professor »einen fischförmigen finnischen Dolch – ganz entgegen der Tradition im alten Palermo meiner Knabenzeit«. Aber daß man ihn, den knapp Siebzigjährigen, überhaupt mit einem Dolch beschenkte, auch wenn der für ein Duell unter *compadritos* ungeeignet war, erschien Borges doch immerhin so wichtig, daß er es in seinen Lebensrückblick aufnahm.[1] Es hatte sich offensichtlich bis in die USA herumgesprochen, daß er ein Faible für Dolche hatte und folglich ein (wenngleich inzwischen hinfälliger) Mann war.

In der Erzählung »Die Begegnung« gibt er seinem Faible breiten Raum. Obwohl sie gar nicht vom Milieu handelt, ist es vielleicht diese Messergeschichte, in der Borges' Obsession am klarsten Ausdruck findet. Sie spielt in Uruguay, das in seiner Vorstellung »urtümlicher und deshalb auch tapferer ist als unser Land«.[2] Am Rande eines Treffens von Jugendlichen in einem abgelegenen Landhaus zeigt der Gastgeber dem knapp zehnjährigen Ich-Erzähler, wie andere ihre Briefmarkensammlung, eine Vitrine mit Stichwaffen: »Es waren Messer, die durch ihren Gebrauch berühmt geworden waren.«[3]

Als es beim Kartenspiel zum Streit und kurz darauf zum Zweikampf kommt, wählt man aus dieser Vitrine die Messer. Und kaum wird gekämpft, verändern sich die Duellanten vor aller Augen: »Die Gefahr hatte sie verwandelt; nun waren sie zwei kämpfende Männer, nicht zwei Jünglinge.« Selbst der zehnjährige Ich-Erzähler ist schlagartig »abenteuertrunken; ich wünschte, daß jemand töte, damit ich es nachher erzählen und mich erinnern könne«.

Sein Wunsch geht in Erfüllung. Doch erst Jahre später erfährt er die Auflösung der Geschichte durch einen pensionierten Kommissar, der in seinem Berufsleben viel mit Messerstechern zu tun hatte. Aufgrund der Schilderung des Ich-Erzählers identifiziert er die beiden Messer, die sich die Duellanten aus der Vitrine gewählt hatten, als diejenigen zweier berühmter »Kampfhähne« der Jahrhundertwende. Obwohl sie einander zutiefst haßten, hatte sich nie die Gelegenheit zum Duell ergeben. Nun, nachdem sie beide längst tot waren, war sie plötzlich da: »Die Waffen kämpften, nicht die Männer. Seite an Seite hatten sie in einer Vitrine geruht, bis Hände sie weckten.«[4] Mit ihren »Werkzeugen« erwachten ihre früheren Besitzer – »sie hatten einander lange gesucht [...], und schließlich trafen sie aufeinander, als ihre Gauchos längst Staub waren«.

Borges beendet die Geschichte mit der Bemerkung, daß

in derartigen Messern der menschliche Groll weiterhin schlummert. »Wer weiß, ob die Geschichte hier endet, wer weiß, ob sie einander nicht wieder begegnen werden.« In der bereits erwähnten Prosaskizze »Der Verdammte« gestaltet er ebenjenen Moment, wo nicht so sehr das Messer eines Mörders, sondern dessen Hand nach Jahrzehnten erwacht und den Dolch ertastet. Der Mörder von einst steht, eine Art Untoter, wieder auf seinem Posten, um sein Opfer abzupassen. Der Mörder ist verdammt zum ewigen Leben in immer derselben Schlüsselszene von einst.[5]

Borges gefällt sich an vielen Stellen seines Werkes darin, die Vorstellung einer linearen Zeit zu konterkarieren durch »zirkuläre« Wiederholungen ein und desselben Ereignisses, ein und derselben Geschichte. Die ewige Wiederkehr des Gleichen, hier nicht als »schwerster Gedanke« einer Philosophie, sondern eines bürgerlichen Lebensalltags, in dem das Böse gleichwohl immer zum (Er-)Greifen nah ist.

Zwar ist die Hauptfigur der »Begegnung«, der Mörder, tot, gleichzeitig jedoch lebt er weiter, jedenfalls im Zusammenhang der Tat und am Tatort. Ich kenne diese Vorstellung sonst nur aus den afroamerikanischen Religionen und aus Afrika. Dort greifen die Toten über Zeit und Raum hinweg ins Leben der Menschen ein, sofern sie von einem Zauber, der stark genug ist, gerufen und in Dienst genommen werden.

Aber das ist, zum Glück, eine andere Geschichte.

Die Mannwerdung im Kampf, die Lust zu töten beziehungsweise dabei zuzusehen, das träumende Messer, das erwacht, sobald sich die Gelegenheit bietet – aus der Kenntnis dieser Geschichte erklärt sich nun ein Halbsatz in Borges' Prosastück »Der Dolch«, den ich zunächst als me-

taphorisch abtun wollte: »In einer Schublade des Schreibtischs [...] träumt der Dolch unaufhörlich seinen einfachen
Tigertraum, *und die Hand erwacht, die ihn führt, denn das
Metall erwacht,* das Metall, das in jeder Berührung die Tötung eines Menschen verspürt.«[6] Ja, die Rede ist von Borges'
Erbstück, und wenn er sich bei seiner Betrachtung »die«
Hand dazudenkt, die ihn führt, so kann es eigentlich nur
die eigene sein. Während des Kampfes wäre es dann auch
in diesem Fall nicht etwa *seine* (an sich unfähige) Hand, die
das Messer führt; auch er wäre dann nur ein Medium derer,
die einst damit kämpften.

Damit könnte selbst einer wie Borges ein passabler, wenn
nicht gar großartiger Messerstecher werden.

Sauber, dachte ich auch an dieser Stelle.

Was das über Borges' Vaterbeziehung aussagt, mögen die
Psychoanalytiker ausloten.[7] Mir reicht es an dieser Stelle.
Wenn man Borges genau liest und das Gelesene miteinander in Beziehung setzt, wird es noch eine Spur blutiger,
als es ohnehin ist. Es wird blutrünstig.

Hauptsache, es wirkt

Die Lust zu töten, die Selbstverständlichkeit, andere zu töten, ohne Gewissensbisse – am schauderhaftesten hat Borges das Thema in seinem kurzen Prosastück »Andrés Armoa« gestaltet. Die Titelfigur dient bei der argentinischen
Armee: »Er ist der Kehlenschlitzer.« Sein Amt ist es, die
Gefangenen nach der Schlacht – wie in den Bürgerkriegen
des 19. Jahrhunderts üblich – zu töten: »Er weiß nicht mehr,
wie viele Kehlen es waren.« »Er hat ein ruhiges Gewissen.«[1]

Wenn »Der Dolch« Borges' Traum thematisiert, so »Andrés Armoa« den dazugehörigen Alptraum.

All die verschiedenen Messer, die er in seinen Texten thematisiert, sind für uns zwar Mordwaffen, für diejenigen jedoch, die sie ergreifen oder rühmen, sind sie ebenso »unschuldig« wie die Täter.[2] In der Erzählung »Juan Muraña« ersticht die greise Witwe des Titelhelden – des berüchtigtsten Messerstechers im Palermo der 1890er-Jahre – ihren Vermieter kurz vor der Zwangsräumung mit Juans Messer. Dem Erzähler, damals noch ein kleiner Junge, verrät sie, »daß es Juan war, der uns gerettet hat«. »Der Dolch war Muraña, er war der Tote, den sie immer noch anbetete.«[3] Das Messer als magischer Gegenstand, der den, der es mit Entschlossenheit ergreift, in ein Medium verwandelt. Übrigens schenkt Juans Witwe den Dolch dem kleinen Jungen – wie es der Vater von Homer in »Der Wortschöpfer« tut –, ein eindeutiges Vermächtnis.

»In gewisser Weise ist er ewig, der Dolch«, schreibt Borges,[4] in seinem Fortdauern sind all seine Taten gespeichert, und seine Macht wächst. Ganz ähnlich verhält es sich mit den Opferkesseln – gewissermaßen den Altären – in den afroamerikanischen Religionen, auch ihre Macht wächst mit jedem Blutstropfen, der für sie vergossen wird. »Du mußt es nicht glauben«, hatte mir ein Priester einmal augenzwinkernd versichert, als ich vor der dunklen Logik des Blutvergießens zurückschrecken wollte, damals, in Santiago de Cuba: »Hauptsache, es wirkt.«

Das ist sehr archaisch.

Und magisch ist es erst recht.

Nämlich auf unheimlich konkrete Weise. Während

gewisser Rituale erlebte ich Sachen, die ich mir mit dem gesunden Menschenverstand nicht mehr erklären konnte. Die Welt der afrokubanischen Religionen – der Santería, des Palo Monte, des Voodoo – läuft, vor allem in ihren Zauberpraktiken, auf einen magischen Realismus hinaus, der hinter der Fassade des vermeintlich »lebenslustigen« lateinamerikanischen Alltags ein unsichtbares Netz an Bezügen und Verweisen kennt und bei Bedarf mittels ritueller Beschwörung zum Leben erweckt. Diese verborgene Welt hinter der Alltagsfassade hat durchaus Parallelen zu dem, was die Philologie als »magischen Realismus« von Borges und anderen lateinamerikanischen Autoren zu fassen versucht. Vielleicht ist es kein Zufall, daß sich das magisch-realistische Erzählen so stark in einem Teil der Welt entfaltet hat, der bis heute von magischen Unterströmungen beherrscht wird – sofern man an sie glaubt.

Oder zumindest begleitet wird – sofern man den Glauben daran für überwunden halten möchte. Und selbst dann gilt dieser Satz ja weiterhin: »Du mußt nicht daran glauben …« An die Macht eines alten, bewährten, berühmten Zauberkessels. Beziehungsweise an die eines alten, bewährten, berühmten Messers. Hauptsache, es wirkt.

In meinem Fall fiel der Satz in einem verschwiegenen Hinterhof in Santiago de Cuba, es war am hellichten Tag und vielleicht gerade deshalb so beunruhigend. Im Fall von Borges schwingt der Satz in all seinen Messergeschichten und -gedichten mit, er markiert die dunkle Kehrseite dessen, was wir als strahlende Vorderseite in Geschichten wie »Das Aleph« oder »Der Zahir« verehren: zwei Seiten ein und desselben magischen Realismus. »Ich bin schrecklich abergläubisch«, bekennt Borges in einem Interview, »die Welt ist phantastisch und unergründlich und geheimnisvoll.« Indem er sich, wie so oft, auf De Quincey beruft, beschreibt er die Welt als lebenden Organismus, in dem alles mit allem zusammenhänge; selbst Dinge, die an sich weit voneinander entfernt seien, rückten unter diesem Blickwinkel nah zusammen.[5]

Genau so habe ich es von den Priestern der Santería und des Palo Monte gehört. Mit einem romantischen Mystizismus hat das nichts zu tun: Die Wirkung der Magie wird bei jedem Zauber einem Test unterzogen. Falls sie nicht funktionieren sollte, wird der Zauber in dieser Form ausgesondert. So werden die mächtigen Zauberkessel, jedenfalls für die Gemeinde der Gläubigen, immer mächtiger und mit ihnen ihre Priester und die Götter, mit deren Hilfe gezaubert wird. Von der magisch-pragmatischen Weltsicht ist es nur ein winziger Schritt zu sehr spezifisch eingesetzter Zauberei, mit der entfernte Dinge und Menschen in direkte Interaktion gebracht werden. Auch hier mitunter auf Leben und Tod.

Ich bin, im Gegensatz zu Borges, nicht abergläubisch. Aber während meiner Zeit in Kuba habe ich den Hochmut dessen, der von seiner Erziehung und Ausbildung mit einem naturwissenschaftlichen – nämlich *ausschließlich* auf naturwisschaftlichen Erklärungen und Theorien beruhenden – Weltbild ausgestattet wurde, schnell verloren. Möglich ist alles, habe ich mir seitdem in anderen Ländern immer wieder eingestehen müssen, ausgeschlossen gar nichts.

Auch in der Männer- und Messer-Welt von Borges ist der magische Realismus viel mehr als ein intellektuelles Spiel der Phantasie. Auf seiner dunklen Kehrseite herrscht blutiger Ernst, dort wirken Zauberkräfte, die mittels »unschuldiger« Medien töten können. So kenne ich es aus meiner Zeit in Kuba, so haben es mich die Priester insbesondere des Palo Monte gelehrt. Man kann es nicht glauben, man will es nicht glauben, man muß es nicht mal glauben. Hauptsache …

Und jetzt genug von Messern.

Die Liste

Es gibt ja noch andere »Werkzeuge«. Alberto Manguel überliefert eine Szene, in der ein Schriftsteller den blinden Borges besucht, um ihm eine Geschichte vorzulesen, die er ihm zu Ehren geschrieben hat. Natürlich geht es darin um Messerhelden und Ganoven: Als in deren Kneipe ein Polizeiinspektor auftaucht, händigen sie ihm, dem völlig Unbewaffneten, ihre Waffen aus. »Dann hob der Schriftsteller«, so Manguel, »mit Begeisterung an, sie aufzuzählen: ›Ein Dolch, zwei Revolver, eine Lederkeule …‹ Borges übernahm mit seiner tödlich monotonen Stimme: ›Drei Gewehre, eine Panzerfaust, eine kleine russische Kanone, fünf Krummsäbel, zwei Macheten, ein elendes Spielzeuggewehr …‹« Der Schriftsteller lacht gequält auf, doch Borges macht immer weiter: »›Drei Schleudern, ein Ziegelbrocken, eine Armbrust, fünf Streitäxte, ein Rammbock …‹ Der Schriftsteller stand auf und verabschiedete sich. Wir sahen ihn nie wieder.«[1]

Manguel sieht in der Szene die grausame Kehrseite von Borges' Sentimentalität und seiner ostentativen Sanftmut gegenüber anderen. Natürlich gefiel Borges die vorgetragene Geschichte nicht, und er sorgte auf brutale Weise für vorzeitige Beendigung des Vortrags. Dennoch vermute ich, daß beim Thema »Waffen« einfach sofort seine Phantasie ansprang, daß seine Aufzählung, wenngleich ironischer Natur, vor allem ein kreativer Akt war. »Eine Liste zu machen ist eine der ältesten Tätigkeiten des Dichters«;[2] viele seiner Gedichte entstanden auf diese Weise. Hinreißend zum Beispiel seine Sichtung der Hinterlassenschaften eines (kürzlich?) Verstorbenen auf einem Dachboden, »Inventar«: Von »Da ist ein ausgeleiertes Klappbett« bis zu »Da ist ein Schlüssel, der seine Tür verloren hat«, eine ganze Seite lang.[3] Es liegt auf der Hand, auch in der von Manguel überlieferten Aufzählung eine impulsive Stoffsammlung zu sehen.

Tatsächlich hat Borges ein Prosastück geschrieben, in dem er verschiedene Tatwaffen aufführt, mit denen historisch relevante Morde begangen wurden: die seidene Schlinge, Bajonette, Messer, Nägel, ein Ring mit Gift, der Schierlingsbecher, ein Stein und schließlich Kugeln verschiedener Schußwaffen. Er vertritt die Ansicht, daß es zwar unterschiedliche Waffen waren, die abgefeuerte Kugel aber ein und dieselbe: »Diese Kugel ist alt«, so beginnt der Text, die Kugel findet in entscheidenden Momenten der Welthistorie immer aufs neue ihr Opfer.

Nein, das ist nicht metaphorisch zu verstehen. Gefragt, ob seine Geschichten etwa Parabeln seien, als die sie viele Leser verstünden, wehrte Borges entschieden ab: »Nein, nein. Sie sind nicht als Parabeln gemeint. [...] Meine Absicht war es nie gewesen, Parabeln zu schreiben.«[4]

Und genausowenig geht es um die (platonische) Idee der Kugel, die hinter all ihren Erscheinungen steht.

Es geht um diese eine Kugel.

Was bei der Mythisierung berühmter Messer noch funktioniert, hier wird es arg abwegig. Und wenn Borges den Bogen von der ewigen Kugel zu all den anderen Mordwerkzeugen schlägt, wird es völlig abstrus: »Vorher war die Kugel andere Dinge, denn die pythagoreische Seelenwanderung ist nicht allein den Menschen eigen.«[5] Die Seele der Mordwaffe ist für ihn bei all den historisch relevanten Morden dieselbe – und die Serie beginnt immerhin bei Kain und Abel, geht über Sokrates und Christus weiter, bis sie – vorerst! wie Borges versichert – mit J. F. Kennedy ihr letztes Opfer gefunden hat.

Das Schwert und die Schlacht

Mit der Faszination für Messer ist Borges aufgewachsen, im Alter kam eine zweite Faszination dazu – für Schwerter. Es wäre ermüdend, all den einschlägigen Stellen hier nachzugehen. Die Denkfiguren, die Borges bei der Verherrlichung von Schwertern bemüht, entsprechen den bereits bekannten: Die »schöne Schlacht« ist das »Männer-«[1] beziehungsweise »Schwertgewirk«, das Schwert selbst der »rote Schwan«[2] und, aber ja, »der kürzeste Weg«.[3] Die, die das Schwert führen, haben »nur eine Pflicht: tapfer zu sein«.[4] Es geht ihnen um die »Sättigung«[5] mit Blut (»das rote Gold«)[6] und mit Ruhm, womöglich auch um einen Heldentod, der sie für immer unsterblich macht.

Es gibt ein Gedicht, das der Verherrlichung eines ganz bestimmten Schwerts gewidmet ist, analog zu denen auf ein ganz bestimmtes Messer, einen ganz bestimmten Dolch, einen ganz bestimmten Degen. Als ich darauf stieß – es firmiert unter dem harmlosen Titel »Fragment« –, war ich längst nicht mehr zu überraschen, es erschien mir selbstverständlich, daß sich Borges auch an dieser Waffe lyrisch abarbeiten mußte. Tat er es mit Blick auf das Messer des berühmten *compadrito* noch mit verhohlner Erregung, so steht er jetzt ganz offen zu seiner Bewunderung, nicht nur für das Schwert, wie es gerade geschmiedet wird, sondern vor allem für die Hand, die es in einigen Jahren führen wird: Die Fügung »Ein Schwert für die Hand ...« füllt in der zweiten (und letzten) Strophe sechs von insgesamt 14 Versen, ehe sie im Schlußvers kulminiert: »Ein Schwert für die Hand von Beowulf.«[7]

Das Dinggedicht als Heldengedicht – Beowulf ist eine Art skandinavischer Sigurd-Siegfried, der mehrere Drachen tötet und in seinem letzten Kampf den Heldentod findet.

»Die Wonne des Schwerts in der Schlacht« ist das eine. Der Krieger, der es führt, um zu erobern oder zu verteidigen, das andere. Borges denkt hier fast ausschließlich an Wikinger, Angelsachsen, Iren, sein Fundus sind Heldengedichte des frühen Mittelalters und die nordischen Sagen. Mit knapp sechzig lernte er noch Altenglisch, um die Texte im Original lesen zu können. Wie ihm Palermo, sein Stadtviertel in Buenos Aires, zur »Welt der Dolche« wurde,[8] so Northumbrien – heute die Grafschaft Northumberland an der Grenze zu Schottland – zur Welt der Schwerter. Seine »Vorliebe zu solch nordischer Vergangenheit« ist kein Zufall, sie hat einen biographischen Hintergrund:

»Ein [...] Faktor, der mich antrieb, war meine Abstammung. Es mag nichts als romantischer Aberglaube sein, aber die Tatsache, daß die Haslams [Borges' Großmutter väterlicherseits war Frances Haslam] in Northumbria und Mercia lebten – oder wie es heute heißt: Northumberland und Midlands –, verbindet mich vielleicht mit angelsächsischer oder dänischer Vergangenheit.«[9]

Das Erzählprinzip der entsprechenden Texte ist dasselbe wie bei seinen *Southern*: »Es wird nichts über die Gefühle der Figuren gesagt – ich habe das von den alten nordischen Sagen gelernt – die Idee, daß man [als Leser] einen Charakter an seinen Worten und Taten erkennen, aber [als Autor] nicht in seinen Schädel hineinblicken und sagen soll, was er denkt.«[10]

Was Metaphern und rhetorische Stilmittel betrifft, greift Borges in seinen Gedichten beherzt auf die Originale zurück. Insofern trifft das wohlwollende Urteil, das der König in der Geschichte »Spiegel und Maske« über den Heldengesang eines irischen Sängers fällt, auch auf Borges' Versuche in diesem Genre zu: »In dem ganzen Lobgesang gibt es kein Bild, das die Klassiker nicht benutzt hätten. Der Krieg ist das schöne Männergewirk, und das Schwertwasser ist das Blut.« Indem der König allerdings weiterlobt, verkehrt er sein Urteil ins Gegenteil: »Alles ist gut, und doch ist nichts geschehen. Das Blut schlägt nicht schneller in den Adern.«[11]

So empfand ich es auch. Keine von Borges' Geschichten über die alte Welt des Nordens ließ mein Herz höher schlagen. Auch mit ihnen reiht er sich bewußt in die Tradition der Sänger ein. Wer weiß, vielleicht wollte er nach dem Genre des *Southern* das des *Northern* gestalten? Nämlich als einer – ich variiere meine Vermutung –,[12] den das gebildete Publikum ernst nahm und der folglich jenen Typus an Erzählung salonfähig machen konnte, der als episches

Original vergessen war und bei anderen als Trivialliteratur zurückgewiesen worden wäre?

Versucht hat er es. Es fehlt diesen Texten jedoch das gewisse Etwas, das allein Erfahrung verleiht. Es ist Literatur, die das Angelesene neu belebt oder kombiniert, beim Lesen macht das einfach keine Freude. – Man mag einwenden, daß Borges ja auch keine seiner Messerstechergeschichten selbst erfahren, daß er nur von ihnen gehört hat. Aber eine Eins-zu-eins-Erfahrung meine ich auch gar nicht. Borges wuchs als Kind in einem Stadtviertel auf, wo derartige Geschichten passierten. Schon als Jugendlicher trieb er sich selbst, vor allem nachts, in diesen Vierteln herum. Er lernte die Schauplätze kennen, die Protagonisten, hörte unglaublich viele Geschichten von Messerstechereien, konnte sie vergleichen und ihren Wahrheitsgehalt abschätzen. Und nicht zuletzt erlebte er, Jahre später, einen spektakulären Mord aus nächster Nähe mit.[13]

Bei einer Englandreise Ende der sechziger Jahre zogen Borges in York »alte dänische Schwerter im Wikinger-Yorkshire-Zimmer des Museums«[14] in Bann. Seine Faszination hat er unter dem etwas irreführenden Titel »An ein Schwert in York Minster« (in dem de facto kein Wikingerschwert ist) zum Ausdruck gebracht: »In seinem Eisen überdauert der starke Mann«, im Gedicht kommt er aus Norwegen, und Borges scheut nicht davor zurück, seine Minderwertigkeitskomplexe in Sonettform zu bringen: »Ich bin ein Schatten im Schatten vor dem Krieger, / dessen Schatten hier ist. Ich bin ein Moment, / und der Moment ist Asche, nicht Diamant.«[15]

In seiner späten Erzählung »Ulrika« kommt sogar die Titelheldin ins Schwärmen: »Die wenigen armseligen Schwerter, die ich gestern in York Minster gesehen habe, haben mich tiefer bewegt als die großen Schiffe im Museum von Oslo.« Zufälligerweise habe auch ich die weltberühmten Wikingerschiffe in Oslo gesehen, sie haben mich tiefer bewegt als alle Schwerter zusammen, die mir in meinem Leben je unterkamen, und als Ulrika allemal. Ihre Behauptung ist per se schon absurd genug, und das dann auch noch aus dem Munde einer Feministin? Als allererste Bemerkung auf dem spontanen Spaziergang mit dem Ich-Erzähler, ungefragt und so, »als denke sie laut«?[16]

Es gibt viele schlechte Geschichten in Borges' Spätwerk. Aber »Ulrika«, über die ich mich ja schon an anderer Stelle gewundert habe, ist wirklich *erstaunlich* schlecht.

Mehr Barbaren, noch mehr Barbaren

Estela Canto, Borges' große Liebe und spätere Biographin, hat an seiner Begeisterung für nordische Krieger und die entsprechende Literatur kein gutes Haar gelassen: »Das Altenglisch, in dem diese Texte geschrieben sind, ist eine kehlige, steinige Sprache, die dem, der sie auszusprechen versucht, den Rachen verrenkt. [...] Was erzählt wird, ist knapp, präzise und in der Regel grausam. [...] Eine Schlacht jagt die nächste, und wir erleben das Aufeinandertreffen kleiner Gruppen, die keineswegs für eine Idee kämpfen; die Lust am Kämpfen scheint wichtiger als der jeweilige Anlaß. Ein Mann kämpft um des Kämpfens willen und Recht hat, wer gewinnt, selbst wenn er im Unrecht ist.«[1]

Oh, sie kämpfen sehr wohl um eine Idee! Es ist dieselbe Idee, die das Rittertum später mit den Begriffen »âventiure« und »êre« faßte. Dieselbe Idee, der von den Messerhelden der rosa Eckkneipen gehuldigt wird. Borges ist da ganz konsequent.

Daß er Barbaren nicht von vornherein verurteilte, wissen wir schon; daß er sie de facto bewunderte für eine Männlichkeit, die ihm versagt war, desgleichen. Wie bei der Schilderung von Messerkämpfen enthält er sich auch bei der Beschreibung von Schwertkämpfen jeder moralischen Bewertung: »Gestern tötete ich einen Mann in der Schlacht«, läßt er einen Angelsachsen nach dem Sieg über die Iren berichten: »Er wand sich am Boden und wurde eine Sache, / etwas für die Raben.« Kein Mitleid, keine Reue, im Gegenteil: Das Gedicht ist an die Frau des Getöteten gerichtet, die nun vergebens auf dessen Rückkehr wartet. Es endet herzlos: »Dein Bett ist kalt. / Gestern abend tötete ich einen Mann in Brunanburh.«[2]

Doch Barbar ist nicht unbedingt gleich Barbar: Anders als bei den Messerhelden, die nur für ihr eigenes Ego kämpfen, kämpfen die Krieger in einer Schlacht für ihr Vaterland, ihren König, ihren Anführer. Das ist sehr wohl eine Idee, eine ziemlich große sogar. Die Wikinger sieht Borges geradezu »getrieben von epischem Schicksal«,[3] sie haben eine Mission. Dieselbe Mission hat der Germanenführer Hengist. In Borges' Gedicht mit dem bezeichnend martialischen Titel »Hengist will Männer (449 AD)« ruft er Bauern und Fischer seines Landes zusammen, um England zu erobern und dort, als Volk der Angelsachsen, ein Weltreich zu begründen. Übrigens rechtfertigt sich Borges hier wieder als Sänger des epischen Schicksals: »Hengist will sie [die

Männer] (wird es aber nie wissen), *damit* ich diese Zeilen schreibe.«[4]

Was Borges faszinierte, abgesehen von der schieren Männlichkeit der Krieger, war die Tatsache, daß sie unter Einsatz ihres Lebens für die Idee der Eroberung (âventiure) kämpften – beziehungsweise für die Idee der Verteidigung der Heimat (êre) – und dadurch Geschichte machten. Mut hatten sie beide, Eroberer wie Verteidiger. Ihre Männlichkeit zeigten sie jedoch auf unterschiedliche Weise. Die einen als »Barbaren«, die aus der Fremde einfielen, brandschatzten, abschlachteten, versklavten. Die anderen als Verteidiger der Zivilisation. Die eine Männlichkeit, die aggressive, ist nicht männlicher als die andere, die den Aggressor abwehrt. Die eine beweist sich als Gewaltbereitschaft, die andere als Wehrhaftigkeit. Das erscheint mir ein erheblicher Unterschied. Auch im Hinblick darauf, was Männlichkeit heute bedeuten könnte. Ich fürchte, ohne Wehrhaftigkeit ist sie nicht zu haben.

Estela Canto empörte sich über das northumbrische Faible von Borges. Erstaunlicherweise empörte sie sich *nicht* über eine seiner Erzählungen, die in diesen Zusammenhang gehört und mir bedenklicher erscheint als alles, was er je über Schwert- und Messerhelden geschrieben hat. Als Leser muß man hier erst mal tief Luft holen, denn es spricht darin einer, der sich durch Gewalt gegen Wehrlose hervorgetan hat. Der Text kann also nichts über Männlichkeit aussagen – genaugenommen: über das Ideal der Männlichkeit –, denn Gewalt gegen Wehrlose ist das Gegenteil von »âventiure«, sie gilt als ehrlos, als unmännlich. Männlichkeit im klassischen Verständnis des Wortes erfordert einen gleichrangigen Gegner; fehlt er, ist Gewaltausübung verächtlich oder gar ein durch nichts zu beschönigendes Verbrechen: wie in Borges' Erzählung »Deutsches Requiem«, veröffentlicht in der Sammlung »Das Aleph« (1949), geschrieben also noch unter dem Eindruck des Zweiten Weltkriegs und des Zusammenbruchs von Nazi-Deutschland.

Borges bejubelte den Sieg der Alliierten. Aber das hinderte ihn nicht, sich in einen (stellvertretenden) KZ-Kommandanten zu versetzen und dessen Abschiedsbrief vor der Hinrichtung zu schreiben. Schließlich empfand er, Borges, »die deutsche Niederlage als irgendwie tragisch, weil wir hier das vielleicht gebildetste Volk Europas vor uns hatten«.[5] Der KZ-Kommandant möchte, daß man sein Handeln versteht und damit seine Überzeugung, der er noch als Verurteilter anhängt: »In mir ist keine Schuld.«[6] Töten ohne Reue, das kennen wir bereits aus der rosa Eckkneipe und der Pampa.

Nur hat es hier eine ganz andere, eine ungeheuerliche Dimension.

Der NS-Offizier ist, im Gegensatz zu Gauchos, *compadritos* und Kriegern, von geradezu professoraler Bildung. Ins Auge fällt, daß er für seine Gedankengänge Autoren ins Feld führt, die man aus Borges' engerem intellektuellen Kosmos kennt. In seiner Rechtfertigung beruft sich der KZ-Kommandant der Reihe nach auf die bekannten nationalsozialistischen Ideologeme, ich will sie hier nicht wiederholen. Wichtig ist nur der Satz: »Wir haben sie [die Welt] die Gewalt gelehrt *und den Glauben an das Schwert.*« Der KZ-Kommandant preist die Selbstzerstörung Deutschlands, weil sogar mit dessen Niederlage »eine neue Ordnung« errichtet werde und »eine unbarmherzige Epoche« anbreche. Deren erstes Opfer sei zwar Deutschland, aber: »Es zählt allein, daß die Gewalt regiert, nicht die sklavische

Zagheit des Christentums.« Übrigens geht er als Mann in den Tod: »Mein Fleisch mag Angst fühlen; ich nicht.«[7]

Ja, es ist Rollenprosa. Und zwar bis zum letzten Satz, an keiner Stelle greift ein übergeordneter Erzähler moralisierend ein. Es ist »kalt« erzählt, mit geradezu grausamer Kälte. Eben das macht ansonsten – unter anderem – Borges' Rang als Autor aus. »Ich hasse die Nazis, ich hasse die Antisemiten und so fort«, versichert er amerikanischen Studenten, die den Text gelesen haben, fügt allerdings im selben Satz an, »aber ich erlaube diesen Meinungen nicht, daß sie sich in meine Schriften einschleichen.«[8] Borges erklärt sich zum »Gegner einer littérature engagée«, und beruft sich dabei auf Kiplings Gedanken, »daß ein Schriftsteller gegen seinen eigenen moralischen Standpunkt schreiben können muß«.[9]

Nicht etwa nur: nicht vom eigenen Standpunkt aus, sondern sogar: dagegen. Aber ist das nicht auch nur eine Art littérature engagée, eben ex negativo, und in diesem Fall sogar eine ziemlich menschenverachtende? Es erscheint mir mindestens naiv von Borges, daß er die Erzählung überhaupt geschrieben hat. Seiner Rolle als Großintellektueller wird er darin jedenfalls nicht gerecht, im Gegenteil, mit Manguel könnten wir auch vom Verfasser des »Deutschen Requiems« als von einem »vorübergehenden Dummkopf« sprechen. Offensichtlich war Borges hier auch im übertragenen Sinne blind. Was würde geschehen, wenn heutige Eiferer den Text läsen?

Dabei steht der Satz, der in diesem Kontext am schwersten wiegt, gar nicht im Text selbst, sondern im »Epilog« zum Erzählband »Das Aleph«: »Niemand konnte so sehr wie ich das Tragische des deutschen Schicksals empfinden; ›Deutsches Requiem‹ sucht dieses Schicksal zu verstehen.«[10]

Hier spricht kein Erzähler-Ich, hier spricht Borges selbst. Ich habe meinerseits versucht zu verstehen, was ihn an Grausamkeit faszinierte, selbst noch in diesem Fall. Hier wird ja nicht nur auf irgendwelchen entlegenen Schlachtfeldern von ein paar wilden Kerlen Geschichte gemacht, hier wird – in Borges' Augen – eine neue Weltepoche eingeläutet. Aber ich bin immer wieder zu demselben Ergebnis gekommen: Daß sich Borges anheischig macht, wie kein anderer die Ideologie des Nationalsozialismus zu »verstehen«, ja, das »Tragische des deutschen Schicksals« nachzuempfinden, kommt in bedenkliche Nähe zu einer nachträglichen Rechtfertigung.

»Immer die Tapferkeit, immer der Sieg«

Kann es uns noch wundern, daß Borges selbst von den Eroberungszügen der Hunnen und Mongolen fasziniert war? Vom »Traum von Schwertern, den einst die Tataren träumten«?[1] In puncto Grausamkeit standen sie hinter Wikingern und Germanen weiß Gott nicht zurück. Natürlich sind sie »unschuldig wie Raubtiere«.[2] Und verweisen, als Reiter- und Steppenvolk, auf andere Krieger der Steppe, vor allem – so sieht es Borges – auf die Gauchos der argentinischen Pampa. Schon in »Evaristo Carriego« bringt er einige Episoden von argentinischen und mongolischen Reitern, die für ihn ein und dasselbe Naturell verkörpern:

> Wenn auch räumlich und zeitlich voneinander entfernt, sind die Geschichten, die ich zusammengestellt habe, doch nur eine; der Protagonist ewig, und der mürrische *peon* [der Gaucho] […] ist – wenn auch heruntergekom-

men – der gleiche wie der, der mit zwei Bogen, einem
Lasso aus Roßhaar und einem Krummsäbel beinahe das
älteste Reich der Welt mit den Hufen des Steppenpferdes
zerstört und ausgelöscht hätte.[3]

Die Gauchos als fernes Echo der mongolischen Krieger,
so schließt sich der Kreis. Borges' Sehnsucht nach einem
urtümlichen, einem archaischen bis barbarischen Männer-
tum – ob bei den Mongolen, den Gauchos, den nordischen
Recken der Frühzeit oder den Ganoven der Vorstadt – ist
die immergleiche. Die Erscheinungen wechseln, die dahin-
terstehende Idee bleibt dieselbe.

Wenn man berücksichtigt, daß die Gauchos – und Ver-
brecher aller Art einschließlich der Vorortganoven – im
Befreiungskrieg gegen die spanische Kolonialmacht, im
argentinischen Bürgerkrieg und in allen weiteren Kriegen,
die Argentinien im 19. Jahrhundert führte, bei den verschiedenen Parteien mitkämpften, ja wesentliche Teile der jeweiligen Armeen ausmachten, stimmt die Analogie ganz konkret. Borges verarbeitet die betreffenden Schlachten zwar
nicht in seinen Erzählungen, jedoch in zahlreichen Gedichten, mitunter schwelgt er hemmungslos in der kriegerischen
Vergangenheit Argentiniens: »Aus Eisen war der Morgen
[…]. / Danach kam der Krieg mit dem Spanier. / Immer die
Tapferkeit, immer der Sieg. / Brasilien. Der Tyrann. Die un-
gestüme / Geschichte. Immer Alles für das Ganze […]«.[4]

Ein bißchen simpel, oder?

Obwohl Borges ein Leben lang mit seinem Vaterland
haderte, insbesondere mit Perón und den Peronisten, und
sich gern seiner englischen Abstammung rühmte, hier zeigt
er sich als Patriot. Immer wieder tauchen in seinem Werk

dieselben Namen von Feldherren und Schlachten auf, und immer wieder kreisen auch diese Vignetten seines Männerkults um »die achtlose, harte Unschuld der Männer der Tat, beständige Gäste des Abenteuers«.[5] Borges ruft dem Leser mit Begeisterung in Erinnerung, wie einer dieser »Abenteurer« »Galauniform anlegte, wenn er in die Schlacht zog, und daß er, die Rechte ans Käppi erhoben, vor den ersten Kugeln […] salutierte«.[6]

»Die glücklichen Siege« sind das eine, »die kriegerischen Tode« das andere.[7] Selbst der Tod eines namenlosen Bauern aus der Provinz wird von Borges auf die bekannte Weise überhöht:

> Er hörte »Viva« und »Tod«,
> hörte das Geschrei der Leute.
> Selbst wollte er nur wissen, ob er
> tapfer wäre oder nicht.
>
> Er wußte es in dem Moment,
> als die Wunde in ihm klaffte.
> *Ich hab keine Angst gehabt*,
> sagte er sich, als er starb.
>
> Sein Tod war geheimer Sieg.
> Keinen sollte es verblüffen,
> daß mich dieses Mannes Schicksal
> mit Neid und mit Gram erfüllt.[8]

Mit Neid, natürlich. Borges selbst hat den Vers kursiviert, der den Mut des Gefallenen bekundet. Für ihn, Borges, gibt der Beweis der Tapferkeit einem an sich sinnlosen Tod einen Sinn. Doch für den Leser ist der immergleiche Logos ermüdend, schließlich ist er im Grunde nichts als hohles Pathos.

Verschiedene Formen des Muts

Hemingway machte kein Hehl daraus, daß er den Krieg mochte: »Bin sehr glücklich an der Front«, schrieb er während des Vormarschs der Alliierten in Frankreich;[1] er habe einen »schönen und wilden Tag des Jagens und Schießens« verbracht, schrieb er vom Vormarsch der Alliierten in Deutschland;[2] und »Krieg in den Bergen ist der schönste aller Kriege«.[3] Er beschwor zwar gern den Mut, räumte im Gegenzug aber auch diese oder jene Angst ein:[4] »Der Mutige stirbt vielleicht zweitausend Tode, wenn er intelligent ist. Er spricht nur nicht davon.«[5] Nach dem Tod in der Schlacht sehnt er sich ganz und gar nicht, seine Hauptfigur in »Wem die Stunde schlägt« »würde sehr gerne auf den Helden- oder Märtyrertod verzichten«.[6] Hemingway kennt »die atemlose, durch Angst geläuterte und läuternde Ekstase des Kampfes« wie deren zynisches Gegenteil, wenn die Gefühle nach sechs Monaten Krieg abgestumpft sind – »Im Kampfe verliert man sehr bald die Reinheit des Empfindens«.[7] Auch die Schuldgefühle vor und nach dem Töten sind ihm bekannt: »Machen große Worte die Sache akzeptabel? Machen sie das Morden schmackhafter?«[8] »Ich glaube, nach dem Krieg wird man für all das Morden irgendeine große Buße tun müssen [...], damit alle sich von dem Morden reinigen können.«[9]

Erst die große Lust (am Töten), dann die große Beichte (in Romanform) und die große Buße. Vor allem wurde Hemingway, wie überall, wo er sich *wirklich* auskannte – und da ist es egal, an welchen Kriegshandlungen er konkret teilnahm und wieviele Gegner er wirklich erschoß –, beim

Thema Angst und Mut sehr konkret: Die Angst im Gefecht trockne den Mund viel stärker aus als gewöhnlicher Durst.[10] Selbst der Mutigste sterbe nicht gern, »er fügte sich in den Tod, aber es war nicht besonders erfreulich«. Und wenn er ein weiteres Mal überlebt habe, kippe die »Furchtlosigkeit […], die oft kurz vor dem Kampf sich in ein wirkliches Glücksgefühl verwandelt«,[11] um in »eine verzweifelte Trauer, die der Soldat in Haß verwandelt, damit er weiter Soldat bleiben kann«.[12]

»Tod am Nachmittag«, Hemingways Essay zum spanischen Stierkampf, kann geradezu als Studie über Tapferkeit, Stolz und Todesverachtung gelesen werden: »Spanien ist das Land der Ehre.«[13] Oberstes Gebot für einen Spanier sei es, »keine Feigheit zu zeigen. Wenn die einmal gezeigt worden ist, wirklich und unmißverständlich gezeigt, ist die Ehre verloren.«[14] Das heißt nicht, daß man nicht – vorübergehend oder immer mal wieder – Angst haben dürfe: »Fast alle Stierkämpfer sind tapfer, und dennoch haben fast alle Stierkämpfer in irgendeinem Augenblick, ehe der Kampf losgeht, Angst.«[15] Es gebe angeborene und erworbene Tapferkeit, im Kampf sehe Tapferkeit dann bei jedem andern aus und sei anders zu bewerten.«[16]

Von gewissen Tricks der Matadore, die Mut nur darstellen, also eigentlich vorspiegeln wollten, ließ sich Hemingway nicht täuschen. Vom Gegenteil allerdings auch nicht: Über einen der Stierkämpfer schreibt er, »er war sehr tapfer, aber er legte seine Tapferkeit wie mit einer Kelle auf. Es war so, als ob er Ihnen ständig die Menge von Haar auf seiner Brust zeigte oder wie seine intimeren Körperteile aussehen. Das ist nicht die Aufgabe der Tapferkeit beim Stierkampf.« Bei einem anderen Matador moniert er »seine halb hysterische Tapferkeit, mit der kein kühler Mut an Intensität wetteifern könnte«. Über den Mut eines dritten bemerkt er: »Es war eine seltsame Tapferkeit. Sie entflammte einen niemals; sie war nicht ansteckend.«[17]

Es scheint, daß sich jeder seine eigene Form von Tapferkeit erwerben muß. Die freilich wieder verlorengehen kann. Obwohl ursprünglich mutig, so Hemingway, werde ein Stierkämpfer oft feige, nachdem er ein erstes Mal richtig auf die Hörner genommen wurde, »und ehe nicht der Matador diese erste schwere Verletzung hinter sich hat, kann man nicht sagen, wie hoch er auf Dauer zu bewerten ist«.[18] Wichtigstes Anzeichen eines fortgesetzten Mutes sei es, wenn der Matador weiterhin Ruhe bewahrt und die Beine geschlossen hält, sobald der Stier angreift. Im übrigen treffe dasselbe auf die tapfersten Kampfstiere zu, sie würden keinesfalls brüllen, den Boden stampfen oder mit den Hörnern drohen – das sei alles nur Bluff –, sondern ruhig und reglos auf ihre Chance lauern.[19]

Das ist der Unterschied zwischen Hemingway und Borges: Hemingway hat seinen Mut unter Beweis gestellt – wie oft, tut nichts zur Sache – und blickt deshalb auch bei anderen genau hin. Er weiß Mut von Mut zu unterscheiden und begnügt sich nie mit pauschalen Etikettierungen. Borges spricht weit öfter von Mut als Hemingway, weiß de facto aber nur wenig darüber aus eigener Anschauung und das meiste vom Hörensagen oder aus Büchern. Überrraschend für mich war bei der Lektüre, daß dieser Erfahrungsmangel seinen Texten keinen Abbruch tut. Normalerweise schätze ich literarische Phantasie umso höher, je mehr sie auf konkreten Erfahrungen basiert. Dadurch werden die entsprechenden Texte in ihrer Haltung – ihrem Welt- und Menschenbild – für mich beglaubigt. Aber es gibt immer wieder Ausnahmen, und Borges ist eine davon. Seine Geschichten im Genre *Southern* und seine *Stories von der rosa Ecke* habe ich sogar mit größerer Spannung gelesen als die Kurzgeschichten von Hemingway.

Episches Schicksal

Lediglich an einer Stelle wartet Borges in puncto Mut mit einem neuen Gedanken auf. Im Rahmen eines »Totengesprächs« rühmt sich der eine seines Heldentods als Feldherr im argentinischen Bürgerkrieg und wirft dem andern, einem argentinischen Präsidenten, vor: »Im Jahr 1852 hat Ihnen das Schicksal in seiner Großmut, oder weil es Sie bis auf den Grund ausloten wollte, die Chance des Mannestodes in einer Schlacht angeboten. Sie haben sich dieser Gabe als unwürdig erwiesen, weil Kampf und Blut Ihnen angst machten.« Der andere, der seinen Gesprächspartner bereits als Romantiker abgetan hat, kontert zynisch: »Ich brauchte nicht tapfer zu sein. Es war eines meiner Kunststückchen […], dafür zu sorgen, daß andere Männer, tapferer als ich, für mich gekämpft haben und für mich gestorben sind.« Und dann setzt er noch einen drauf: »Mut ist eine Frage der Ausdauer.«[1]

Ein bemerkenswerter Schlagabtausch, gewiß als inneres Zwiegespräch von Borges selbst geführt. Als Intellektueller wußte er um die Schwachstellen seines Männlichkeitskonzepts. Ausdauer als eine Form des Muts, das klingt interessant – *und* intellektuell. Unbedingt richtig ist es damit nicht. Ausdauer, also hartnäckige Zielverfolgung, ist für Verhaltensforscher das einzige, was den Menschen vom Menschenaffen unterscheidet.[2] Auch Schimpansen führen Kriege gegeneinander, oft über lange Zeit. Aber sie stecken sich und ihrer Gruppe keine Ziele, die Jahre oder Jahrzehnte entfernt sind. Das nämlich ist eine möglicherweise intellektuelle *Entscheidung*, mit Mut hat sie höchstens am Rande zu tun. Und damit wären wir wieder einmal bei der anderen Seite von Borges, beim *Intellektuellen* Borges, der sich mit dieser sentenzhaften These vielleicht eine eigne Form von Mut zusprechen will. Überzeugt hat es ihn wohl selber nicht. Er, der so beharrlich seine zentralen Gedanken in den verschiedensten Texten wiederholte, hat die Idee vom Mut als Ausdauer kein zweites Mal thematisiert.

Hingegen Dutzende Male die *un*intellektuelle, traditionelle Idee vom Mut als Todesmut in der Schlacht. Die Todesahnung des großen einzelnen wird dabei »geheimer Jubel. Endlich treffe ich / auf mein südamerikanisches Schicksal«. So läßt Borges seinen eigenen Großgroßgroßonkel schwärmen; und weil er ihn als Identifikationsfigur sieht, legt er ihm sein ureigenes Bekenntnis in den Mund: »Ich, der ich ein andrer sein wollte« ... Hier allerdings in umgekehrter Denkrichtung: Borges wäre gern ein Krieger und Kämpfer gewesen, seiner Ahnen würdig. Sein Großgroßgroßonkel dagegen wäre gern der Jurist geblieben, der er ursprünglich war, bevor ihn die Umstände in Kampf und Gewalt trieben. Wieder spielt Borges die beiden Sphären, die archaische und die intellektuelle, gegeneinander aus und rückt sie gleichzeitig näher aneinander. Lebhaft stellt er sich vor, mit welcher Begeisterung der ferne Verwandte, besiegt im Kampf, seiner eigenen Ermordung entgegenfiebert:

»Der Kreis schließt sich. Ich warte, daß es sei. / […] Der
erste Hieb, / das erste Eisen, das die Brust mir aufreißt, /
das engvertraute Messer in der Kehle.«[3]

Ist das nicht schon Männlichkeits*kitsch*?

Eine unreflektierte Gewaltverherrlichung ist es jedenfalls
nicht. Sondern eine hoch reflektierte, das kommt erschwe-
rend dazu.

Auffallend oft sind die Helden dieser Gedichte Borges'
ganz konkrete Vorfahren: Einem seiner Urgroßväter – »Er
dehnte seinen Mut über die Anden aus« – schrieb er schon
als junger Mann eine »Grabinschrift«.[4] Über die Todes-
gelassenheit seines Großvaters väterlicherseits – »er ist in
seinem Alltag, in der Schlacht« – verfaßte er gleichfalls ein
Gedicht,[5] in einem weiteren identifiziert er sich mit ihm auf
die bekannte Weise: »Ich bin, doch bin ich auch dieser andere, Tote, / der andre meines Bluts und meines Namens.«[6]
Den Großvater mütterlicherseits, der im Krankenbett an
einer »Lungenkrankheit« starb, läßt er am Tage seines Todes zumindest von einer imaginären Schlacht *träumen*, in
der er fällt.[7]

Man zwickt sich in den Arm, muß aber feststellen, daß
man durchaus wach war.

Borges hat über seine Vorfahren noch viel mehr geschrieben. Viel mehr und doch immer wieder das gleiche.
»Einer kämpfte gegen die Spanier, / ein andrer erschöpfte in
Paraguay seinen Degen«;[8] letzterer wird in einem weiteren
Gedicht, »Das Los des Degens«, ausführlich gewürdigt, einschließlich der »beiden Kugeln, die den Mann durchbohr-
ten«: »Gott gab dem Degen Glanz […]. / Gott gab ihm das
Epos. Und er war tot.«[9] Der Degen des altvorderen Borges
ist fast schon ein Schwert, sein Träger ein Held, der fürs Va-

terland fällt – und dadurch sein individuelles Schicksal mit einem viel größeren verknüpft: mit der aus der Ferne fast schon wie eine Sage anmutenden Historie seines Vaterlands, mit dem *Epos* seines Vaterlands. Das ist das epische Schicksal, das sich Borges zeitlebens auch für sich erträumt hat.

Sehnsucht nach heldenhafter Selbstüberhöhung in der Schlacht, verbunden mit Nationalismus und Patriotismus, ist eine Melange, die zu Lebzeiten Borges' in zwei verhängnisvolle Weltkriege geführt hat. Er scheint das hartnäckig ausgeblendet oder billigend in Kauf genommen zu haben, jedenfalls ist er in seiner Begeisterung für Schlacht und Heldentod keinesfalls nur »vorübergehend ein Dummkopf«.

»Er entstammte einem Geschlecht von Militärs und sehnte sich nach dem epischen Schicksal seiner Vorfahren.« So Borges in dem bereits erwähnten Lexikonartikel über sich selbst.[10] Im »Autobiographischen Essay« führt er diese und – abgesehen von Vater und Mutter – *nur* diese heroischen Vorfahren ausführlich an: den Großvater Borges, der 1870 eine Stadt gegen die Gaucho-Miliz verteidigte und durch die aufflammende Liebe der nachmaligen Großmutter noch selbigen Abends belohnt wurde; einen Urgroßvater mütterlicherseits, der 1824 die schlachtentscheidende Attacke gegen die Spanier im Unabhängigkeitskrieg anführte; einen weiteren Vorfahren mütterlicherseits, ebenjenen Besitzer des Degens, »der 1816 die Unabhängigkeit der argentinischen Konföderation erklärte und 1829 in einem Bürgerkrieg fiel«.[11]

So geht es seitenlang.

Der Heimatdichter als Familiendichter als Nationaldichter. Estela Canto mokiert sich über Borges' übertriebenen Ahnenkult, auch in ihrer Familie gebe es derartige

Vorfahren, sogar reichlich, ja im Grunde in jeder südamerikanischen Familie.[12] Sie verkennt jedoch – oder erwähnt
zumindest nicht –, daß sich Borges vor allem deshalb so bemüht an die Reihe seiner Vorfahren anschloß, damit deren
Männlichkeit auf ihn abstrahlte. Im »Autobiographischen
Essay« resümiert er: »So finde ich auf beiden Seiten meiner
Familie Militärs als Vorfahren; dies mag meine Sehnsucht
nach epischem Schicksal erklären.«[13]

Die ewige Wiederkehr des Gleichen auch hier, strapaziös
und ein bißchen peinlich. Tatsächlich hätte ich noch viel
mehr Zitate anführen können, mit denen nur immer wieder dasselbe belegt worden wäre.[14] Ein gewisses Quantum,
glaube ich, muß sein. Hätte ich nur einige wenige Stellen
genannt, würden sie bestimmt vom einen oder andern sofort mit dem Argument weggewischt, das seien Einzelfälle
und würden nichts besagen, abgesehen davon sei Borges
durchaus der magische Erzähler, als der er weltweit gelte,
und in seinen Essays ein geradezu geheimnisvoll gescheiter
Gelehrter. Ich fürchte, erst das schiere Quantum an Text-
stellen, in denen sich Borges als ein gnadenloser (in ganz
anderem Sinn magischer) Realist und als ein erschütternd
simpel strukturierter Mann erweist (oder vielmehr erweisen will), widerlegt diesen Einwand.

Geschichte machen ...

Was Borges seine »Sehnsucht nach epischem Schicksal«
nennt, heißt bei Hemingway »Geschichte machen«. Der
eine träumt davon, der andre macht es tatsächlich – natürlich

nur als Teil eines Ereignisses, bei dem Geschichte gemacht wird. Die Ausgangslage ist dabei die gleiche, Hemingway schwärmt zum Beispiel von der »untadeligen Tapferkeit« seines Chauffeurs im belagerten Madrid während des Spanischen Bürgerkriegs,[1] rühmt eine gewisse »Sorte Spanier«, weil sie »eisern« seien und »keine Angst vor dem Sterben« hätten.[2] Über den Krieg, den er als Korrespondent auf Seiten der Republikaner erlebte, schreibt er: »In diesem Krieg gibt's keine Orden [...]. Die Wunden sind die einzige Auszeichnung.«[3]

Tapferkeit und Todesverachtung. Doch anders als Borges verherrlicht er sie nicht, im Gegenteil, die Protagonisten von »Wem die Stunde schlägt« oder »In einem andern Land« sind des Spanischen Bürger- beziehungsweise Ersten Weltkriegs überdrüssig und wollen keinesfalls für den Sieg sterben: »Manchmal habe ich alles satt. Alles, euch und mich und den Krieg«, sagt der Ich-Erzähler von »Wem die Stunde schlägt«, und kurz vor dem Kampf denkt er: »Ich möchte gern noch lange leben, statt heute zu sterben.«[4] »Mich verwirrten immer Worte wie heilig, ruhmreich und Opfer«, sagt der Ich-Erzähler von »In einem andern Land«: »Es gab viele Worte, die man nicht mit anhören konnte, so daß es etwas bedeutete. Abstrakte Worte wie Ruhm, Ehre, Mut oder heilig waren obszön neben konkreten Namen von Dörfern, Nummern von Straßen, Namen von Flüssen, Nummern von Regimentern und Daten.«[5] Auch im Spanischen Bürgerkrieg dominiert unter den Partisanen die Skepsis, hat man Angst vor dem Tod und hält Offensiven der einen wie Gegenoffensiven der anderen gleichermaßen für »Dummheiten«: »In diesem Krieg herrscht ein grenzenloser Blödsinn.«[6]

Hemingway spart die Exzesse der Grausamkeit im Krieg nicht aus,[7] und auch er selbst sehnt sich keinesfalls nach dem Tod in der Schlacht. Anläßlich der voreiligen Nachrufe auf ihn nach seinem Flugzeugabsturz 1954, in denen er häufig zu lesen bekam, »daß ich mein Leben lang den Tod gesucht hätte«, stellt er richtig: »In der Nähe des Todes leben, um ungefähr herauszubekommen, was das ist, ist etwas anderes, als ihn suchen.« Er habe den Tod »studiert wie eine schöne Hure, die Sie schlaflos machen konnte, für immer«, sei ihm aber eben deshalb immer »so schlau wie möglich aus dem Weg« gegangen.[8]

Solange man nur davon träumen muß, kann man sich den Heldentod prächtig ausmalen. Sobald er in unmittelbare Nähe rückt, setzt man alles daran, ihn zu vermeiden. Borges' *Southern*, seine *Geschichten von der rosa Ecke* sind und bleiben für mich großartig. Sobald er jedoch seinen eignen Kult um Waffen und Waffengänge betreibt, wird er für mich schnell unerträglich.

Im übrigen hatte Hemingway sehr wohl Bekanntschaft mit dem Tod gemacht. Im Ersten Weltkrieg wurde er bei einem Artillerieangriff schwer verwundet, er hätte dabei sterben können. Daß er sich brüstete, seinerseits zahlreiche Menschen erschossen zu haben, ist ja bereits erwähnt. »Töten ist, was ich kenne und woran ich glaube. Oder besser, ich glaube nicht daran, aber ich tue es. Übung macht den Meister« – so steht es in einem seiner (Prosa-)Gedichte,[9] und auch das klingt herzlos. Entsprechend zynisch bezeichnet er den Vormarsch der Alliierten gegen die Deutschen 1944 als »Rattenjagd«, das Wort fällt öfter, es gefiel ihm.[10]

Und weil der Vormarsch bekanntlich, als Teil der alliierten Schlußoffensive, das Ende des Zweiten Weltkriegs herbeiführte, schrieb er 1944 zwar zunächst noch: »Keiner konnte die Tage auseinanderhalten, und wir merkten nichts von der Geschichte, die jeden Tag geschah.« Dann jedoch, als sich die Zeichen des deutschen Rückzugs am Wegesrand mehrten und damit des bevorstehenden Siegs: »Und da waren wir jetzt Geschichte.« Wenig später schlägt der Modus vom Passiven ins Aktive: »Meistens war Geschichte das, wo wir hinwollten und hinkamen, pünktlich, um dort zu warten, daß die anderen aufschlossen.«[11]

Hemingway, wenngleich wohl nicht unbedingt an vorderster Front und »nur« als Kriegsreporter, *machte* Geschichte, während sich Borges allein durch seine Lektüren in sie hineinversetzte. Vor allem studierte Hemingway *als Schriftsteller* den Krieg, »den ganzen Krieg«, wie man ihm 1941 in einem Zeitungsartikel zugestand.[12] Studierte ihn einschließlich der schmutzigen Erregung, »die einen in der Schlacht packt«.[13] Das ist der entscheidende Unterschied zu Borges. »Tagträume hab ich nie gehabt«, zitiert sein deutscher Übersetzer eine der Prahlereien Hemingways, und er beeilt sich, anzufügen, daß der trotzdem nicht der »professionelle Sieger« war, als den ihn viele sehen wollen.[14] Ein *Macher* war er allerdings schon! Einer, der als Reporter wie als Erzähler den Ort des geschilderten Geschehens sehr genau kannte, auch wenn man seine aktive Rolle in diesem Geschehen großteils der Legendenbildung zurechnen muß. Mit Blick auf Hemingway erscheint es seltsam, daß sich Borges, für den Träumen »sein Leben lang nach dem Lesen immer an zweiter Stelle stand«,[15] im Titel einer seiner Gedichtbände als »Der Macher« bezeichnet.[16] Schon klar, als intellektueller Macher von Gedichten. Und von Geschich*ten*, nicht von Geschichte.

Abgesehen natürlich von der Literaturgeschichte. Aber die rangierte in Borges' Sehnsüchten, wenn überhaupt, weit hinter seinem Traum von Heldentat und -tod. Wie eine direkte Abgrenzung von ihm und seinesgleichen liest sich Hemingways »Gedicht, 1928«. Er beschwört darin ein »wir«, betont als allererstes auch hier: »Aber wir, / Die wir andere Menschen töteten, / in fremden Kriegen kämpften, / Unsere Freunde begruben«, führt dann vieles weitere auf, was »wir« (an »âventiure« oder »minne«) erlebten, um schließlich auszuholen:

> Wir besitzen etwas, das uns kein [Zeitungs-]Artikel
> wegnehmen kann,
> Auch nicht vernichtet werden kann durch
> die gemeinsame Kritik von Professoren.
> Die Ordnungssucher werden finden, daß es eine gewisse
> Disziplin gibt in der Übernahme von Erfahrung.
> Mögen sie, es ist so.
> Sie finden selten etwas heraus, was sie nicht in
> Büchern oder Artikeln lesen können«.[17]

Der zentrale Begriff, den Hemingway hier für seine Literatur ins Feld führt, ist »Erfahrung«. Im englischen Original ist von »acceptance of experience« die Rede, also weniger von bloßer »Übernahme von Erfahrung«, sondern von billigender Inkaufnahme, zustimmender Annahme, grundsätzlicher Akzeptanz derselben – als Basis einer Literatur, die übers rein Literarische hinausweisen und ein tatsächliches Abbild der Welt erschaffen will. Genau dies, das Spezifische, macht ein Buch einmalig, die authentische Erfahrung eines Schriftstellers, seine persönlichen Beobachtungen und die damit verknüpften Anschauungen.

Vielleicht hat Borges auch deshalb alles Ausschmückende aus seinen Geschichten verbannt, sobald er »direkt« erzählen wollte – aus einem Defizit heraus (und nicht aus Überfülle wie etwa Hemingway)? Alles, was den Geschichten eine unverwechselbare Atmosphäre gegeben hätte, weil er's mangels Erfahrung ja nie überzeugend, also letztlich hieb- und stichfest, hätte erfinden können? Wir wissen, daß er ab Mitte fünfzig blind war; aber kann das als Begründung bemüht werden? Womöglich, um einen Autor wie Hemingway ihm gegenüber sogar abzuwerten, weil er eben »nur« Erfahrungen zu Papier gebracht habe, einer wie Borges hingegen eine rein aus sich selbst geschöpfte Vision? So ließe sich die Literatur eines Tagträumers als Werk der Phantasie rechtfertigen, wenn nicht gar als Ausdruck eines Originalgenies preisen. Wohingegen das Lob eines realistischen Textes immer Gefahr läuft, anhand akribischer Überprüfung irgendwelche Unstimmigkeiten einräumen und damit Abstriche am Gesamteindruck hinnehmen zu müssen.

Die berühmte Ohrensesselperspektive dessen, der Ohrensesselliteratur von Ohrensesselbewohnern als Leser im Ohrensessel goutiert, ohne Rekurs auf die reale Welt und entsprechende Ansprüche an Erkenntnis.

Oder wie kann ich an diesem Punkt Borges retten? Welche Erfahrungen hat er gemacht?

... oder Fußnägel schneiden

Konkrete Erfahrungen in der wirklichen Wirklichkeit machte er tatsächlich wenige. Auch wenn er im Alter zahlreiche Lese- und Vortragsreisen in die verschiedensten Länder unternahm, was konnte er als Blinder noch wahrnehmen? Das stimmt und ist doch wohlfeil. Schon der junge Borges macht in seinem zweiten Gedichtband – als er publiziert wurde, war er 25 – »das Bekenntnis meiner Armut: / Ich habe sie nicht betrachtet, Flüsse, Meer und Gebirge, / sondern war durchtränkt vom Licht von Buenos Aires, / und ich schmiede die Verse meines Lebens und Todes mit diesem Straßenlicht. / Große nachsichtige Straße, / du bist die einzige Musik, die mein Leben kennt.«

Oja, er spricht von der »Straße mit rosa Ladenschänke«.[1] Die kannte er wirklich, jedenfalls soweit es ihm möglich war. Buenos Aires war seine Stadt, Palermo sein Stadtteil, seine Welt. Deshalb sind die betreffenden Texte ja so packend, man merkt die zugrundeliegende Erfahrung als Leser sofort. Daß er auf eine großartige Weise ein Heimatdichter ist, habe ich ja schon gesagt.

Das war es dann aber auch fast schon, was Borges von der Welt mitbekam, intensiv mitbekam – ein erneuter Vergleich mit Kafka läge hier auf der Hand – und worauf er als seinen genuinen Erfahrungsschatz literarisch ein Leben lang zurückgreifen konnte. Abgesehen natürlich von der Welt der Literatur! Hier sammelte er als Leser umso umfangreicher Erfahrung – sicherlich die Basis für jeden Schriftsteller, um zu seiner eigenen Sprache, seinen eigenen Themen zu finden.

Dennoch, Welthaltigkeit ist etwas anderes als Belesenheit und läßt sich eher in den Texten anderer Autoren finden. Wenn der Mangel an Erfahrung allerdings so umfassend ausfällt, daß er geradezu systemisch für einen Schriftsteller wird und sein Werk, gewinnt er wieder eine eigene Glaubwürdigkeit – auch die gewaltige Abwesenheit von Erfahrung ist eine Erfahrung. Borges schreibt ex negativo über Männlichkeit. Er kommt nicht aus dem schwadronierenden Ungewissen der Vermutung, sondern aus der überscharf ausgeleuchteten Leere zu ähnlichen Ansichten wie Hemingway.

Wenn er sich immer mal wieder versichert: »O Schicksal von Borges, / die verschiedenen Meere der Welt befahren zu haben / […] / und nichts gesehen zu haben, oder fast nichts«,[2] so schwingt darin zwar eine gewisse Wehmut mit, aber es ist trotz allem ein selbstgewähltes Schicksal: »Wenig ist mir widerfahren, aber viel habe ich gelesen.« Kein Wort der Klage über seine Erblindung! Im Gegenteil: Zwischen 1927 und 1954 ertrug er acht Operationen am Grauen Star,[3] er hatte miterlebt, wie seine Großmutter und sein Vater erblindeten und nahm es in bewundernswerter Souveränität als sein Schicksal an. *Das* war seine Tapferkeit! Der eben zitierte Satz geht entsprechend selbstbewußt weiter: »Wenig ist mir widerfahren, aber viel habe ich gelesen. Besser gesagt: Wenig ist mir begegnet, was in höherem Maße der Erinnerung wert gewesen wäre als Schopenhauers Denken oder Englands Wortmusik.«[4]

Sein Leben in der Bibliothek ist von Kindheit an ein bewußt gewähltes. Statt die wirkliche Wirklichkeit in all ihren Facetten zu erkunden, »träumt er [lieber] von vagen Dingen, die er nicht kennt«, »ewig am Vorabend des

Abenteuers«.⁵ Mit dem Gedanken, daß ohnehin das Leben ein Traum sei, also auch sein eigenes nur »eine Chronik von Träumen«,⁶ läßt sich Stubenhockerei glänzend rechtfertigen.

Wer am Ende *schöner* geträumt hat, derjenige, der in die Welt hinausgeht beziehungsweise darin schlafwandelt, oder der, der sich die Bibliothek zu seiner Traumwelt erklärt und darin mit wachem Blick von einem Reich der Phantasie zum nächsten voranschreitet, mag in jedem einzelnen Lebensschicksal neu entschieden werden. Wenn es jedoch um die *Beurteilung* der Welt geht oder, wie hier, von Männlichkeit, halte ich Borges' Art der Selbstrechtfertigung für einen raffinierten und am Ende gefährlichen Sophismus.

Aber Borges wäre nicht Borges, wenn er den Gedanken nicht noch eine Umdrehung weiter gedacht hätte. Als er von Studenten nach seinen *Southern* befragt wird, gibt er zunächst zu, daß er im Vergleich zu seinen kämpferischen Vorfahren »ein sehr zahmes Leben führe«. Dann fährt er fort: »Aber in Wirklichkeit tue ich das gar nicht, denn schließlich mögen sie all diese Dinge durchlebt und nicht empfunden haben, während ich ein sehr zurückgezogenes Leben führe und sie empfinde, und das ist eine andere Art, sie zu durchleben – vielleicht, was mich betrifft, eine tiefere.«⁷

Im Klartext: Borges maßt sich an, das männliche Leben seiner Vorfahren deutlicher, womöglich sogar tiefer nachzuempfinden, als sie es selber empfunden haben. Das ist schon perfide. Und entwaffnend. Auch geträumte Schmerzen sind Schmerzen! Auch nachvollzogene Abenteuer sind Abenteuer! Es kommt ja nur auf die Tiefe der Empfindungen an, nicht darauf, wodurch sie ausgelöst wurden.

Wirklich? Tatsächlich könnte man Borges' Bekenntnis mit Freuds Begriff der »Gefühlserbschaft« untermauern. Daß Gewalterfahrungen und Traumata vererbt werden, also über Generationen hinweg immer wieder aufs neue bewältigt werden müssen, hat die moderne Psychologie nachgewiesen, Stichwort »transgenerationale Weitergabe«.

Andrerseits hat Estela Canto ja leicht spöttisch darauf hingewiesen, daß quasi in jeder argentinischen Familie derartige Erinnerungen gepflegt werden.[8] Ob man im Fall von Borges also überhaupt von einer Erschütterung sprechen kann und nicht doch eher von einer Sehnsucht, sei dahingestellt. Als Sammler von Phantomerfahrungen hat er sich mit seiner Argumentation, jedenfalls mir gegenüber, das Recht zurückerobert, über Männlichkeit zu schreiben, Männlichkeit literarisch in Szene zu setzen. Die Tiefe seiner Empfindungen steht außer Frage. Sein Erfahrungsmangel ist so groß wie der Erfahrungsschatz bei Hemingway. Wo der eine aus detaillierter Kenntnis heraus über Mut, Schlacht, Töten schreibt, tut es der andere aus einer ebenso umfassenden Unkenntnis heraus. Aus der er, jedenfalls behauptet er das, dieselbe Intensität der Gefühle und Überzeugungen gewinnt. Er selbst würde vermutlich sogar behaupten: eine größere als Hemingway.

Und tatsächlich schreibt der, im Verhältnis zu Borges' Maßlosigkeit, deutlich verhaltener. Je mehr man als Schriftsteller an Erfahrung gewinnt, desto komplizierter wird alles. Auch Männlichkeit. »Die komplizierteste Frage ist das Leben eines Mannes«, schreibt Hemingway, »das weiß ich, seit ich einer bin.« Er fährt im übrigen fort: »Ich zweifle nicht daran, daß auch das Leben einer Frau sehr kompliziert ist, wenn sie etwas auf sich hält.« Nur wenn sie etwas auf sich hält? Und wenige Zeilen später: »Ich war infolgedessen immer der Ansicht, daß es leichter sei, ein Mann als eine Frau zu sein, deren Forderungen an sich selber unverrückbar sind wie die, mit denen ein Mann lebt.«[9] Unverrückbare Forderungen! An Weiblichkeit wie an Männlichkeit. An dieser Stelle bricht Hemingway ab und geht schlafen, jedenfalls schreibt er das. Er träumt von einer schönen Löwin, die seine Braut wird – so formuliert er es – und für ihn auf die Jagd geht ...

Das Leben eines Mannes wird nicht unkomplizierter, wenn er träumt.

Männlichkeit, das ist keinesfalls bloß Mut oder Feigheit, keinesfalls bloß ein alter, archaischer Ehrbegriff oder ein neuer, zeitgemäßer Problembegriff. Dazwischen liegt die ganze Bandbreite an Möglichkeiten, und jeder einzelne Mann muß heute für sich herausbekommen, wo er sich zwischen den beiden Extremen sehen will und wo auf gar keinen Fall.

Solche Relativierungen kennt Borges nicht. Es fehlt ihm ja jedes konkrete Maß. Und damit ein gewisser Gleichmut. All seine Gedichte und Erzählungen, die dem Thema Männlichkeit gelten, sind aus einer inneren Not geboren. Diese lebenslange Not *ist* eine Erfahrung, eine ziemlich radikale sogar.

»Sie entschlüsselten ferne Staubwolken«, schreibt er mit Blick auf das rauhe soldatische Leben seiner Vorfahren, »ich bin ein Ortsbewohner und weiß nichts mehr von diesen Dingen.«[10] Mag sein, daß er damit sein Vaterproblem auf mehrere Vorväter verteilt. An der Seite dieser Stellvertreterfiguren kann er mittels »Phantasieerlebnisse[n]«[11] nach dem Vorbild des von ihm bewunderten Walt Whitman durch den ganzen südamerikanischen Kontinent oder durch die Historie reisen und seinen Mann stehen. »Wer sagt mir denn, ob nicht geheimnisvoll / [...] / wir uns vereinigt haben und vermischt / ich im Schlaf, aber sie in ihrem Tod.«[12]

Immer wieder das gleiche Zwischenergebnis: Borges ist der denkbar extremste Gegensatz zu Hemingway. Unfaßbar vieles erlebt der eine, unfaßbar wenig der andere. Und: Vergessen wir nicht, daß Borges von Kind an eine starke Abneigung gegen sein eigenes Spiegelbild hatte,[13] »daß ich verdammt bin zu meinem Fleisch, zu meiner abscheulichen Stimme, zu meinem Namen«.[14] Dem Namen berühmter Vorfahren, die ihn als Mann derart unter Zugzwang setzten. Da er bereits als kleiner Junge wußte, daß er nicht annähernd so werden würde wie sie, »schämte ich mich schon sehr früh, eine Art Bücherwurm zu sein und kein Mann der Tat. [...] Ich hatte nicht das Gefühl, besondere Liebe zu verdienen, und ich [...] fand, ich [...] sei ein Versager.«[15]

Wenn er schreibt: »Ich werde alle sein oder keiner. Ich werde der Andere sein«,[16] so will das überhaupt nicht im Sinne der modernen Persönlichkeitsauflösung und -vervielfältigung wie etwa bei Nietzsche verstanden werden,[17] sondern ganz konkret: Ich werde all meine Vorfahren und überhaupt all jene Männer sein, die ich bewundere, oder eben, auf mich allein gestellt, ein Nichts. Es ist kein intellektuelles Spiel, sondern Erlösung von der eigenen Identität durch Tagträumerei.

Denn die Basis dieses wiederkehrenden Gedankens, sich in »alle« aufzulösen, ist die nagende Erkenntnis: »Ich bin der niemand ist, der nie ein Schwert war / im Krieg. Ich bin […] Nichts.«[18] Und noch deutlicher: »Ich, der die Scham litt, / nicht jener Francisco Borges gewesen zu sein, der 1874 fiel, / oder mein Vater«.[19] »Ich […] bin nicht Borges / (Borges starb in La Verde, an den Kugeln), / noch Acevedo, der von einer Schlacht träumt,[20] […] noch mein Vater […] / Ich bin der weiß, er ist nichts als ein Echo«.[21]

Und ansonsten nur immer wieder »ich, der ich mir so oft das Paradies / in Form einer Bibliothek vorstellte«,[22] »nicht gefallen sein / wie andere meines Bluts / in einem Gefecht. / In der vergeblichen Nacht / jener sein, der Silben zählt.«[23] Also bestenfalls ein Dichter ihrer Taten. Dabei ist er am berührendsten, wenn er sich gelegentlich als Dichter seiner eigenen Taten versucht, mag es dann auch »bloß« um die plötzliche Todesahnung beim Toilettenbesuch gehen und die Erkenntnis, »daß er nur ein sitzendes Tier ist«.[24] Oder über »diese einzigartige Industrie« der Fußnägel: »Ungebildet und argwöhnisch wie nichts anderes lassen sie in der Zubereitung dieser dünnen Rüstung keinen Augenblick nach. Sie verschmähen Weltall und Ekstase, um endlos ein paar eitle Spitzen zu treiben, die wieder und wieder die zupackende Solinger Schere kappt […]«.[25] Das ist richtig schräg, das ist richtig gut! Und wenn er schildert – viel zu selten –, wie er als Blinder die Welt wahrnimmt, im Grunde nurmehr das, was gelb in ihr ist, wird es sehr bewegend. Aber für Borges zählte das offensichtlich nicht. Er wollte, wenn er schon »unkundig ist der Werke des Schwerts«,[26] zumindest ein männliches Dichten, das »Erz der Hexameter«.[27]

Womit wir wieder bei den Schwertern wären.

Gram

Ein Schwert muß noch genannt werden: das Schwert Gram aus der isländischen Völsungen-Saga. Gram ist das Schwert Sigurds, des Drachentöters, der die Walküre Brynhild im Kampf besiegt[1] und damit das Recht erwirbt, mit ihr die Ehe zu vollziehen (wie man es in diesem altnordischen Kontext wohl zu formulieren hat). Weil er den Kampf jedoch in Wirklichkeit für Gunnar geführt und dazu dessen Gestalt angenommen hat – Gunnar selbst ist für den Kampf mit Brynhild zu schwach –, legt er des nachts das Schwert zwischen sich und die Besiegte:[2] der sichtbare Beweis, daß er Gunnar selbst in dieser erotisch heiklen Situation die Treue hält.

Das Schwert Gram. Wir kennen es schon aus Borges' Erzählung über Ulrika und ihren professoralen Gelegenheitsfaun. Der bringt es ins Spiel, als sie ihn kurzerhand Sigurd nennt und er sie, im Gegenzug, Brynhild. Obwohl die Erzählung ansonsten durchgängig in Ich-Form geschrieben ist, fragt der Erzähler in merkwürdiger Unbeholfenheit: »Brynhild, du gehst, als wünschtest du, daß zwischen den beiden ein Schwert im Bett liegt.« Auf welche Weise mag sie wohl gegangen sein, daß man ausgerechnet auf diese Frage kommt? Ehe Ulrika antworten kann, stehen die beiden allerdings schon vor dem Wirtshaus, und es geht übergangslos zur Sache: »Zwischen den beiden lag kein Schwert.«[3]

Bei den zwei entscheidenden Sätzen schreckt Borges vor dem Wörtchen »uns« zurück und spricht lieber von »den beiden«. Als wolle wenigstens er, der Verfasser der Erzählung, unberührt bleiben. Es muß für ihn eine unglaubliche

Überwindung gewesen sein, diese Liebesszene zu schreiben. Im Akt der Niederschrift vermeidet er die eigentlich
unvermeidliche Verschmelzung mit der geliebten Frau zum
»wir« und schiebt die Szene wenigstens grammatikalisch
von sich fort.

Weit näher als einer Ulrika fühlte er sich dem Schwert
Gram.

In seinem Gedicht »Schwerter« beschwört er dessen Namen zusammen mit dem von anderen berühmten Schwertern. Und damit auch jene, die sie im Kampf führten: »Im
Schwert verharrt noch die Verwegenheit / der rechten Man-
neshand, heut Staub und Nichts«. Im Gegensatz zu ihnen
Borges: »ich, der ich nicht verdiente, dich zu führen.«[4] Soweit, so bekannt – was Borges an den Messerhelden verehrt, verehrt er an den Kriegern nicht minder. Und wie er
dort in die Rolle des Barden schlüpft, um wenigstens auf
literarische Weise ein Ebenbürtiger zu sein, so auch hier, im
Kreis der Krieger: »Laß mich, o Schwert, bei dir die Kunst
verwenden«.[5] Die Kunst, Schwert und Schlacht und Blut
und Männlichkeit in Text zu verwandeln.

In einem längeren Prosastück »991 AD« schildert er, wie
sich die überlebenden zehn »Sachsen« nach dem »Männertreffen« mit den Wikingern – es war die Schlacht von Maldon, 991 n. Chr. – noch einmal sammeln und zum letzten
Gefecht rüsten. Nur einem, dem Jüngsten, wird befohlen
zu fliehen: »Du mußt auf den Kampf verzichten, damit der
heutige Tag im Gedächtnis der Menschen überdauert. Du
bist als einziger fähig, ihn zu bewahren. Du bist der Sänger,
der Dichter.«[6]

Auch in der mittelalterlichen Männerwelt kommt dem
Dichter eine wichtige Aufgabe zu; mag er zwar kein »rich-

tiger« Krieger sein, so ist er als ihr Chronist doch alles andere als »Nichts«. Wo es den Glanz eines Degens gibt, gibt es auch den *Abglanz* des Degens auf Versen, die ihm gewidmet sind. Übrigens ist ein altenglisches Gedicht »The Battle of Maldon« überliefert. Mit »991 AD« hat Borges wieder einmal literarisches Material aufgegriffen und dessen »implizite« Nachgeschichte dazuerfunden.[7]

Mit entsprechendem Selbstbewußtsein läßt er im Prosastück »Fragmente einer Tontafel, 1867 entziffert von Edmund Bishop« einen punischen Barden nach der für Karthago siegreichen Schlacht von Cannae bekunden: »Ich bin nicht in der Schlacht gefallen wie meine Söhne [...], aber in den langen Nächten habe ich den Gesang von den zwei Kriegen und vom Jubel ausgearbeitet.«[8]

Andernorts geht Borges noch weiter, wenn er die Verse eines angelsächsischen Dichters, der in einer »kriegerischen Ode« den Sieg über die Wikinger bejubelt, als »deine eisernen Wörter« rühmt.[9] Und wieder einem anderen angelsächsischen Dichter huldigt er: »Nun bist du nichts als dein Gesang aus Eisen.«[10] Die scharf geschliffene Sprache als Schwert des Dichters? Borges schreibt es an einer Stelle ganz deutlich: »Wer einen Vers von Liliencron vorträgt, ist in die Schlacht gezogen«, also nicht etwa nur der Dichter selbst (der als Offizier am Preußisch-Österreichischen Krieg 1866 wie am Deutsch-Französischen Krieg 1870/71 teilnahm), sondern auch derjenige, der seine Dichtung deklamiert – oder, simpler gesagt, sein Leser. So paßt es für Borges natürlich erst recht. Das Gedicht trägt bezeichnenderweise den Titel »Das Glück«.[11]

Hemingway steht in dieser Hinsicht keinen Deut zurück. In einem Gedicht auf seine neue Corona-Schreibmaschi-

ne jubelt er: »Gefährlich schnelle Infanterie des Geistes /
Rückt auf schwierigem Gelände vor / Macht diese Corona /
Zu ihrem Maschinengewehr.«[12] Auch hier muß er die dick-
sten Hosen anhaben.

Und was hat das mit dem Schwert Gram zu tun?

Glück

Mit dem Glück tat sich Borges zeitlebens schwer, mit dem
Glücklich-Werden, Glücklich-Sein. »Ich will nicht sein
der ich bin«,[1] das ist keine gute Ausgangsbasis. Trotz aller
Umwege und Selbstumdeutungen kehrte Borges noch im
hohen Alter immer wieder zur ernüchternden Erkenntnis
zurück, ein Versager gewesen zu sein. Das Gedicht »Die
Reue«, im Band »Die eiserne Münze« 1976 veröffentlicht –
da wurde Borges 77 –, bringt es ohne Erbarmen oder Selbst-
mitleid auf den Punkt. Es ist ein streng gebautes Sonett, auf
Spanisch klingt es großartig. Wenn auch der Klang in der
deutschen Übersetzung verlorengeht, es bleibt wegen seiner erschütternden Ehrlichkeit für mich eines seiner besten
Gedichte, und ich möchte es ganz zitieren:[2]

> Ich habe die schlimmste Sünde begangen,
> die ein Mensch nur begehen kann. Ich war
> nicht glücklich. Mögen Gletscher des Vergessens
> mich schleifen und verstreuen, gnadenlos.
> Die Eltern haben mich gezeugt für das
> gefährliche und schöne Spiel des Lebens,
> für Erde und Wasser und Luft und Feuer.
> Ich habe sie enttäuscht. Ich war nicht glücklich.
> Ihr junger Wille wurde nicht erfüllt.
> Mein Geist widmete sich dem symmetrischen

Streben der Kunst, die Nichtigkeit verwebt.
Sie vermachten mir Mut. Ich war nicht mutig.
Dies verläßt mich nicht. Immer bleibt der Schatten,
ein Unglücklicher gewesen zu sein.

Der Kummer, ein Feigling gewesen zu sein, der Kummer, den Erwartungen der Eltern nicht entsprochen zu haben, der Kummer, nur literarische Nichtigkeiten zustandegebracht zu haben – Borges blieb der Getriebene, erst angesichts des Todes fand er zur Ruhe. Da war er endlich, wenngleich nur für die wenigen Tage, die ihm blieben, ein verheirateter Mann und, ich bin mir sicher, besprach mit María Kodama, seiner langjährigen Vertrauten und nunmehrigen Ehefrau, die Modalitäten seines Begräbnisses. Vor allem die Inschriften, die er sich auf seinem Grabstein wünschte. Auf dessen Vorderseite steht ein Zitat aus dem erwähnten Gedicht »Battle of Maldon« und verweist damit auf sein eigenes Gedicht »991 AD«, in dem einer der Krieger dazu bestimmt wird, das Kampfgeschehen zu fliehen und als Barde davon zu berichten. Das Zitat lautet auf Deutsch: »… und braucht sich nicht zu fürchten«.[3]

Borges als Sänger der großen Schlachten und Männertreffen, so wollte er in Erinnerung bleiben. Auf der Rückseite des Grabsteins steht allerdings auch etwas – zwei Verse aus der isländischen Völsungen-Saga, die Borges bereits seiner Erzählung »Ulrika« als Motto vorangestellt hatte. Sie lauten auf Deutsch: »Er aber zog das Schwert Gram und legte es blank zwischen sie.«[4]

Ein Zitat auf dem Grabstein, das ist eine Art Wahlspruch oder zumindest das, was der Verstorbene im Zusammenhang seiner Persönlichkeit gern für die Nachwelt

festgehalten wissen möchte. Was heißt das konkret? Daß
Borges – anders als der Ich-Erzähler und Ulrika – die Ehe
nicht vollzog, weder die erste mit Elsa Astete Millán noch
die zweite mit María Kodama? Das wird ohnehin allgemein
angenommen. Und hätte sich Borges ausgerechnet deshalb
den Spruch gewählt? Bestimmt nicht, er wollte ja als Mann
gelten. Noch im Tode waren ihm Liebe und Sexualität letztlich nicht ganz so wichtig wie Männer. Männliche Männer.
Will er, indem er ein Schwert zwischen sich und erotische
Verführung schlechthin legt, beteuern, daß er (wie Gunnar / Gunther) seinen Freunden stets treu war? Ich glaube,
die Antwort ist viel einfacher: Gram ist Sigurds Schwert;
indem der Vers auf Borges' Grabstein zitiert wird, wird der
zum Sänger des großen Kriegers und rückt auf ewig in seine
Nähe: Auch wer einen Vers der Völsungen-Saga vorträgt,
ist in die Schlacht gezogen …

Wir müssen ihn uns im Angesicht des Todes, ich sagte es
schon, als glücklichen Menschen vorstellen.

Tiger

Daß Hemingway mit Begeisterung (auch) auf Löwenjagd
ging, wird in »Die grünen Hügel Afrikas« geschildert.[1]
Ausgerechnet Löwen kanzelt Borges in einem Gedicht
regelrecht ab: »Ein Tier, das einem Hund ähnelt, ver-
schlingt / die Beute, die das Weibchen ihm gebracht hat.«[2]
Eines echten Männchens unwürdig. Gleichwohl war auch
er von Raubkatzen fasziniert, vor allem von Tigern. Schon
als Drei-, Vierjähriger wollte er im Zoo immer nur zu den
Raubtieren, und er machte ein großes Gezeter, wenn es end-

lich weiter oder nach Hause gehen sollte. Eine seiner ersten Kritzeleien, die er aufhob, war ein Tiger. Seine Schwester Norah soll irgendwann in dieser Zeit geäußert haben: »Es scheint, daß Tiger für die Liebe geschaffen wurden.«³

Der Satz fand Eingang in die Prosaskizze »Der Tiger«. Sie beginnt mit der Schilderung eines Tigers im Zoo von Buenos Aires – »Er ging und kam, fein und fatal, voll unendlicher Energie, jenseits der festen Stäbe« –, in der er wie ein ferner Verwandter von Rilkes Panther wirkt. Doch das trügt, der Passus schließt mit den Worten: »Wir fanden, er sei blutrünstig und schön. Norah, damals ein Mädchen, sagte: ›Er ist für die Liebe geschaffen.‹«⁴

Nein, es ist nicht metaphorisch gemeint. Ein Gedicht, das Borges wahrscheinlich während seiner Arbeitszeit in der Bibliothek schrieb – tatsächlich schrieb und las er dort die meiste Zeit –, heißt »Der andere Tiger«. Es beginnt mit den Versen: »Ich denke an einen Tiger. Dämmerlicht / erhöht die weite, fleißige Bibliothek / und scheint die Bücherborde zu entfernen« – eine weitere von Borges' Tagträumereien. Und nicht minder blutrünstig wie die anderen. »Stark, unschuldig, in Blut getaucht«, geht der Tiger in seiner Phantasie durch die Wildnis, und Borges betont ausdrücklich, daß *er* es ist, der in Buenos Aires von ihm träumt, und der Tiger ein *wirklicher* Tiger »der Gangesufer«. Den Einwand, daß er vielleicht nur ein Symbol sein könnte für etwas anderes oder »eine Erinnerung an Lexika«, wischt er weg; nein, der Tiger ist »der tödliche Tiger, Blutjuwel«: »Dem Tiger der Symbole stellte ich / den wahren gegenüber«, den, »der die Büffelherden dezimiert«. Die sich anschließende Reflexion, der Tiger könne vielleicht doch nur »ein Bild sein / aus meinen Träumen, ein System aus Worten«, kontert er erneut durch den »Tiger mit Rückgrat«, den er als »einen dritten Tiger suchen« wolle. Etwas zwänge ihm »dies unbegrenzte Abenteuer auf«. Das Gedicht schließt mit den Versen: »Und so harre ich aus / und suche in der Dämmerzeit des Abends / den anderen Tiger, den, der nicht im Vers ist.«[5]

Das Messer ist das Messer, das Schwert ist das Schwert, der Tiger ist der Tiger. Auch er tötet, wie der Gaucho oder der Krieger, in Unschuld. Sofern es tatsächlich das fehlende Schuldbewußtsein sein sollte, das sie alle in Borges' Augen rechtfertigt, ist es, wenn man sich von der hehren Begrifflichkeit nicht täuschen läßt, nichts anderes als das Vorintellektuelle, das Animalische. Das extremst »Andere« zu Borges' eigener Persönlichkeit.

Ein Gedicht in der Form eines japanischen Tankas schildert, wie der Tiger im Mondlicht seine Krallen beschaut: »Er weiß nicht, daß sie morgens / einen Menschen zerrissen.«[6] Die Analogie des einen unschuldigen Tötens mit dem anderen wird von Borges mehrfach explizit gezogen: In einem seiner letzten Gedichte, der »Milonga vom Dolch«, in der er der Menschheit eine unheilvolle »Zukunft, voll von Dolchen«, prophezeit, beschreibt er einen Dolch, der »noch keinen Tod verschuldet« hat: »Ohne Parierstange ist der / Griff, er ist aus Holz und Leder; / und darunter träumt die Klinge / ihren dunklen Tigertraum.«[7]

So steht es schon wörtlich in »Evaristo Carriego«, im Kapitel »Der Dolch«.[8]

Und die Erzählung »Juan Muraña«, in der Juans Witwe ihren Vermieter kurz vor der Zwangsräumung ersticht, endet mit der Reflexion des Erzählers: »In der Geschichte dieser Frau, die allein zurückblieb und ihren Mann, ihren Tiger, mit dem grausamen Ding, das er hinterlassen hatte, verwechselte, glaube ich ein Sinnbild oder viele Sinnbilder zu sehen.«[9] Der über seinen Tod hinaus als Tiger vergötterte Messerheld erinnert mich an die Hauptfigur in Hemingways »Haben und Nichthaben«, eine Art *compadrito* aus Key West, wenn man so will. Auch dessen Witwe verehrt ihn ungebrochen: »Gott, wie er war, so keß und stark und schnell und irgendwie wie'n kostbares Tier. Es haute mich immer hin, wenn ich ihm zusah, wie er sich bewegte.«[10]

Der Tiger ist eine von Borges' Lieblingsmetaphern, da und dort taucht er in seinem Werk auch als argentinischer Tiger auf, der eigentlich ein Jaguar ist. In einem Gedicht schildert er »tigerjagende Peones«, also jaguarjagende Gauchos.[11] In einer Erzählung offenbart sich das gefleckte Fell eines (argentinischen) Tigers als »Die Inschrift Gottes«, so der Titel der Ezählung. Einer seiner letzten Texte heißt »Blaue Tiger«, selbst wenn darin dann gar keine Tiger vorkommen.

Einen seiner Gedichtbände hat Borges »Das Gold der Tiger« genannt. Das Titelgedicht schlägt den Bogen von den kindlichen Besuchen im Zoo bis zur Erblindung, die ihn nur noch die Farbe Gelb sehen ließ – »O Tiger, […], oh kostbares Gold, dein Haar, / das diese Hände ersehnten.«[12] Wenige Monate vor seinem Tod sollte ihm sogar dieser Wunsch erfüllt werden. Ein argentinischer Gutsbesitzer lud ihn auf seine *estancia* ein und versprach ihm »eine Überraschung«. Borges mußte sich auf eine Bank im Garten setzen und erst mal warten. Plötzlich fühlte er einen großen warmen Körper in seiner Nähe, schon lagen ihm zwei Tatzen auf den Schultern. Der Gutsbesitzer hatte einen Tiger als Haustier, Borges soll überhaupt keine Angst gehabt haben.[13] Unglaublich! Borges *war* tapfer. Als ob sich kurz vor seinem Tod noch schnell alles eingelöst hätte, was er ein Leben lang ersehnt.

»Was für ein Jammer, nicht als Tiger geboren zu sein«, soll er einmal gesagt haben.[14] Wollte man den Seufzer anhand dessen ausformulieren, was er über Tiger geschrieben hat, stünde der Aspekt des unschuldigen Tötens im Zentrum. Der Dolch, der sich nach einer Hand sehnt; Gauchos und Ganoven, die damit ihre Rangfragen klären; Krieger, die sich gegenseitig mit dem Schwert erschlagen; soldatische Vorfahren, die todesmutig in die Schlacht ziehen; der Tiger, der abends gar nicht mehr weiß, daß er morgens einen Menschen getötet hat: Das paßt schon zusammen.

Aber zum Glück wurde Borges nur als Papiertiger geboren.

Selbstmord

Es paßt *auch*, daß er lediglich einen Kater als Haustier hatte, Beppo, den er sehr liebte. In einem Gedicht ist er als »Scheinbild« und »ewiger Archetyp der Zeit« verewigt.[1] Kaum eine Überraschung ist's nach all den Parallelen, daß Hemingway gleichfalls Katzen liebte. Auf seinem kubanischen Anwesen hatte er deren so viele, daß ein extra Wohnturm für sie gebaut wurde. In seinem Haus in Key West wimmelte es ebenfalls von Katzen – auch noch vor ein paar Jahren, als ich das Haus besuchte. Das Gedicht, das Hemingway auf seinen Lieblingskater schrieb, ist ein heiterer, fast übermütiger Nachruf, »Für Crazy Christian«. Allein dies Gedicht mit dem von Borges auf Beppo zu vergleichen – und erst recht mit dessen mystifizierender Überhöhung in »An einen Kater« –, bringt die beiden Autoren in ihrer Gegensätzlichkeit ganz gut auf den Punkt. Hier die jeweiligen Gedichtanfänge, erst Borges, dann Hemingway:

Nicht schweigsamer sind die Spiegel, und nicht
verstohlener der Abenteuermorgen;
unter dem Monde bist du dieser Panther,
den wir von fern nur ahnen dürfen. [...][2]

Es war einmal ein Kater, der hieß Crazy Christian,
Der war noch zu jung, um zu rammeln
Er war so vergnügt, jung und stattlich gebaut
Mit jedem Geheimnis des Lebens vertraut. [...][3]

Ähnlich konträre Positionen nehmen Hemingway und Borges beim Thema Selbstmord ein. Als Gewaltausübung gegen sich selbst sagt ein Selbstmord ja durchaus etwas über Männlichkeit aus. Der eine schritt zur Tat, der andere, Borges, erwog sie mitunter – 1934 »aus erotischer Verdrossenheit«,[4] ansonsten als theoretische Option.

Im Gedicht »20. Mai 1928« schildert er en detail, wie er sich den Selbstmord des Dichters Francisco López Merino vorstellt, der sich an diesem Tag umgebracht hat.[5] »Die Tür zum Selbstmord steht offen«, schreibt er in einem weiteren Gedicht.[6] Als er darüber mit Studenten diskutiert, kommentiert er allerdings: »Dieser Selbstmord [wie er im Gedicht erwogen wird] ist nutzlos. Wenn ich unsterblich bin, hat der Selbstmord keinen Sinn.«[7] In einer späten Erzählung, »25. August 1983«, beschließt einer der beiden Borges – der Ich-Erzähler trifft in einem Hotelzimmer überraschend auf seinen Doppelgänger, der schon vor ihm eingecheckt und ihn, im Bett liegend, erwartet hat –, Selbstmord zu begehen. Am Ende verblaßt er und löst sich in nichts auf. Nicht ohne dem anderen zu prophezeien, daß auch er einst den Beschluß zum Selbstmord fassen werde.[8]

Borges, der andere Borges, tat es bekanntlich nicht. Ob er je ernsthaft daran dachte? Sein Biograph Woodall vermutet, »daß Selbstmord ihm ebenso fern lag wie Sex«.[9] Wohingegen Hemingway versicherte: »Zu überleben […] ist so schwer wie eh und je und ganz wichtig für einen Schriftsteller.«[10] Nämlich damit er »sein Werk zu Ende führen kann«.[11] Aber auch abgesehen davon sei er »sehr gegen Selbstmord eingenommen«, denn: »Der wahre Grund, keinen Selbstmord zu begehen, ist, daß man weiß, wie herrlich das Leben wieder wird, wenn die Hölle vorbei ist.«[12] In »Wem die Stunde schlägt« stellt sich sein Alter Ego Robert Jordan die Szene vor, wie sein Vater Selbstmord beging: »Jeder hat das Recht, es zu tun, dachte er. Aber es ist nicht schön. Ich kann es verstehen, aber es gefällt mir nicht.« Sein Vater habe die Waffe »mißbraucht«, er sei ein Feigling gewesen.[13] Nein, Hemingway suchte die Nähe des Todes nicht. Aber er fand sie.

»Ich ist ein anderer«

Jeder Schriftsteller, soll Borges einmal gesagt haben, hinterlasse zwei Werke, seine Texte und das Bild seiner Person. »Ein Schriftsteller kann nur hoffen, daß er zufrieden ist, wenn er wenigstens eines davon zu einem würdigen Abschluß gebracht hat.« Und Manguel überliefert auch den Nachsatz, den er ihm zum Abschied gesagt hat: »Aber mit wieviel Überzeugungskraft hat er das?«[1]

Nun hängen Werk und Person bei Borges sehr eng zusammen. In seinen Texten tritt sehr oft ein Ich-Erzähler beziehungsweise ein lyrisches Ich namens Borges auf (oder ein Quasi-Borges wie etwa Dahlmann in »Der Süden«), dazu jede Menge Verwandte und Freunde, ebenfalls mit Klarnamen und unter Wahrung ihrer Lebensumstände. Bei zahlreichen Gelegenheiten hat Borges darauf hingewiesen, daß er im Grunde immer autobiographisch schreibe. Seinem Interviewpartner Ronald Christ fiel auf, daß er »persönliche Äußerungen soviel wie möglich vermeidet und Fragen zu seiner Person indirekt beantwortet, indem er von anderen Schriftstellern spricht, ihre Worte benützt und sogar ihre Bücher als Sinnbilder seines eigenen Denkens.«[2] Auf diese Weise spricht Borges ununterbrochen von sich selbst.

Welches Bild seiner Person hat er uns damit hinterlassen? Das unter Bibliophilen weltweit verehrte als Gelehrter, als Bewohner von Bibliotheken, als magischer Realist, als blinder Weltreisender im Alter, der immer für einen Witz und einen schrägen Gedanken gut war. Das Bild von Borges auf dem »Sockel«, den ihm seine Verehrer untergeschoben haben. Holt man Borges vom Sockel und auf Augenhöhe, erkennt man hinter der Fassade einen unglücklichen Menschen, wie man so leicht keinen zweiten finden wird: einen freilich, der ein Leben lang nicht nachläßt, seine Defizite anzugehen (minne) oder über die verschiedensten literarischen Umwege zu kompensieren (êre). Immer mit dem Ziel, am Ende doch noch die moralische Verpflichtung zu erfüllen, glücklich zu werden.

Was auch immer er tat, es wirkte nur kurz. Sobald seine Sehnsucht nach Liebe einen weiteren Dämpfer erlitten hatte oder eine weitere Messergeschichte, ein weiteres

Schwertergedicht zu Ende geschrieben war, kamen die alten Selbstzweifel gleich wieder hoch. In einem der zahllosen Gedichte, in denen er andere Schriftsteller, Philosophen oder Feldherrn andichtet und ihnen dabei eigene Gedanken unterschiebt, läßt er Ralph Waldo Emerson seufzen: »Der Kontinent kennt meinen Namen; ich / hab nicht gelebt. Ich wäre gern ein andrer.«[3] Der Andere, der Selbe … Borges und ich … Derlei Buchtitel sind beileibe nicht nur intellektuelles Spiel, die häufige Gestaltung des Doppelgängermotivs genausowenig,[4] das Hineinschlüpfen in andere Lebensrollen. Rimbauds »Ich ist ein anderer«[5] gewinnt bei Borges eine existentielle Bedeutung, ekstatisch überhöht mitunter und umso schmerzlicher empfunden, wenn er zurück im Alltag ist und der Satz wieder heißt: Ich *wäre* gern ein anderer.

Welcher andere? Das wird aus seinen Texten überdeutlich. Der Feigling, der gern mutig gewesen wäre. Das Muttersöhnchen, das gern Mann gewesen wäre. »Dieser nach außen hin so sanftmütige Mensch war, was Mut betraf, Opfer einer Fixierung«, schreibt Estela Canto, die ihn besser kannte als alle anderen: »Von Kind auf hatte er Verbrechen mit Mut verwechselt, und diese kindliche Einbildung war nie korrigiert worden.«[6]

Kann man das wirklich auf diese griffige Formel bringen?

Estela Canto geht noch weiter: »Enge Freunde von Borges pflegten sich kritisch über sein Verhältnis zur Mutter zu äußern, über ein erdrückendes Verhältnis, das Analytiker als ›kastratorisch‹ bezeichnen würden.« Sie glaubt, daß Erzählungen wie »Der Eindringling« zum Ausdruck brächten, »wie Borges im Unterbewußtsein das Verhältnis zu seiner Mutter empfand«. Und ist überzeugt, daß das gewalttätige Ende der Erzählung auf eine Anregung von

Borges' Mutter zurückgeht.[7] Ja, mehr noch als das, sie, die Mutter, habe überhaupt *all* seine Gaucho- und Ganovengeschichten zu verantworten: »Diese Frau [...] schuf in ihrem Haus eine befremdliche Atmosphäre mit ihrem Kult der Messerhelden und Vorstadtganoven, die für sie das Sinnbild von Männlichkeit waren.«[8]

Aber Achtung, hier spricht Estela Canto, der »Eindringling« in Borges' Leben. Von dessen Mutter wurde sie bei jeder der wenigen Begegnungen eiskalt auf Distanz gehalten. Mögen Psychoanalytiker mit Cantos These ringen; ich glaube, es ließe sich mit demselben Recht behaupten, Borges habe sich mit seinen Erzählungen der *väterlichen* Erwartungen würdig erweisen und sie wenigstens literarisch einlösen wollen.

Kompensiert man in der Literatur immer auf diese oder jene Weise? Ich bin überzeugt, daß man nicht nur aus einem Defizit heraus schreiben kann, sondern auch aus Überfluß – einem Überfluß an Welterfahrung, die der literarischen Druckentladung bedarf. Es wäre interessant, sich die Literaturgeschichte einmal unter diesem Aspekt anzusehen. Aber natürlich, das gebe ich zu, auch das wäre am Ende wieder allzu einfach.

Falschspieler

Eine psychoanalytische Ausdeutung von Borges' Texten kann mein Anliegen ebensowenig sein wie deren moralische Bewertung. *Wirklich* interessant finde ich in diesem Zusammenhang eine verschmitzte Äußerung des alten

Borges, in der er für seine Literatur »eine Art Straflosig-
keit« reklamiert: »Ich kann mir einige Launen [in der Zu-
sammenstellung dieses Buchs] erlauben, da man mich nicht
nach dem Text beurteilen wird, sondern nach dem unbe-
stimmten, jedoch hinreichend genauen Bild, das man von
mir hat.«[1]

Wieder spricht Borges vom Bild seiner Person, nicht von
der Person selbst. Er scheint sich dieses Bildes nicht nur
bewußt gewesen zu sein, sondern selbst daran gearbeitet,
wahrscheinlich sogar konsequent gearbeitet zu haben – wie
Hemingway an dem seinen. »Die Leute mögen mich trotz
meiner Geschichten«, glaubt er sogar zu wissen: Sein Ruf als
Schriftsteller sei unabhängig davon, was er tatsächlich geschrieben habe. Möglicherweise trifft das auf Hemingway
genauso zu. Herbert Reinoß meint sogar: »Hemingways
Biographie mutet wie Hemingways charakteristischstes
Hauptwerk an.«[2] Tatsächlich hat man von beiden, Borges
wie Hemingway, ein ganz klares Bild – ein Zerrbild – im
Kopf, selbst wenn man keine Zeile von ihnen gelesen hat.
Auf die Frage: »Ich glaube, Sie haben gesagt, daß wenn
Schriftsteller Ruhm erlangen, sie es aus falschen Gründen
tun. Glauben Sie, daß das für Sie zutrifft?« antwortete
Borges: »Ich bin dessen ganz sicher.« Die Leute hielten ihn
»für vollständig blind«, ergänzt er, »und Blindheit erheischt
Sympathie.«[3]

Das *Bild* der Person ist etwas anderes als die Person, und
bei Borges allemal. Daß er mit Identitäten spielte, in verschiedene Rollen und Masken schlüpfte, vom Höhlenma-
ler der Vorzeit[4] bis zum KZ-Kommandanten, um sich auf
diese oder jene Weise auszusprechen, gehört ins landläufige
Bild, das man sich von Borges gemacht hat. Mit dem des

Intellektuellen geht es bestens Hand in Hand. Im übrigen ist es eine praktische Demonstration dessen, was Nietzsche unter perspektivischem Denken versteht.

Ich frage mich: Muß man eine Rolle spielen, um Erfolg zu haben? Meine Beschäftigung mit Borges hat mir (wieder einmal) gezeigt, daß ein literarischer Ruf ganz maßgeblich durch außerliterarische Aspekte begründet wird. Wer einfach nur gute Bücher schreibt und ansonsten ein normaler, gar angenehmer Zeitgenosse ist, erfüllt vielleicht nicht die Vorstellungen, die man sich von einem Künstler machen möchte?

Borges wußte um die Rollenerwartung des Lesers an den Schriftsteller und wie man sie erfüllt: »Um Ruhm zu ernten, […] braucht ein Schriftsteller sich nicht unbedingt sentimental zu zeigen, aber sein Werk oder irgendein biographischer Umstand müssen unbedingt Anlaß zur Rührung geben.«[5] Borges' Werk rührt an keiner einzigen Stelle. Der biographische Umstand, der ihn im Alter zu dem verklärte, den er für sein Publikum bis heute darstellt, war seine Blindheit. Und das war ihm bewußt.

Nun aber wieder Estela Canto: »Borges, nicht frei von menschlichen Schwächen, hatte etwas von einem Falschspieler.«[6]

Das ist eine steile These. Canto führt einige Anekdoten an, in denen sich ein menschlicher, allzumenschlicher Borges zeigt, der seine Meinung anderen zuliebe schon mal ins Gegenteil verkehrt. Daß er in dieser Hinsicht extrem geschmeidig war, ist überliefert. Cantos These vom »Falschspieler« belegt das für mein Gefühl noch nicht.

Hat man sie aber vernommen, die These, bekommt man sie nicht mehr aus dem Kopf. Und findet dafür *eigene* Belege. Zum Beispiel: Den »Ulysses« von Joyce hat Borges nie zu Ende gelesen, über »die unvorsichtige Bewunderung der Kritik« könne er sich nur wundern.[7] Was »Finnegans Wake« betrifft, hat er »ohne Begeisterung neun oder zehn Kalauer entziffert«, der Text sei nichts weiter als eine »Aneinanderreihung von Wortspielen«, »es fällt schwer, sie nicht als gescheitert oder inkompetent zu bezeichnen«.[8] Borges hielt Joyce für »belanglos« und sein Werk für »nicht selten unlesbar«.[9] Insbesondere moniert er bei Joyce »die Eitelkeit übertriebener Stilpflege«.[10] Nichtsdestoweniger feiert er ihn in einem Gedicht mit dem Titel »James Joyce«;[11] im selben Gedichtband dann sogar noch ein zweites Mal, »Anrufung an Joyce«, nämlich als Erbauer »steile[r] Labyrinthe« und »prächtige[r] Höllen«. Gegen Ende wird er so richtig kitschig:

Was zählt unsere Feigheit, wenn es auf Erden
einen einzigen mutigen Mann gibt,
[…]
was zählt meine verlorene Generation,
[…]
wenn deine Bücher sie rechtfertigen.
Ich bin die anderen. Ich bin all jene,
die deine hartnäckige Strenge freigekauft hat.
Ich bin, die du nicht kennst und die du rettest.[12]

Der tapfere Fastblinde, Joyce, rettet den feigen Blinden, Borges. *Der* war ein hedonistischer Leser, er las eher planlos, als sich verpflichtet zu fühlen, dies oder jenes und dann noch bis zur letzten Seite zu lesen.[13] Insofern ist sein Lektüreabbruch nur allzu verständlich. Aber warum feiert er Joyce dann hymnisch im Gedicht? Die Verehrung des Inkommensurablen in gebildeten Kreisen wird mir ewig schleierhaft bleiben. Sie erscheint mir wie ein Spiel unter Eingeweihten. Man lobt und preist, obwohl man die betreffenden Werke nur da und dort angeschmeckt hat und für interessant oder neuartig hält. Wo endet im Fall von Borges die gesellschaftliche Konvention, wo beginnt gezielte Falschspielerei?

Estela Canto gibt uns noch eine weitere Frage mit auf den Weg: Sie, die Borges auf Augenhöhe durchs Leben begleitete und oft mit ihm über Bücher diskutierte, ja stritt, listet seine *tatsächlichen* Lektüren nach Nationalliteraturen penibel auf.[14] Es sind weit weniger, als man erwartet hätte. Darüber hinaus führt sie Belege an, daß sich Borges' Urteil anhand schmaler Textproben herausbildete. En détail berichtet sie von einem Streit über einen Roman von Henry James, bei dem Borges seine Meinung aufgrund der Lektüre der ersten 40 Seiten vertrat; die weiteren 450 Seiten habe er gar nicht zur Kenntnis genommen: »Seine Gleichgültigkeit gegenüber dem Gesamtzusammenhang einer Romanhandlung [war] für mich überraschend. Diese Ignoranz hatte etwas zugleich Infantiles und Unmenschliches.«[15]

Daß er nicht gerne Romane las, bekannte Borges freimütig: »Im Laufe einer Lebenszeit, die hauptsächlich Büchern gewidmet war, habe ich nur wenige Romane gelesen, wobei mich in den meisten Fällen nur mein Pflichtbewußtsein befähigt hat, sie bis zur letzten Seite durchzustehen.«[16] Er liebte Kurzgeschichten, in dieser Gattung war er belesen wie kaum ein zweiter. Die von ihm herausgegebene dreißigbändige »Bibliothek von Babel« ist grosso modo eine Sammlung seiner Lieblingserzählungen. In »Evaristo Carriego« führt er aus, »daß es einfacher ist, kurze Dinge zu beurteilen. [...] Wir setzen unsere Glaubwürdigkeit auf Zeilen, nicht auf Kapitel.«[17] Noch 1971 gibt er unumwunden zu: »Ich nehme sie [andere Dichter] nicht zu nahe unter die Lupe.«[18]

Vielleicht fiel sein Urteil oft so originell aus, weil ihn seine erstaunlich schmale Kenntnis dessen, was in etwa den Kanon der Literaturgeschichte ausmacht, nicht mit gängigen Vorurteilen behinderte? Stattdessen wurde er umso häufiger im Abseitigen und Verborgenen fündig, *das* interessierte ihn wirklich. Und beeindruckte seine Zeitgenossen nur umso mehr.

Die Frage, die uns Estela Canto mit auf den Weg gibt, lautet indessen: Was sind all seine Urteile dann überhaupt wert? Wo hört die glänzend scharfsinnige Vermutung auf, die überraschend beherzte Mutmaßung, die er so gern anstellte, wo beginnt das Fehlurteil? Und wo ist es noch bloße Fahrlässigkeit, wo schon Falschspielerei? Canto: »Nie gab es wohl einen willkürlicheren Kritiker.«[19]

Borges selbst berichtet verschiedentlich, er habe vor allem Lexika gelesen, also der Reihe nach Einträge, die ihn interessierten.[20] Sie fielen seinerzeit weit umfangreicher aus als in heutigen Nachschlagewerken, waren nicht selten von berühmten Autoren verfaßt. Dennoch, es waren Überblicksdarstellungen, der Überblick galt Borges nicht selten als die Sache selbst.[21] Des weiteren versicherte er bei jeder Gelegenheit, er sei nie über die Bibliothek seines Vaters hinausgekommen, mit anderen Worten: Er habe ein Leben lang auf das zurückgriffen, was er dort vorgefunden und verschlungen hatte. »Darf ich wiederholen, daß die Bibliothek meines Vaters der wichtigste Umstand meines

Lebens gewesen ist? In Wahrheit habe ich sie nie verlassen«.[22]

War Borges am Ende auch kein Gelehrter? Wer, wenn nicht er, will man sofort abwinken. Allein Estela Canto behauptet genau dies: »Ein Gelehrter war Borges nicht.«[23] 1971 bekannte Borges, da war er 72 und der beste Teil seines Werks bereits geschrieben: »Ich bin dabei, Gelehrsamkeit oder vorgetäuschte Gelehrsamkeit aufzugeben.«[24] *Vorgetäuschte* Gelehrsamkeit? Da ist er wieder, der Aspekt der Falschspielerei. Zu seiner Entschuldigung muß betont werden, daß nicht er es war, der sich den Nimbus des Gelehrten zugelegt hat. Es war eine von seiner Persönlichkeit faszinierte Öffentlichkeit, die oft keine Zeile von ihm gelesen und ihn qua Erscheinung dazu stilisiert hatte.

Der nur in Auszügen Belesene ist unter den Unbelesenen der Gelehrte.

Aber auch: Die Bibliothek seines Vaters, die Borges nie »verlassen« haben will, ist nicht mit einer zusammengeschusterten Büchersammlung zu verwechseln, sie bestand aus mehreren tausend Bänden. Wer sich darin ein Leben lang häuslich einzurichten wußte – und gleichzeitig, als Bibliothekar, in einer der Stadtbüchereien von Buenos Aires, ab 1955, als Direktor, in der argentinischen Nationalbibliothek –, bleibt ein Gelehrter, selbst wenn er gelegentlich über Bücher sprach, die er kaum oder gar nicht gelesen hatte.

Und vor allem: Macht denn die Quantität des Gelesenen den Gelehrten aus? Oder seine Fähigkeit, aus dem Gelesenen etwas Eigenes zu machen, ein gelehrtes Urteil?

Scharlatan

Der Schriftsteller als Falschspieler – dieser Gedanke hat mich lange umgetrieben. Nicht daß ich ihn per se für abwegig halte! In der gegenwärtigen Literaturlandschaft gibt es sicher einige, auf die das Verdikt zutreffen könnte. Sie sind »nicht imstande, die gröbste aller Versuchungen der Kunst abzuschütteln: die, ein Genie zu sein«.[1] Nämlich es zu *spielen* und damit die Mittelmäßigkeit ihrer Texte aufzuwerten. Aber Borges? Als er einmal über Schriftsteller im allgemeinen redete, sagte er: »Anscheinend plagiieren wir alle dauernd.«[2] Aber ist ein Plagiator schon ein Falschspieler? In dem bereits erwähnten Lexikonartikel, den er der Gesamtausgabe seiner Werke 1974 als Epilog anhängte, schreibt er über Sein und Schein seiner eigenen Schriftstellerexistenz:

> Das durch einen Wust von Monographien und Polemiken verbriefte Ansehen, das Borges zu Lebzeiten genoß, versetzt uns heute nicht ohne Grund in Erstaunen. Wie verlautet, war er selbst als erster erstaunt und fürchtete immer, man werde ihn zum Betrüger oder Scharlatan oder zu einem eigentümlichen Gemisch aus beidem erklären.[3]

Warum hat er diesen Absatz an zentraler Stelle des Lexikonartikels eingebaut, dort, wo sich an die Darstellung seiner genealogischen und literarischen Wurzeln die Würdigung seines Lebenswerks anschließt? Zunächst einmal als Scharnier, das den Artikel in zwei Hälften unterteilt. In deren zweiter Hälfte dekonstruiert er sein Image als »magischer Realist«, ohne den Begriff ein einziges Mal zu verwenden.

Er charakterisiert sich stattdessen als Verfasser von Gaucho- und Ganovengeschichten. Und als den großen Vereinfacher des Wortschatzes, auch das im Gegensatz zu seinem Image als Intellektueller und geradeso, als ob das seine eigentliche Leistung als Schriftsteller gewesen wäre.

War sie es vielleicht?

Nein, dieser Lexikonartikel ist kein postmodernes Spiel mit der eigenen Identität oder mit dem Leser. Borges ist beim Spielen – ganz im Sinne Schillers – ernst und voller Tiefe.

Dann sah er es also wirklich so?

Und sich selbst, der von der Öffentlichkeit völlig anders wahrgenommen wurde *und trotzdem bereitwillig diese andere Rolle spielte*, als Betrüger, Scharlatan oder Mischung aus beidem?

Klar, Borges liebte es, Widerspruch zu evozieren, nur dann konnte er Lob und Bewunderung genießen. Um eine derartige These aber überhaupt so prominent in der Kürzestzusammenfassung seines Lebenslaufs zu plazieren, muß man sie zumindest erwogen haben. Oder, und das vermute ich am Ende, Borges glaubte es *tatsächlich* selber. Wenn nicht der Selbe, so zumindest der Andere in ihm.

Das ehrliche Spiel spielen

Liest man Borges' Bücher der Reihe nach, fällt bald auf, daß immer wieder dieselben Namen und Verweise auftauchen. Das macht insbesondere die Lektüre der Essays mühsam. Sein Fundus intellektueller Referenzen ist begrenzt, das stimmt. Aber sein Fundus an literarischen Stoffen und Lieblingsmetaphern ist es nicht minder: »Einige wenige Themen haben mich im Lauf der Zeit immer wieder heimgesucht. Ich bin entschieden eintönig.«[1]

Borges wäre nicht Borges, wenn er von seiner eigenen Eintönigkeit nicht gleich auf die Eintönigkeit der ganzen Welt schlösse: »Das Schicksal liebt die Wiederholungen, die Varianten, die Symmetrien.«[2] »Daher die vorhersehbaren Monotonien, die Wiederholung von Wörtern und vielleicht von ganzen Zeilen.« Borges gesteht seinen Lesern offen ein, daß er von gewissen Stoffen nicht selten »zweite Versionen« (in einem anderen Setting) schreibt, »wie erloschene und ungewollte Echos«, die den ersten Versionen sogar »unterlegen zu sein pflegen«.[3] Jedenfalls lassen sich die meisten seiner Geschichten auf eine Handvoll erzählerischer Grundstrukturen zurückführen. Borges hat das im Lebensrückblick des »Autobiographischen Essays« selber gesehen: »Diese Geschichte habe ich […] immer wieder erzählt.« Und noch viel umfassender mit Blick auf seinen ersten, 1923 publizierten Gedichtband: »Wenn ich zurückblicke, so bin ich nie über dieses Buch hinausgekommen. Ich fühle, daß alles folgende Schreiben nur Themen entwickelte, die ich hier zum erstenmal aufgenommen hatte; ich fühle, daß ich im Laufe meines Lebens dieses eine Buch immer wieder geschrieben habe.«[4]

Sicher, es gibt unter Gedichten wie Erzählungen den einen oder anderen »Ausreißer«. Aber was die wesentlichen literarischen Stoffe betrifft, blieb sich Borges treu. Hat Kafka, zum Beispiel, nicht auch immer wieder dieselbe Geschichte geschrieben? Oder Karl May? Oder Hemingway? Schreiben wir alle vielleicht immer wieder dasselbe? Und wissen es nur nicht so klar wie Borges oder sagen es nicht so rundheraus?

Da ist er wieder, der ehrliche Borges, der mich unter all den verschiedenen Borges am nachhaltigsten beeindruckt. Ja, seine Stoffe sind begrenzt, und seine literarischen Kenntnisse und Erkenntnisse mögen es am Ende nicht minder sein. Gerade diese fast zwanghafte Wiederholung sagt allerdings etwas aus, denn die Begrenztheit ist *nicht* gespielt. Das, was sie in vielfacher Wiederholung faßt und letztlich als Werk *um*faßt, ist ganz unzweifelhaft der wahre Kern von Borges' Literatur, wenn nicht seiner Persönlichkeit. Borges, so glaube ich, war kein Falschspieler, sondern Spieler. Im Sinne Schillers? Eher wie einer, der nicht nur zum Vergnügen spielt, sondern auch aus Not. Einer, der das ehrliche Spiel spielt: Alles, was er in seinen verschiedenen Masken und Figuren über sich selber aussagt, ist wahrhaftig so gemeint. Ob es wahr ist, wäre eine andere Frage.

Vielleicht ist er gerade deshalb als Mensch noch viel interessanter denn als Schriftsteller. Sein Werk franst in den letzten Lebensjahrzehnten auf bedauerliche Weise aus, viele Erzählungen wirken konstruiert, viele Gedichte desgleichen. Ein »würdiger Abschluß« sieht anders aus. Ganz anders das »Bild seiner Person«! Er hat es, von denkbar schlechten Voraussetzungen ausgehend, im Alter zur Vollendung gebracht – das Bild eines intellektuellen Spielers mit oft archaisch vorintellektuellen Rollen. All die »Anderen«, in deren Identitäten er vorübergehend schlüpfte, wollte er wirklich sein, und er *war* es für die Dauer der Niederschrift wahrscheinlich auch. Sein Leben bestand ganz wesentlich darin, sich in diesem Kaleidoskop an Persönlichkeiten – nicht etwa aufzulösen oder gar zu verstecken, sondern vielfältig zu brechen und gerade dadurch zum Ausdruck zu bringen. Er war darin so überzeugend, daß schon manch einer die Brechungen für die Person selber hielt.

Erst zusammengenommen und oft ex negativo ergeben die Brechungen das, was der Mensch Borges wohl gern gewesen wäre und in seinem intensiven Wollen vorübergehend immer wieder war. Der blinde Bibliothekar ist nur eine dieser Rollen, der kabbalistische Spekulant, der Zeitreisende, der perfekte Mörder, der Ketzer, der Erleuchtete, der seine Wunder für sich behält, der Unsterbliche, der am Ende doch lieber sterben will … Zählt man seine Geschichten nach derartigen Rollen aus, wird unmißverständlich klar, daß er am allerhäufigsten in die Rolle des Gauchos schlüpfte, des Ganoven, des Kriegers, des Freiheitskämpfers, des Helden. Auch in der Wucht der Gestaltung sind die letztgenannten Rollen – die im Grunde nur ein und dieselbe Rolle in historisch verschiedenem Gewand sind – bei diesem Spiel überaus dominant.

Schließlich war das Spiel ein aus existentieller Not geborenes. Ein mit dem Einsatz der eigenen Persönlichkeit gespieltes, in der Hoffnung auf eine andere Persönlichkeit. Womit wir wieder an dem Punkt sind, wo wir schon einmal waren: Wenn man kein Mann sein kann – oder will –, muß man es – ihn – spielen.

Gelingendes Leben, gelungnes Leben

Die Literaturgeschichtsschreibung reduziert ihre Protagonisten auf Klischees. Hemingway erscheint mir, natürlich auf völlig andere Weise, kaum minder belesen wie Borges.

Aber das paßt nicht zum Bild des Abenteurers, das wir uns von ihm gemacht haben. Borges ist mindestens so gewalt- affin wie Hemingway. Aber das paßt nicht in die Schubla- de, in die er als Intellektueller gesteckt wurde.

Wenn wir davon absehen, haben wir zwei Männer vor uns, die einen beträchtlichen Teil ihres Lebens damit ver- brachten, ihre Probleme mit der eigenen Männlichkeit li- terarisch anzugehen, wenn nicht aufzuarbeiten. Nach den Emanzipationsbewegungen des 19. und 20. Jahrhunderts und ganz entschieden angesichts des Feminismus der Ge- genwart scheint ihre Form von Männlichkeit – ob tatsäch- lich praktiziert oder nur in der Phantasie ausgelebt – heute aus der Zeit gefallen zu sein.

Beide sind sie ziemliche Angeber. Der eine weiß, daß er ein »selbstgefälliger, rechthaberischer Schweinehund« und »gottverdammter Großkotz«[1] ist und prahlt ganz unver- hohlen: »So bin ich nachts fast immer lustig, zu Witzen auf- gelegt, ein bißchen süchtig nach Heldentaten, und gefalle mir nicht schlecht, im großen ganzen. Ich träume immer, ich wäre fünfundzwanzig oder dreißig und unwiderstehl- lich, was Frauen, Hunde und eine schöne Löwin angeht.«[2]

Der andere, sehr viel subtiler zwar, wuchert mit seinen Lesefrüchten und macht sich selbst und seine Werke gern auf scheinbar devote Weise klein, um Widerspruch zu evozieren – ein Prahlen zweiten Grades. Nur manchmal spreizt er sich unverkennbar: »Unter dem notorischen Ein- fluß Chestertons [...] und des Hofrats Leibniz [...] habe ich diese Fabel ausgetüftelt, die ich vielleicht einmal aus- führen werde und die mich schon heute an müßigen Aben- den irgendwie rechtfertigt. [...] Heute, am 3. Januar 1944, ahne ich sie wie folgt: [...]«[3] Borges bringt nicht einfach nur zu Papier, er ahnt. Was dann folgt, ist definitiv eine seiner schwächsten Erzählungen, abstrus und an den Haaren herbeigezogen, die Anknüpfung an berühmte Namen kann sie nicht aufwerten.

Trotzdem zähle ich beide zu meinen Lieblingsautoren, Hemingway seit Jahren und Borges fortan und fast wider Willen. Genaugenommen fühle ich mich *bei beiden gemeinsam* auf eine umfassende Weise »aufgehoben«: Beim einen als Abenteurer, der ständig nach Neuland und neuen Herausforderungen sucht, um gewisse Stoffe für den Leser zu holen, die man am Schreibtisch oder im Kaffeehaus nur vage erahnt. Beim anderen als einer, der aus der Literaturgeschichte eine Kraft zieht, wie sie nur Tradition vermitteln kann.

Es wäre ein leichtes, in Hemingway den prächtigen Parademann zu verurteilen und in Borges dessen Gegenteil, wenn nicht gar die Parodie eines Mannes. Wer liebt, kann zu einem solch simplen Urteil nicht kommen. Daß Hemingway der Gefahr ins Auge geblickt hat, ist unbestritten, daß er getötet hat, gehurt, geliebt, gezeugt – umstritten ist allenfalls, *wie weit* diese Erfahrungen tatsächlich gingen. Aber ist es nicht vergleichbar tapfer, dies alles im eigenen Leben als unerreichbar zu begreifen, es zu ertragen und, am schwersten, *es nicht zu verdammen*?

Hemingway überkompensiert ein frühkindliches Defizit in einem ganzen Katalog an Männlichkeitsinteressen und -beweisen. Borges kompensiert nicht minder heftig in der Phantasie und auf dem Papier. Von beiden haben wir die Texte, von beiden haben wir ein Bild der Person. Wenn ihr Werk am Ende abrupt abbricht oder im Belanglosen verläuft, haben sie wenigstens das Bild ihrer Person, um noch einmal Borges' Diktum zu zitieren, »zu einem würdigen Abschluß gebracht«? Für Hemingway war sein Leben, so scheint es, jeden Tag ein aufs neue gelingendes. Für Borges war es das nicht. Doch im Alter drehen sich die Verhältnisse um: »Bei intelligenten Leuten ist Glück etwas ganz Seltenes«, legt Hemingway in seinem letzten Romanfragment einer seiner Figuren in den Mund.[4] Am Ende gewannen bei ihm, der so oft betonte, welchen Spaß er gerade habe, Depressionen die Oberhand. Wohingegen der alte Borges versicherte: »Es vergeht kein Tag, an dem ich nicht ein oder zwei Momente vollkommenen Glücks erlebe.«[5]

Ein gelingendes Leben ist etwas anderes als ein gelungenes Leben.

Wagenheber

Die archaische Männerrolle gilt im Westen – genaugenommen, in den *öffentlichen* Diskursen des Westens – mittlerweile als obsolet, und eine neue ist nicht in Sicht. Wir wissen derzeit eigentlich nur, daß wir nichts mehr sicher wissen – nichts davon, was von einem Mann öffentlich erwartet wird, und noch viel weniger, was insgeheim erhofft. Für manche gilt Männlichkeit schon per se als Übel, wenn nicht gleich als genetischer Defekt,[1] den es durch lebenslange Sublimationsleistung zu bändigen gilt.

Die Fokussierung auf Diversität macht es nicht einfacher. Ist Männlichkeit wirklich nur das Produkt einer Wiederholung althergebrachter Sprechakte? Welche Alternativen gäbe es nach der Dekonstruktion der heterosexuellen Matrix? Sind multiple Maskulinitäten, nichtbinäres

Selbstverständnis und drittes Geschlecht Optionen, über die wir nachdenken müssen? Angesichts einer mit weltanschaulichem Ehrgeiz betriebenen Verwirrung bleibt Männern seit Jahrzehnten nur die typische Haltung der Postmoderne: Widersprüche aushalten und (selbst-)ironisch brechen.

Aber reicht das aus?

Der Zeitgeist und die Entwicklung der westlichen Eliten innerhalb der letzten fünfzig Jahre ist das eine. Das andere ist nicht unbedingt der Blick auf all die Jahrtausende davor, sondern auf die Gegenwart unsres Alltags. Hat die dekonstruktivistische Geschlechterforschung Frauen glücklicher gemacht? Oder nur ihre Sehnsüchte vielfältiger und abgründiger? Welcher Mann schwebt ihnen *wirklich* vor – einer, der sie bekocht und bekuschelt, oder einer, der den Wagenheber in die Hand nimmt und sich auch sonst als »ganzer Kerl« gibt? Wahrscheinlich beide, je nach Tageszeit. Gerade hat mir eine Frau, Mitte Zwanzig, erzählt, wie zermürbend es sei, an einen »ganzen Kerl« zu geraten, weil der natürlich immer der Macker sein wolle. Und weil man dann automatisch in die »typische« Rolle der Frau rutsche, sich anpasse und unterordne. Aber *noch* härter sei es, daß es kaum mehr Kerle gebe; ein schwacher Mann sei unerträglich, dann lieber gar keiner.

Ich hätte ihr gern Borges oder Hemingway empfohlen, aber ich war mir plötzlich unsicher, ob sie den einen als schwachen und den anderen als starken Mann gelesen hätte. Oder umgekehrt. Und was sie am Ende ihrer Lektüre womöglich über mich denken würde.

* * *

Staublunge

Außerdem ist mir während der Arbeit an diesem Buch erst Borges, dann auch wieder Hemingway so richtig unsympathisch geworden; warum sollte ich sie empfehlen? Sie stehen für zwei Extreme ein und desselben Defizits, für ein Sich-Abarbeiten am Männlichkeitswahn, wobei es schwer zu entscheiden ist, wer dem größeren, absurderen Wahn verfallen war. Eine erfüllte Männlichkeit braucht derlei nicht.

Aber sich beweisen, erproben, mit ihresgleichen messen, wettstreiten, versöhnen und gemeinsam feiern, das braucht sie sehr wohl. Es muß nicht immer gleich um Leben und Tod gehen. Ich habe all das im Bereich des Sports erfahren und dabei gewisse Charaktereigenschaften zu schätzen gelernt, die ich auch jenseits des Sports sofort an anderen wahrnehme oder vermisse: die Fähigkeit, an seine Grenzen zu gehen und manchmal darüber hinaus; Fairness im Wettkampf; neidlose Anerkennung von Leistung bei anderen; undsoweiterundsofort. Aufgrund meiner Erziehung bin ich ganz selbstverständlich in diese Welt hineingewachsen, es war nie weiter der Rede wert. War es ein Ausdruck von Männlichkeit? Diese Frage habe ich mir nie gestellt.

Man findet das längst auch bei Frauen, und nicht etwa nur bei Spitzensportlerinnen oder Topmanagerinnen. Aber es bleibt selbst dann »männlich« (beziehungsweise wird als »männlich« zugeschrieben), wenn die entsprechenden Verhaltensmuster von Frauen übernommen werden – so wie in den letzten Jahrzehnten »weibliche« Verhaltensmuster von Männern übernommen wurden. Gibt es jenseits des klassischen Männerbildes vielleicht auch heute

noch eine – keineswegs deckungsgleiche – klassische Vorstellung von »männlich«? Und von »weiblich«? Wer stets
nur den Blick auf Einzelfälle richten und in jedem Individuum einen selbstbestimmten Mix an transkulturellen und
transsexuellen Eigenschaften erkennen will, vertritt zwar
eine sympathische politische Agenda, gibt jedoch den phi-
losophischen Erkenntnisgewinn preis, der ohne abstrakte
Kategorien nun mal kaum zu haben ist.

Ein Buch über Männlichkeit zu schreiben, *wie ich sie
selber sehe*, hatte ich nie vor. Erst im Verlauf der Gender-
Debatte wurde mir klar, daß Männlichkeit in meinen Büchern zwar nie das eigentliche Thema ist, aber durchaus öfter verhandelt wird. Borges' Texte hingegen, jedenfalls *die
von der rosa Ecke* und die *Southern*, sind ausgesprochene
Lehrstücke der Männlichkeit, faszinierend und schrecklich
zugleich. Eine erzählerisch brillante Kontrafaktur all dessen, was wir derzeit kritisch diskutieren. Sind sie deshalb
weniger zeitgemäß?

Ich bin bekanntlich Nietzscheaner, nicht zuletzt verehre ich Nietzsche als großen Stilisten. Verehre ich Borges?
Gewiß nicht. Dennoch empfinde ich eine merkwürdige,
höchst ambivalente Nähe zu ihm. Sie wurde mir schlagartig
klar, als ich auf die erste Stelle stieß, an der er mit dem »barocken« Stil seines Frühwerks abrechnete. So explizit hatte
ich das bislang nirgendwo gelesen. Und doch ganz genauso
seit Jahren selber empfunden, nämlich was mein *eigenes*
Frühwerk betrifft und dessen artistische Ambitionen. Dann
Borges' Unfall, die Blutvergiftung, das Schweben zwischen
Leben und Tod, noch dazu im selben Alter – konnte das
bloßer Zufall sein? Seine Vorliebe für Lexika, seine Freude
an Listen kleiner Dinge,[1] sein Vergnügen beim Herbeizitie-

ren erfundener Autoren, all das teile ich – und gewiß manch anderes, was mir bislang noch gar nicht bewußt wurde.

Dennoch, keine Frage, ist mir Borges in wesentlichen Punkten fern und fremd. Nein, seine Vorstellung von Männlichkeit teile ich nicht, *teile ich überhaupt nicht*, vielleicht einfach deshalb, weil ich es nicht nötig habe. Der Eintritt in die Männergesellschaft, der Borges so katastrophal mißglückte, ist mir – als Eintritt in die Erwachsenengesellschaft – zwar nicht mit Bravour gelungen; ich habe diesbezüglich jedoch nichts aufzuarbeiten.

Damit bin ich wahrscheinlich ein nicht ganz untypischer Vertreter meiner Generation. Schon in unserer Jugend gerieten »männliche Männer« im Zuge des Feminismus gewaltig in Rechtfertigungsnot. In den nachfolgenden Generationen wurden sie, zumindest unter Intellektuellen, so gut wie ausgerottet. Der Prozeß der Emanzipation ist freilich noch längst nicht an sein Ende gekommen. Heute prägt er nicht nur unser Kulturleben, sondern das gesamte öffentliche Gespräch, sofern man von einem solchen – *einem* solchen – überhaupt noch sprechen kann. Nämlich mit seiner Präferenz für Empathie und emotionale Beurteilung von Sachverhalten, mit seiner Art und Weise, mit dem Herzen zu denken und Konflikte lieber zu moderieren, als sie direkt anzugehen und aus der Welt zu schaffen. Das hat unsrer Diskussionskultur gut getan! Und hat jeden von uns, vorausgesetzt er versteht sich als Mitglied der Linken, zu einem engagierten Weltverbesserer gemacht. Uns alle mittlerweile aber auch zu einer Wohlfühlgesellschaft, die es am liebsten jedem recht machen und jeden »mitnehmen« will. Um was immer es gehen mag, ein gefühliges Meinen setzt sich nicht selten gegen Argumente und sogar Fakten durch:

Unsre Debattenkultur droht mitunter, im wogenden »Brei der Herzen« unterzugehen, von dem Hegel in der Vorrede zu seiner »Philosophie des Rechts« spricht.[2]

Zwar fordert man immer häufiger »klare Kante«, hütet sich allerdings, über die bloße Empörung hinauszugehen. Schließlich hat man ja das richtige, das gute Gefühl gezeigt, das ist die Hauptsache.

Wieder ist in der westlichen Welt die Phase des Appeasements angebrochen, die Phase einer fahrlässigen Zurückhaltung gegenüber lautstarken Minderheiten jeglicher Couleur – wer die Geschichte kennt, weiß, was das à la longue bedeutet. Nietzsche hätte es ganz unverhohlen als Zeichen des Niedergangs gedeutet, Borges als ehrlos und feige der Verachtung seiner Protagonisten preisgegeben. Keinesfalls will ich das Rad der Geschichte zurückdrehen und eine überholte Idee der Männlichkeit gegen die Tendenzen unsrer Gesellschaft ins Feld führen, sich selbst zu demontieren. Zeit für eine Neubesinnung darauf, was das einmal war, Männlichkeit, und was es unter anderen Vorzeichen und Gewichtungen wieder sein könnte, ist es meiner Meinung nach schon. Eine Männlichkeit auch der Haltung, also das Einstehen für etwas und gegen etwas anderes, selbst wenn man Mut dazu braucht. Ich gestehe, daß ich keine klaren Antworten zu bieten habe. Umso klarer sehe ich die Dringlichkeit, die Frage nach einer neuen, zeitgemäßen Männlichkeit zu stellen.

Daß einige der Antworten robuster ausfallen müßten, als uns allen lieb ist – nicht zuletzt um die altbackenen Männerkonzepte der Populisten erfolgreich kontern zu können –, erscheint mir unvermeidlich, wenn wir nicht nur mit Deeskalationsrhetorik und Beschwichtigungsappellen weiterwursteln und im Zustand permanenter Gegenwartsverdrängung verharren wollen. Vor dem G20-Gipfel 2017 wurden die Geschäftsinhaber im Hamburger Schanzenviertel aufgefordert, Protestplakate gegen den Gipfel in ihre Schaufenster zu hängen, andernfalls hätten sie mit »Entglasung« zu rechnen. Als der Schwarze Block dann tatsächlich durch die Schanze zog, um die Drohung wahrzumachen, stand mein Freund Mehmet mit seinen Leuten aufgereiht vor seinem Restaurant, dem »Pamukkale«. Als sich die ersten Reihen näherten, riefen sie ihnen zu: »Wir schlagen zurück!« Das »Pamukkale« war eines der wenigen Lokale, dessen Schaufenster in dieser Nacht heil blieben, obwohl kein Anti-G20-Plakat aufgehängt war.

»A laare Hosn«, wie man in Bayern sagt, also einer, der »keinen Arsch in der Hose hat«, ist nun mal kein Mann. Wie gesagt: Ich will die Errungenschaften der Emanzipation keineswegs preisgeben! Allerdings glaube ich, daß nach These (archaisches Männerbild) und Antithese (egozentrisch soft, vegan vollbärtig) nun höchste Zeit für die Synthese ist, für einen spannenden Remix aus dem Best-of beider Rollenkonzepte. So jedenfalls mein dialektisches Weltverständnis, das ich während meiner Studienjahre verinnerlicht und bis heute nicht aufgegeben habe.

Ein kleines Plädoyer für die Mitte soll noch angefügt werden: Jeder Mann braucht sein eigenes Maß an Männlichkeit. Es ist Teil seiner Lebensaufgabe, herauszufinden, wieviel Männlichkeit er besitzt und wieviel er davon oder darüber hinaus tatsächlich nötig hat, um ein glückliches Leben zu führen. Gelassenheit spielt dabei eine zentrale Rolle. Man *muß* nicht immer Mann sein. Man sollte es nur jederzeit *können*. Ich fürchte, man hat sich sein Leben lang als Mann auf Abruf zu begreifen und es tatsächlich immer wieder, von einer Sekunde zur nächsten, zu sein. Wenn in der Jugend die Wehrhaftigkeit im Mittelpunkt stehen mag, so im Alter die Fähigkeit, ganz ohne falsches Pathos ernstgenommen zu werden – selbst von denen, die eine Sache lieber nonverbal klären.

Die Mitte, die mir dabei vorschwebt, ist keine ein für allemal erreichte, schon allein der wechselnden Lebenssituationen wegen, in die man geraten und in der man seine Männlichkeit mit anderem Gewicht und anderer Gewichtung aktivieren oder sogar ausspielen muß. Auch in meinem eigenen Leben wechsle ich dabei vom einen Extrem zum anderen: Beschloß ich während einer NATO-Übung, an der ich als Reservist während des Studiums teilnehmen mußte, den Wehrdienst nachträglich zu verweigern, so verteidigte ich doch mit bloßen Händen meine Freundin, sobald sie – da waren wir im Maghreb unterwegs – von Jugendlichen angegrapscht wurde. Bin ich heutzutage häufig einer, der seine Tage, Wochen, Monate in der Geborgenheit einer Schreibklausur verbringt, höchst reduziert in vielen Aspekten seiner Männlichkeit, so breche ich danach doch immer wieder auf in die Welt, um dort das Abenteuer zu suchen – gelegentliche Konfrontationen leider inklusive. Auch ich brauche die Herausforderung als Mann, am liebsten in der Gesellschaft von Freunden.

Männlichkeit hat für mich viel mit Potentialität zu tun. Und mit einem gewissen – gewissen! – Ehrgefühl, selbst dort, wo man alleine ist und keiner zusieht. Wie alles im Leben ist sie eine ambivalente Sache. Minne, âventiure, ritterlicher Verhaltenskodex? Was denn sonst! Waffenfetischismus und offne Feldschlacht? Um Himmels willen!

Zwar hat Borges recht, wenn er uns erinnert: »So bezeichnet das Wort ›Mann‹ in allen mir bekannten Sprachen sexuelle und kriegerische Fähigkeit, und das Wort virtus, das im Lateinischen Mut bedeutet, stammt von vir, Mann.«[3] Keine Frage, das ist der Wesenskern dessen, was weltweit, mag es der Zeitgeist ablehnen oder nicht, als Männlichkeit gilt. Aber sie erschöpft sich darin nicht. Im Laufe der letzten Jahrhunderte wurde sie sublimiert, kultiviert, vielleicht gar domestiziert, und in vielerlei Erscheinungsformen entfaltet. Sie hat, zumindest in ihrer intellektuellen Spielart, zu einer Neujustierung gefunden, die ein gleichberechtigtes Miteinander der Geschlechter ermöglichte. Großartig! Aber die brisante Grundlage dessen, was auch die neuen Erscheinungsformen des Männlichen ausmacht, sollte man nicht aus den Augen verlieren; sie muß von Generation zu Generation neu eingehegt *und in dieser Form dann gelebt werden.*

Ganz recht, ein wenig mehr Männlichkeit, wohlverstandene Männlichkeit, täte den westlichen Gesellschaften, die sich in der Phase der Selbstauflösung befinden, gut. Und bei all dem, was danach kommen mag, erst recht.

Ob man mit einer Staublunge endet, weil man sein ganzes Leben von einem Abenteuerspielplatz zum nächsten unterwegs war und sich dabei als Supermann inszenierte, oder ob man jahrzehntelang nur den Staub von Folianten wegstreichelte und von seinen Verehrern gerade deshalb zum Superstar stilisiert wurde, ist vielleicht Veranlagungssache, vielleicht Geschmacksfrage, ganz sicher aber nebensächlich. Entscheidend ist nicht das kausale Abarbeiten eines Lebensentwurfs, sondern seine teleologische Vollendung. Auch Helden gibt es am Ende in allen Formaten.

Dank und Bitte

Die Idee zu diesem Buch entstand am 19. Juni 2020 in meiner Stammkneipe, dem Hamburger »Meisenfrei«. Ich erzählte Jürgen Abel, meinem langjährigen Lektor, über meine Borges-Lektüre und auf welch abenteuerliche Pfade ich dabei geraten war; er hatte die Idee, ich solle daraus ein Buch machen.

Die Erstniederschrift erfolgte vom 15. Juli bis 16. Oktober 2020 in Wien; korrigiert und lektoriert wurde bis zum 13. Februar 2021. Daß Wolfgang Ferchl auch diesem Buchprojekt als kritischer Begleiter zur Seite stand, war beflügelnd und beruhigend zugleich. Es mag von Interesse sein, daß auch einige Frauen den Text lasen und mit ihren Hinweisen erst zu dem machten, was er jetzt ist.

Eigenheiten der Orthographie (»Guitarren«), der Interpunktion wie der Groß- und Kleinschreibung innerhalb von Zitaten wurden belassen. Übersetzungen von Textpassagen aus dem Englischen, vor allem aus Interviews oder Manguels »Borges im Gegenlicht«, sind von mir, desgleichen Kursivierungen in Zitaten. Sofern mehrere Zitate aufeinanderfolgen, die demselben Text entnommen sind, sind die Belege in der Quellenangabe hinter dem zuletzt angeführten Zitat zusammengefaßt.

Dies Buch ist nicht mit dem Ehrgeiz geschrieben worden, es mit den Publikationen der Borges-Forschung aufzunehmen oder gar sie zu widerlegen. Dazu hätte ich mich ja erst einmal mit der Borges-Forschung auseinandersetzen müssen. Wenn überhaupt etwas widerlegt werden soll, so das gängige Borges-Klischee, wie es von Intellektuellen in meiner Gegenwart immer wieder verbreitet wurde. Für einen Borges-Spezialisten wird es ein Leichtes sein, Lektürelücken und Einseitigkeiten der Interpretation zu entdecken. Ich bitte um Nachsicht, daß mich meine Begeisterung darüber hinweggetragen hat.

MP, 13/2/21

Anmerkungen

Zeitenwende, Männlichkeit

1 Welt, 25.10.2023.

2 Sarah Pines: »In Europa sind die Migranten stark, weil wir schwach sind.« Welt, 2.11.2023; https://www.welt.de/kultur/plus248284404/Philosoph-Michel-Onfray-In-Europa-sind-die-Migranten-stark-weil-wir-schwach-sind.html.

3 Zum Beispiel: Munition für die Ukraine: Rheinmetall baut Standort in Unterlüß aus. NDR, 12.2.2024; https://www.ndr.de/nachrichten/niedersachsen/lueneburg_heide_unterelbe/Rheinmetall-legt-Grundstein-fuer-neues-Munitionswerk-in-Unterluess,rheinmetall260.html.

Kühn

1 Gemeinsam mit ████████████, ████████████ und ████████ ████████ u. d. T. »Was soll der Roman?« in: DIE ZEIT, 23.6.2005, und in: MP: Vom Verschwinden der Dinge in der Zukunft. Hamburg: Hoffmann und Campe 2007, S. 102 ff.

Barockes Erzählen, direktes Erzählen

1 J. L. B.: Gesammelte Werke. Hg. Gisbert Haefs u. Fritz Arnold. München: Hanser 1999 ff. Alle Zitate, wenn nicht anders angegeben, nach dieser Ausgabe.

2 Seine Eltern reagierten nicht etwa besorgt, wie die meisten Eltern (James Woodall: Jorge Luis Borges. Der Mann im Spiegel

seiner Bücher. Übers. Merle Godde. Berlin: Ullstein 1999, S. 51, 66, 80), im Gegenteil: »Man erwartete von mir, daß ich Schriftsteller würde.« (Jorge Luis Borges: Autobiographischer Essay. in: Ders.: Gesammelte Werke. Hg. Curt Meyer-Clason. München: Hanser 1980, Bd. 9: Borges über Borges, S. 15.

3 Autobiographischer Essay. Borges über Borges, S. 15.

4 Ebd., S. 24.

5 Vorwort zu: Diskussionen. Essays Bd. 1, S. 122.

6 Erzählungen. Bd. 1, S. 97.

7 Ebd.

8 Noch in einer seiner letzten Erzählungen, »Shakespeares Gedächtnis«, schreibt er: »Ich kann nicht erzählen.« (Erzählungen 2, S. 220)

9 Vorwort zu: Universalgeschichte der Niedertracht. Erzählungen 1, S. 8.

10 Seminar über Fiction. in: Borges über Borges, S. 96.

11 Autobiographischer Essay. Borges über Borges, S. 42 f.; Erzählungen 1, S. 8.

12 Borges in einer Rede am 19. 2. 1963 in London (Woodall, S. 315). In seinem »Autobiographischen Essay« steht nur: »Bis vor ein paar Jahren *hätte* ich, wäre der Preis dafür nicht zu hoch gewesen, Exemplare gekauft und verbrannt.« (S. 36, Kursivierung von mir)

13 Aus ebenjenen Gründen distanziert er sich im Alter explizit von »Tlön, Uqubar, Orbis Tertius«: »Dergleichen würde ich heute nicht versuchen.« (Seminar über Fiction. Borges über Borges, S. 96)

14 Universalgeschichte der Niedertracht. Vorwort zur Auflage von 1954. Erzählungen 1, S. 8.

15 El Hacedor. In der Ausgabe der Gesammelten Werke sehr frei übersetzt als »Borges und ich«.

16 Autobiographischer Essay. Borges über Borges, S. 43, 48.

17 Vorwort zu: Universalgeschichte der Niedertracht. Erzählungen 1, S. 8.

18 Ebd., S. 9.

19 So bereits 1935 im Vorwort zur *ersten* Auflage der »Universalgeschichte der Niedertracht« (Ebd., S. 7).

20 Tod am Nachmittag, Übers. Annemarie Horschitz-Horst. Reinbek: Rowohlt 1967, S. 164.

21 Die grünen Hügel Afrikas. Übers. Annemarie Horschitz-Horst. Gütersloh: Bertelsmann 1962, S. 26, 28, 34.

»Das kraftvolle Mischblut«

1 Das Kinderzimmer. In: Der illustrierte Mann.

2 So charakterisiert er eine seiner Figuren, Billy the Kid. (Der uneigennützige Mörder Bill Harrigan. Universalgeschichte der Niedertracht. Erzählungen 1, S. 46)

3 Im engl. Original »a momentary dolt«; A. M.: With Borges. London: Telegram 2006, S. 69. Manguel, damals ein junger Buchhändler, besuchte den erblindeten Borges eine Zeitlang regelmäßig, um ihm vorzulesen.

4 Woodall, S. 288.

5 Vorbemerkung zu: Sechs Aufgaben für Don Isidro Parodi. Gemeinsame Werke 1, S. 13.

6 »Sie waren Mischlinge vom Blut des weißen Mannes [...], Mischlinge vom Blut des roten Mannes [...]«. (Die Gauchos. Gedichte 2, S. 295) Siehe auch: El Gaucho Martín Fierro. Interview mit Borges am Spanisch-Institut der Uni Bristol, Februar 1963; zit. in: Woodall, S. 317. Andernorts schreibt er über den Gaucho: »Man braucht ihn nicht ethnisch zu definieren: Er war Zufallssproß vergessener Conquistadoren oder Siedler, Indiomischling, bisweilen Mulatte oder Weißer.« (El gaucho. Essays 3, S. 278) »Der Gaucho konnte Weißer, Schwarzer, Indio, Mulatte oder Zambo sein«. (Evaristo Carriego. Essays 1, S. 55)

Töten wollen, sterben wollen

1 Erzählungen I, S. 245.

2 Nachschrift von 1956 zum Vorwort; Erzählungen 1, S. 178.

3 Ebd., S. 177.

4 S. dazu den Abschnitt »Magischer Realismus?«, S. 114 ff.

5 Erzählungen 1, S. 233.

6 Kommentar zu »Der Süden« in: Erzählungen 1, S. 416. James'
   Novelle ist in den verschiedenen deutschen Übersetzungen verschieden betitelt.

7 Auch Borges hatte Vorfahren, die im Kampf fielen, wenngleich
   nicht im Kampf gegen Indios; s. S. 162 ff.

8 »Tausendundeine Nacht«, die Dahlmann zu Beginn der Erzählung nach Hause trägt, blind vor Glück und daher des drohenden Unglücks nicht gewahr, gehörte zeitlebens zu Borges'
   Lieblingsbüchern. Auch »Martín Fierro« wird explizit genannt,
   um Dahlmanns (Borges') »criollismo« anzusprechen.

9 Der Süden. Erzählungen 1, S. 238. Borges hatte mütterlicherseits
   englische Vorfahren; als Germanen bezeichnet er in anderem
   Kontext oft Engländer (nicht etwa Deutsche), oder er verwendet
   das Wort als Oberbegriff für die germanischen Völker des
   Mittelalters.

10 Borges schildert den Unfall in »Autobiographischer Essay«,
   S. 47. Eine etwas abweichende Schilderung in: Woodall,
   S. 140 ff.

11 Ebd., S. 239.

12 Ebd., S. 238.

13 Borges' Großvater Francisco Borges, ein Oberst, fiel 1874 in
   einer der argentinischen Revolutionsschlachten. Er bzw. sein
   Tod wird in Borges' Werk öfter beschworen, vgl. z. B. S. 177.

14 Seminar über Fiction. In: Borges über Borges, S. 93.

15 Borges weinte, als ihm seine Mutter – er war bereits aus dem
   Krankenhaus entlassen und zurück in der gemeinsamen
   Wohnung – etwas vorlas. Gefragt, warum er weine, antwortete
   er: »Weil ich verstehe.« (Autobiographischer Essay. Borges über
   Borges, S. 47)

16 Der Süden, Erzählungen 1, S. 245.

Das Messer

1 Etmal. Gedichte 1, S. 103; Samstage. Gedichte 1, S. 69.

2 Mit guten Gründen, wie die Übersetzer ausführen.

3 Zum Beispiel in: Lob des Schattens, Gedichte 2, S. 327.

4   In einer Rezension von Borges' Gedichten; Neue Zürcher
    Zeitung, 8.12.2007; https://www.nzz.ch/traeume_von_
    schlachten-1.595723.

5   Zit. n.: Woodall, S. 20.

6   Vor anstehenden Wahlen trieben von den Parteien bezahlte
    Schläger mit Gewalt Stimmen ein.

7   Gedichte, Bd. 2, S. 219.

8   Die Gauchos. Gedichte, Bd. 2, S. 295.

9   Zwei Brüder. Gedichte, Bd. 2, S. 203.

10 Blaues Meer. In: Ernest Hemingway: 49 Depeschen. Hg. u.
    Übers. Ernst Schnabel. Reinbek: Rowohlt 1969, S. 148. Vgl.
    Sordo in seinem letzten Gefecht gegen die spanischen Faschi-
    sten: »Er war so vergnügt, wie nur ein Jäger vergnügt sein
    kann.« (Wem die Stunde schlägt. Ohne Ang. d. Übers. Frank-
    furt: Suhrkamp 1948, S. 282)

11 27.8.1949 an Charles Scribner. Ausgewählte Briefe 1917–1961,
    S. 433.

12 Wem die Stunde schlägt, S. 258.

13 Übers. Annemarie Horschitz-Horst. Gütersloh: Bertelsmann
    o.J., S. 133. Die Lust am Töten … Auch Wolfgang Borchert weiß
    darum, in seiner kurzen Geschichte »Die Kegelbahn« läßt er
    zwei Soldaten darüber räsonnieren, daß sie so viele Menschen
    erschossen haben, »die sie gar nicht kannten«: »Es war furcht-
    bar, stöhnte der eine. Aber manchmal hat es auch Spaß gemacht,
    lachte der andere. Nein, schrie der Flüsternde. Doch, flüsterte
    der andere, manchmal hat es Spaß gemacht. Das ist es ja. Richtig
    Spaß.« (Das Gesamtwerk. Hg. Bernhard Meyer-Marwitz.
    Reinbek: Rowohlt 1949, S. 169f.)

14 In: Ernest Hemingway: Sämtliche Gedichte. Hg. Else u. Hans
    Bestian. Reinbek: Rowohlt 1988, S. 34. Das Gedicht trägt in
    dieser Ausgabe den Titel »In einer Illustrierten« (Hemingway
    hat ihm keinen Titel gegeben) und ist noch deutlich länger.

15 Wobei auch Hemingway Messer bedichtete – Messer, mit denen
    der Stier am Ende des Stierkampfs getötet wird: »Kurze Messer
    sind dicke, kurze Messer, sind flinke / kurze Messer, machen

einen notwendigen Stich« (Die Seele Spaniens mit McAlmon und Bird, den Verlegern. Teil sechs. Sämtliche Gedichte, S. 118).

Ehrenkodex

1   Im Fall von Borges nicht immer. Seine Besuche 1976 bei General Vileda (nach dem Militärputsch gegen Isabel Perón) und bei Pinochet kosteten ihn – abgesehen von seinem gelegentlich artikulierten Rassismus – wahrscheinlich den Nobelpreis. Sein Lob des Engagements der USA im Vietnam-Krieg konnte von einem Freund vor Drucklegung des Interviews gerade noch getilgt werden. (Woodall, S. 287, 335)

2   Borges las zumindest zwei Romane von Hemingway, »In einem andern Land« und »Haben und Nichthaben«. Siehe S. 95.

3   Nach allem, was ich bislang von außereuropäischen Kulturen mitbekommen habe, sind die Vorstellungen davon, welche Eigenschaften ein Mann idealerweise zu entwickeln und wie er zu leben hat, um von der Gemeinschaft anerkannt zu werden, weltweit ähnlich. Für eine Beschäftigung mit Borges und Hemingway reicht freilich der Blick auf die europäische Geistesgeschichte, von der sie beide, wenngleich auf unterschiedliche Weise, geprägt wurden.

4   Der andere Tod. Erzählungen 1, S. 303 f.

Macho sein, Macho spielen

1   Wolfgang Stock: Ernest Hemingway als Mädchen, 14. 5. 2019 auf: https://hemingwayswelt.de/ernest-hemingway-als-madchen/.

2   Carl Eby, zit. in: Tom Noga: Der Schriftsteller Ernest Hemingway – Pionier des amerikanischen Antihelden. Deutschlandfunk Kultur, 26. 6. 2021; https://www.deutschlandfunkkultur.de/der-schriftsteller-ernest-hemingway-pionier-des-100.html.

3   Die Konferenz fand 1922 statt und beendete den Krieg zwischen Griechenland und der Türkei. Zit. aus: Russisches Soldatenspiel. 49 Depeschen, S. 50.

4 »Ich freue mich schon darauf, über die Tage meiner Jugend zu schreiben, die ich in den feinsten Bordellen des Landes in der glänzendsten Gesellschaft, die man dort vorfand, verbracht habe.« (Tod am Nachmittag, S. 148) »Alle fragen sie [»die Mädels«] nach dir.« (In einem andern Land. Übers. Annemarie Horschitz-Horst. Gütersloh: Bertelsmann 1957, S. 54)

5 Zit. n.: Wolfgang Stock: Ein Sexprotz? Die Wahrheit über Ernest Hemingway wird viele überraschen. 3. 11. 2023 auf: https:// hemingwayswelt.de/ein-sexprotz-die-wahrheit-ueber-ernest-hemingway-wird-viele-ueberraschen/.

6 Nachspiel. Sämtliche Gedichte, S. 150.

7 Reinbek: Rowohlt 1987, S. 134.

8 Wem die Stunde schlägt, S. 89, 359.

9 Frankfurt: Suhrkamp 1948, S. 238. Ähnlich simpel, aber so peinlich daneben, daß es unzitabel ist: der imaginierte Liebesdialog einer reiferen Frau bei der Selbstbefriedigung in »Haben und Nichthaben«. (S. 205)

10 S. dazu S. 100 f.

11 In einem andern Land, S. 83 f.

12 Wem die Stunde schlägt, S. 314.

13 Vorbemerkung, S. 6. Ebd.: »Im Gegensatz zu vielen Romanen ist in diesem Buch weder eine Person noch ein Ereignis erfunden.«

14 Ebd., S. 219, 227.

15 Paris, ein Fest fürs Leben, S. 33, 61, 25.

16 Zit. n.: Wolfgang Stock: A. a. O., s. Anm. 4 zu »Macho sein, Macho spielen«.

17 49 Depeschen, S. 11. In »Die grünen Hügel Afrikas« nennt er jagen, fischen, schreiben, lesen und Bilder-Ansehen, »das […] war alles, was ich gern tat«. (S. 305)

18 Wolfgang Martin Roth: Ernest Hemingway. Literarische Modelle der Bewältigung adoleszenter Konflikte in den Nick Adams Stories. Vortrag vor der Wiener Psychoanalytischen Vereinigung am 26. 1. 2010 (unveröff.; Zitat aus dem Redemanuskript).

19 Gedicht (so der von Hemingway gewählte Titel). Sämtliche Gedichte. S. 88.

20 Paris, ein Fest fürs Leben, S. 25.

21 Männergesellschaft bevorzugt. FAZ, 24. 7. 2010; https://www. faz.net/aktuell/feuilleton/buecher/autoren/hemingway-und-die-frauen-maennergesellschaft-bevorzugt-11013532.html.

22 A. a. O., S. 89.

23 Vgl. dazu S. 134 ff.

24 Louann Brizendine: The male brain. Zit. n.: Das männliche Gehirn. Hamburg: Hoffmann und Campe 2010, S. 83.

Mutter, Schwester, Bordellbesuch

1 Manguel, S. 20 f.

2 Ursula Welsch u. Michaela Wiesner: Lou Andreas-Salomé. München-Wien: Verlag Internationale Psychoanalyse 1988, S. 46.

3 Der Forschungsstand zu Nietzsches Umnachtung ist kontrovers. Eine weniger marktschreierische Philologie weist beharrlich darauf hin, daß schon Nietzsches Vater an (vererbter) Gehirnerweichung zugrunde ging.

4 »Für meine Generation war er das Erdbeben der Epoche und seit Luther das größte deutsche Sprachgenie.« (Gottfried Benn: Nietzsche – nach fünfzig Jahren. In: Ders.: Gesammelte Werke in vier Bänden. Hg. Dieter Wellershoff. Stuttgart: Klett-Cotta 1977 f., Bd. 1, S. 483)

5 Estela Canto: Borges im Gegenlicht. Übers. Christian Hansen. München: Kunstmann 1998, S. 110.

6 Ebd., S. 107, 109.

7 Ebd., S. 109.

8 Ebd., S. 111.

9 Woodall, S. 328. Woodall legt nahe, daß es eine Psychoanalyse war. (S. 185)

10 Die Geschwister bekamen jahrelang Privatunterricht zu Hause.

11 Autobiographischer Essay. Borges über Borges, S. 12, 15.

12 Juan Alonso, zit. n.: Woodall, S. 319.

13 Vorwort von 1969 zu: Buenos Aires mit Inbrunst. Gedichte 1, S. 7.

14 Vorwort von 1969 zu: Notizheft San Martín. Gedichte 1, S. 123.

15 Vorwort von 1969 zu: Buenos Aires mit Inbrunst. Gedichte 1, S. 7.

16 S. S. 72.

17 Beide Zitate aus: Mann von Esquina Rosada. Erzählungen 1, S. 67.

18 So Woodall über den Typus der »Borges-señora«, S. 243.

19 S. 128.

20 Immerhin konnte er viele seiner Frauenbekanntschaften Jahre später dazu gewinnen, ihm vorzulesen oder gemeinsam mit ihm ein Buch herauszugeben.

21 So Hans-E. Lex, indem er die Darlegungen der Borges-Biographin María Esther Vázquez zusammenfaßt; er zitiert sie mit den Worten: »Ihm war es nicht wichtig, ob sie häßlich oder schön waren, sympathisch oder nicht – er wollte sie alle.« (DIE WELT, 10.07.1996, https://www.welt.de/print-welt/article650210/Der-Weltbuerger-als-Schuerzenjaeger.html) Tatsächlich hat Borges auch María Esther Vázquez heftig umworben, vergeblich.

22 James E. Irby: Entretiens avec James E Irby. In: Woodall, S. 230. Borges selbst beschreibt die eigene Stimme in seinem literarischen Zwiegespräch »25. August 1983« als »unangenehm und ohne Nuancen«. (Erzählungen 2, S. 189)

23 Autobiographischer Essay. Borges über Borges, S. 41.

Minne

1 Abwesenheit. Gedichte 1, S. 59. Ähnlich in »Abschied«: »Endgültig wie eine Marmorplatte / wird deine Abwesenheit andere Abende betrüben.« (Gedichte 1, S. 79)

2 Samstage. Gedichte 1, S. 69.

3 Borges liebte die Vermischung der Gattungen, streute viele kurze Prosatexte in seine Gedichtbände ein. Daneben gibt es Texte wie den hier erwähnten, der zwar keinerlei lyrischen Impetus hat, aber mit Zeilenbrüchen wie ein Gedicht gesetzt ist – Prosa in Versform.

4 Two English Poems. Gedichte 2, S. 17. Estela Canto berichtet,

daß Borges bei Gesprächen häufig ins Englische verfiel, wenn ihn seine Emotionen zu stark aufzuwühlen drohten.

5   Auch das Englische hat für Männlichkeit/Mannhaftigkeit mehrere Begriffe: maleness, manhood, manfulness …

6   Autobiographischer Essay. Borges über Borges, S. 8.

7   Das Verlorene. Gedichte 2, S. 373.

8   Borges über Borges, S. 64 f.

9   Alle Zitate: Erzählungen 2, S. 102 ff.

10 Hymnus. Gedichte 3, S. 289.

11 Things that Might Have Been. Gedichte 3, S. 225.

12 Elegie des unmöglichen Erinnerns. Gedichte 3, S. 101.

13 Gedicht, 1928 (das ist der Titel des Gedichts). Sämtliche Gedichte, S. 154.

14 Woodall, S. 242. Natürlich bewältigte er die erneute Zurückweisung auch lyrisch: »Man hat dich verlassen«, »Mir bleibt nur die Lust, traurig zu sein«. (1964. Gedichte 2, S. 135)

Sex

1   Manguel bezeichnet ihn als »lady-killer«. (Manguel, S. 54)

2   Autobiographischer Essay. Borges über Borges, S. 52. Borges' üblicher Trick, sich selbst zu kritisieren und kleinzumachen, um den Widerspruch des Zuhörers/Lesers nur umso stärker herauszufordern.

3   1946–1955 und 1973–1974.

4   Canto, S. 75.

5   Ebd., S. 76.

6   Woodall, S. 178.

7   Behauptet immerhin Adolfo Bioy Casares, darüber hinaus, daß sie, wie Borges, »mehr oder weniger blind« war. (Interview, 1. 12. 1994, zit. n.: Woodall, S. 327)

8   Canto, S. 93.

9   Ebd., S. 92. Siehe auch S. 90.

10 Ebd., S. 93. Der spanische Begriff »novia«, der hier als »Verlobte« übersetzt ist, heißt (heute) im Alltag meistens »feste Freundin«.

11 Kohan Miller in: El País, 29. 10. 1990; zit. n.: Woodall, S. 328.

12 Woodall, S. 189.

13 Canto, S. 194. – Estela Canto kann sich die Vermutung nicht ver-
    kneifen, »daß ihm ihre [der Tänzerin] geringe Intelligenz seine
    Hemmungen nahm«. Dabei hatte auch sie sich in jungen Jahren
    ihren Lebensunterhalt zeitweise als Tänzerin verdient.

14 »›*Immer* ist ein Wort, das den Menschen nicht gestattet ist‹,
    behauptete Ulrika« (Ulrika. Erzählungen 2, S. 103); »ich bat
    sie, mich zu heiraten, doch Beatrice Frost […] wollte sich an
    niemanden binden.« (Der Kongreß. Erzählungen 2, S. 119)

Mehr Fluch als Segen

1 Mann von Esquina Rosada. Erzählungen 1, S. 71.

2 »Das Buch ist überhaupt nicht symbolisch. Das Meer ist das
   Meer. Der alte Mann ist ein alter Mann. Der Junge ist ein Junge,
   und der Fisch ist ein Fisch.« (13. 9. 1952 an Bernard Berenson,
   Ausgewählte Briefe 1917–1961, S. 508)

3 Erzählungen 2, S. 13.

4 Ebd., S. 14 f.

5 Siehe S. 109.

6 Erzählungen 2, S. 28. Zur Quelle des Zitats S. Woodall, S. 244.

7 Kommentar zu: Die Phönix-Sekte. Erzählungen 1, S. 416.

8 Vgl. S. 72. – Eine von Borges' Jugendlieben, Norah Lange, hatte
   zwar norwegische Vorfahren; aber eine derartige Schlüsselrolle
   spielte sie für ihn nicht.

9 Erzählungen 2, S. 119.

Pflicht, glücklich zu werden

1 Und bei der Hemingway-Lektüre nicht minder, sobald es um
   die Darstellung des Geschlechtsakts geht: »Für ihn war es ein
   dunkler Weg, der nach Nirgendwo führte und weiter nach
   Nirgendwo und abermals weiter nach Nirgendwo und noch
   einmal nach Nirgendwo, immer und ewig nach Nirgendwo,
   schwer auf den Ellbogen in die Erde gekrampft nach Nirgendwo, dunkel, ohne Ende nach Nirgendwo, hangend immer und

alle Zeit nach dem bewußtlosen Nirgendwo, diesmal und immer
für ewig nach Nirgendwo, unerträglich jetzt, immer wieder und
immer nach Nirgendwo, unerträglich jetzt aufwärts, aufwärts,
aufwärts und ins Nirgendwo, plötzlich, versengend, umfassend,
und alles Nirgendwo ist dahin, und da waren sie beide, da die
Zeit stillstand, und er fühlte, wie unter ihm die Erde wich und
versank.« (Wem die Stunde schlägt, S. 145) Schlimm falsches
Pathos beim Sex auch hier: »Sie hatten das Jetzt und das Zuvor
und das Immerdar und das Jetzt, das Jetzt, das Jetzt. Oh, jetzt,
jetzt, jetzt, das einzige Jetzt, und vor allem jetzt, und es gibt kein
anderes Jetzt neben dir, mein Jetzt, und Jetzt ist dein Prophet.
Jetzt und immer nur jetzt. Komm, du mein Jetzt, denn es ist kein
Jetzt außer dem Jetzt. Ja, jetzt. Jetzt, bitte jetzt, nur jetzt, nichts
anderes, nur dieses Jetzt, und wo bist du, und wo bin ich, und
[...]« so weiter und weiter, 35 Mal »jetzt« in 14 Zeilen, »jetzt
entschwindend, jetzt emporsteigend, jetzt dahinschwebend,
jetzt dich verlassend, jetzt entrollend, jetzt in höchsten Höhen
schwebend, jetzt fort, jetzt weg, weit weg, ganz weit weg«;
und dann das Ganze noch mal mit dem Wort »eines«: »Eines
und eines ist eines, ist eines, ist eines, ist eines, ist immer noch
eines ...« (S. 340)

2 Die eiserne Münze. Gedichte 3, S. 175.

3 Canto, S. 100.

4 Gedichte 2, S. 195.

5 Erzählungen 1, S. 110. Im Spätwerk dann z. B.: »Ich werde
alle sein oder keiner. Ich werde der Andere sein.« (Der Traum,
Gedichte 3, S. 15) Oder: »Ich bin die nicht mehr sind.« (All Your
Yesterdays, Gedichte 3, 71) »Ein einziger Mensch wurde geboren, ein einziger Mensch ist gestorben auf Erden. Das Gegenteil
behaupten ist bloße Statistik, eine unmögliche Addition.« (Du.
Gedichte 2, S. 397) Überraschenderweise scheint Hemingway
diese Vorstellung zu teilen: In einem Brief berichtet er von
dem gelegentlichen Gefühl, »daß Sie zu allen Zeiten in vielen
verschiedenen Ländern lebten«; er »erinnert« sich daran, »wie
sich die verschiedenen Arten von Rüstungen angefühlt haben,

und wo man sich wundgescheuert hat«; er behauptet, sich bei Flauberts »Salammbô« zu langweilen, »weil ich mich erinnerte, wie es wirklich war«. (2.10.1952 an Bernard Berenson. Ausgewählte Briefe 1917–1961, S. 511)

6 Gedichte 3, S. 225.

7 »Seit meiner Knabenzeit […] wurde stillschweigend vorausgesetzt, daß ich das literarische Schicksal zu erfüllen habe, das die Umstände meinem Vater versagt hatten.« (Autobiographischer Essay. Borges über Borges, S. 14 f.)

8 Canto, S. 113.

9 Nachgelassene Schriften und Fragmente II. Hg. Jost Schillemeit. Frankfurt: Fischer 1992, S. 204, 152, 205 ff., 195, 199, 198.

10 Autobiographischer Essay. Borges über Borges, S. 10.

11 Ebd., S. 14.

12 »Ich brauche ein Zuhause.« (Woodall, S. 248)

13 María Kodama, Interview 20.11.1994, zit. n.: Woodall, S. 338.

14 Blindheit. Essays 4, S. 195.

Die andere Mannwerdung

1 Borges im Interview mit Ronald Christ. In: George Plimpton (Hg.): Writers at Work. The Paris Review Interviews, Fourth Series. New York: Penguin 1976. Bd. 4, S. 109–146; hier S. 115.

2 Ode, verfaßt im Jahr 1960. Gedichte 1, S. 259.

3 Manguel, S. 37 ff.

4 Ebd., S. 39.

5 Alle vorangegangenen Zitate: Gedichte 1, S. 168 f.

6 Ebd., S. 307.

7 Vgl. z.B. die Erzählung »Undr«: Ein Dichter, der im Tode die Essenz des ganzen Lebens in einem einzigen Wort zusammenfaßt, evoziert bei seinem hingerissen lauschenden Zuhörer »die Sklavin, die mir die erste Liebe schenkte, die Männer, die ich tötete«, und das Bild derer, die sich im Morgengrauen aufs Meer hinausbegeben, neuen Abenteuern entgegen. (Erzählungen 2, S. 153)

»Nur dich spüre ich, harte rosa Straße«

1 Straße mit rosa Ladenschänke. Gedichte 1, S. 87.
2 Ja, sie selbst öffnet sich leuchtend »wie eine Pampa« (Vierzehn-silber. Gedichte 1, S. 119).
3 Der Tango. Gedichte 2, S. 71.
4 Nachwort zu: Das Sandbuch. Erzählungen 2, S. 184.
5 So Borges in seinem zweiten Essayband »El tamaño de mi esperanza«, den er nicht in die Gesamtausgabe aufnahm. Auch in der deutschen Gesamtausgabe fehlt er. Zit n. Woodall, S. 33.
6 Seminar über Fiction. In: Borges über Borges, S. 73, 75, 77, 80f., 83, 85, 88, 90.
7 Ebd., S. 89.
8 Paris, ein Fest fürs Leben. Übers. Werner Schmitz. Reinbek: Ro-wohlt 2011, S. 16.
9 Monolog, an den Maestro gerichtet. 49 Depeschen, S. 130. S. a.: »Wie wir wissen, ist der Epiker gewöhnlich unaufrichtig.« (23.7.1945 an Maxwell Perkins, Ausgewählte Briefe 1917–1961, S. 394) »Romanschreiber sind bloß Superlügner« (14.10.1952 an Bernard Berenson. Ebd., S. 515) – Im Vorspann zu »Die grünen Hügel Afrikas« versichert Hemingway dem Leser: »Der Autor hat versucht, ein wirklich wahres Buch zu schreiben.« (S. 6) Und in »Wem die Stunde schlägt« nimmt sich der Ich-Erzähler vor, nach dem Krieg nach Hause zu gehen: »Ich werde ein wahr-heitsgetreues Buch schreiben.« (S. 149) – Diesem Credo bleibt Hemingway bis ins Alter treu. Es versteht sich, daß all seine Werke auf entsprechenden persönlichen Erfahrungen beruhen, sie haben (wie die Werke Borges') einen autobiographischen Kern. Und können deshalb auch – vornehmlich die Aussagen der jeweiligen Ich-Erzähler – zum Verständnis von Hemingways eigener Haltung herangezogen werden.
10 Zit n.: Woodall, S. 125.
11 Evarista Carriego. Essays 1, S. 7.
12 Autobiographischer Essay. Borges über Borges, S. 16.
13 Ebd., S. 12f.
14 Elegie der Portale. Gedichte 1, S. 131.

15 Erzählungen 1, S. 243.

16 Essays 1, S. 34.

17 Andernorts betont er, daß »die Entdeckung, nennen wir es
einmal so, unserer Vorstadt Carriegos Verdienst« sei. (Evaristo
Carriego. Essays 3, S. 252) Insofern wären also auch Borges'
eigene Entdeckungsstreifzüge durch Lektüre von Carriegos
Gedichten (beziehungsweise durch dessen Besuche in Borges'
Elternhaus) angeregt und vorgeprägt.

18 Wo sind sie hin? Gedichte 2, S. 207.

19 Gedichte 1, S. 125.

20 Der Tango. Gedichte 2, S. 69.

21 Die Farbe Blau hat Borges in dieser Hinsicht weit weniger
inspiriert: In einem Gedicht schreibt er, die Schlaflosigkeit treibe
ihn jede Nacht »in die Vororte. Eine ferne Straßenecke, / […] /
die eine blaue Wand […] aufweist. / Hier ist Buenos Aires.«
(Die zyklische Nacht. Gedichte 2, S. 19) In einer seiner letzten
Geschichten mit dem trügerisch friedlichen Titel »Die Nacht der
Gaben« reiten die Protagonisten in die nächstgelegene Kleinstadt: »An einer Ecke sind wir abgestiegen vor einem himmel-
blau oder rosa gestrichenen Haus …« (Erzählungen 2, S. 138),
und natürlich gibt es bald auch in dieser Ladenschänke einen
Toten zu beklagen (oder eigentlich zu bejubeln).

22 Unbekannte Straße. Gedichte 1, S. 17.

23 Rodríguez Monegal: Jorge Luis Borges. A Literary Biography;
zit. n. Woodall, S. 191.

24 Milonga von Don Nicanor Paredes. Gedichte 2, S. 215.

25 Autobiographischer Essay. Borges über Borges, S. 42.

26 Evaristo Carriego. Essays 1, S. 30.

27 Woodall, S. 125.

28 Buenos Aires. Gedichte 2, S. 313, 311.

29 Dies der Titel des Gedichts. Gedichte 1, S. 87.

Was bei Feigheit hilft

1 Canto, S. 10.

2 An Johannes Brahms. Gedichte 3, S. 133. Vgl. die vielleicht letzte

Erzählung, die er schrieb, »Shakespeares Gedächtnis«: »Wie so oft entdeckte ich, daß ich ein Feigling bin.« (Erzählungen 2, S. 217)

3 Der Unwürdige. Erzählungen 2, S. 19. Auch im Interview betont Borges, in »seinem« Viertel sei es das Schlimmste gewesen, als Feigling zu gelten; das habe ein Mann schier nicht ausgehalten. (Writers at Work. Bd. 4, S. 129)

4 Autobiographischer Essay. Borges über Borges, S. 48.

5 Rodriguez Monegal, zit. n.: Woodall, S. 328.

6 Was selbstverständlich nicht zutraf. (Canto, S. 112)

7 Vierzehnsilber. Gedichte 1, S. 119.

8 9. April 1937: Eduardo Gutiérrez, ein realistischer Autor. Essays 2, S. 216.

9 Ebd.

10 Die Geschichte steht am Ende von »Evaristo Carriego« und ist damit vielleicht die erste Geschichte überhaupt, die Borges geschrieben hat, obwohl sie in einen langen Essay eingebettet ist. (Essays 1, S. 108 ff.; die Leserbriefe ebd., S. 113 ff.)

11 Juan B. Laurihat am 28. 12. 1952 an Borges. Ebd., S. 115.

12 Gesammelte Werke in vier Bänden, Bd. 4, S. 162. – Derselbe Gedanke in etwas abweichender Formulierung schon in: Lebensweg eines Intellektualisten, Bd. 4, S. 51. Dort skizziert Benn den »Kulturträger« als eine Art Bildungsbürger, im Gegensatz zum »asozialen« Künstler.

Kalt werden

1 Von Büchern und Autoren. 13. Mai 1938. Essays 2, S. 344.

Männliches Erzählen

1 Canto, S. 72.

2 Monolog, an den Maestro gerichtet. 49 Depeschen, S. 134. – »Verstehen« ist hier nicht im Sinne empathischer Anteilnahme zu lesen. Hemingway will dem »Maestro« – dem angehenden Schriftsteller – vielmehr einschärfen, nur ja immer ganz genau hinzusehen und alles zu registrieren, ohne sich davon durch Deutung und Wertung des Gesehenen ablenken zu lassen.

3 Paris, ein Fest fürs Leben, S. 18, S. 77, S. a. S. 264.

4 Einige Charaktertypen aus der psychoanalytischen Arbeit. Gesammelte Werke, Frankfurt: S. Fischer 1960, Bd. 10, S. 368 f.

5 »Das ist schwer zu erreichen und ich habe schwer daran gearbeitet.« Hemingway im Interview mit George Plimpton. In: George Plimpton (Hg.): Writers at Work. The Paris Review Interviews. Second Series. New York u. a.: Penguin 1977, Bd. 2, S. 215–239; Zit. S. 177.

6 Writers at Work. Bd. 2, S. 235. Der Vergleich mit dem Eisberg wie auch dessen Gegenteil, das Weglassen aus Unwissenheit (das »leere Stellen« im Text erzeugt), schon in »Tod am Nachmittag«, S. 164.

7 A. a. O.

8 Der Garten Eden. Hamburg: Rowohlt 1987, S. 52. Auch hier gibt es wieder eine überraschende Parallele bei Wolfgang Borchert: »Wir brauchen keine Dichter mit guter Grammatik. Zu guter Grammatik fehlt uns die Geduld. Wir brauchen die [...] zu Baum Baum und zu Weib Weib sagen und ja sagen und nein sagen: laut und deutlich und dreifach und ohne Konjunktiv.« (Das ist unser Manifest. In: Das Gesamtwerk, S. 310)

9 Tod am Nachmittag, S. 164.

10 Vorwort zur Auflage von 1954: Universalgeschichte der Niedertracht. Erzählungen 1, S. 8.

11 Autobiographischer Essay. Borges über Borges, S. 50.

12 Vorwort zu: Der Andere, der Selbe. Gedichte 2, S. 8.

13 Autobiographischer Essay. Borges über Borges, S. 42.

14 Ebd.

15 Zit nach: [Ohne Autorangabe]: Essays von Jorge Luis Borges. Ö1, 8. 4. 2017; https://oe1.orf.at/artikel/259687/Essays-von-Jorge-Luis-Borges. – Borges rezensierte wohl Ernst Jüngers »Der Kampf als inneres Erlebnis« am 1. 10. 1937 in der Zeitschrift »El Hogar«. Merkwürdigerweise fehlt dieser Text in den Gesammelten Werken. In ihrer Editorischen Notiz zu Band 2 der Essays (der die Rezensionen unter dem Titel »Von Büchern und Autoren« chronologisch bringt) spekulieren die Übersetzer

darüber, daß einige Beiträge von Borges' Zeitschriftenrubrik
»Libros y autores extranjeros« nicht von ihm selbst geschrieben
sein könnten.

16 »Ich habe herausgefunden, daß die wirklich guten Metaphern
immer dieselben sind.« (Writers at Work. Bd. 4, S. 120) Vgl. seine
Überzeugung, »daß die Anzahl der Fabeln oder der Metaphern,
die zu erfinden die Vorstellungskraft der Menschen fähig ist, begrenzt sei«. (Epilog zu »Inquisitionen« [Eigentl. Titel »Weitere
Inquisitionen«]. Essays 3, S. 205)

17 Autobiographischer Essay. Borges über Borges, S. 36.

18 Die Realitätsforderung. Essays 1, S. 183.

19 Writers at Work. Bd. 4, S. 123.

20 Essays 1, S. 166.

21 Die Realitätsforderung. Essays 1, S. 187f.

22 Die abergläubische Ethik des Lesers. Essays 1, S. 166, 165.

23 Ebd. Essays 1, S. 162. Andernorts bringt er Knappheit mit
»beabsichtigter Naivität« zusammen. (Die Gaucho-Dichtung.
Essays 1, S. 146)

24 49 Depeschen, S. 11.

25 Essays 1, S. 162.

26 Autobiographischer Essay. Borges über Borges, S. 23.

27 Ebd., S. 58.

28 Francisco Coloane: Feuerland. Zürich: Unionsverlag 1999,
S. 170, 133, 172.

29 Writers at Work. Bd. 4, S. 120.

30 Autobiographischer Essay. Borges über Borges, S. 58, 36.

31 Evaristo Carriego. Essays 1, S. 60.

32 Canto, S. 140.

33 Vorbemerkung zu: Sechs Aufgaben für Don Isidro Parodi.
Gemeinsame Werke 1, S. 13.

34 Canto, S. 19.

35 Writers at Work. Bd. 4, S. 143.

36 Ebd., S. 119. Und noch eine Spur radikaler über den Schriftsteller im allgemeinen: »Er sollte das Werk sich selber schreiben
lassen, oder?« (Ebd., S. 126)

37 Ebd., S. 125.

38 Der Erzähler. In: W. B.: Gesammelte Schriften II. I. Hg. Rolf Tiedemann u. Hermann Schweppenhäuser. Frankfurt: Suhrkamp 1991, S. 445 f.

39 Ebd., S. 127 f. Allerdings kommentiert Borges nicht wenige seiner Erzählungen, nachdem sie »netto« zu Ende erzählt sind: diskutiert dieses oder jenes Detail, liefert alternative Interpretationen oder gar einen alternativen Schluß, in summa: tut alles, um seinen eignen Vorsatz zu unterlaufen.

40 Ebd., S. 139.

41 Vorwort zu: Der Andere, der Selbe. Gedichte 2, S. 8.

Das edle Duell

1 Erzählungen 2, S. 28.

2 Gedichte 3, S. 220.

3 Der Unwürdige, Erzählungen 2, S. 15. Das Motiv auch in: Mann von Esquina Rosada. Erzählungen 1, S. 74. Siehe auch die Erzählung »Das Fest des Ungeheuers«, die Borges gemeinsam mit Adolfo Bioy Casares verfaßte: Im Grunde eine Satire auf die Massenaufmärsche der Peronisten, kulminiert sie in der Steinigung eines Juden, der den angetrunkenen Parteimitgliedern zufällig in die Quere kommt. Auch ihm wird anschließend der Ring vom Finger gezogen. (Gemeinsame Werke 2, S. 149)

4 Die Begegnung. Erzählungen 2, S. 33; 1929. Gedichte 2, S. 423.

5 1891. Gedichte 2, S. 419.

6 Writers at Work. Bd. 4, S. 129.

7 Für die Neurobiologin Louann Brizendine hängt »das Bestreben, andere Männer in der Rangordnung zu überflügeln« direkt mit der Höhe des Testosteronspiegels zusammen. Männer seien ein Leben lang darauf fixiert, Hierarchien zu klären, nicht unbedingt nur mit Gewalt: »Zu gewinnen ist für Jungen von entscheidender Bedeutung, denn für sie liegt der wahre Zweck eines Spiels darin, eine soziale Rangordnung festzulegen.« Sobald um die Rangordnung *gekämpft* wird, zählt vor allem der Mut, »in Konflikten nicht zurück[zu]stecken«. »Im männlichen Gehirn

ist der mentale Apparat für Positionskämpfe fest verdrahtet«, bei höheren Primaten sei heftige Konkurrenz unter Männchen geradezu »allgegenwärtig«. (A. a. O., S. 22, 39, 44, 142)

8 Writers at Work. Bd. 4, S. 129.
9 Canto, S. 181. Die am Ende von den Brüdern ermordete Geliebte wäre damit Estela Canto.
10 Die Krise der Kulturgeschichte. Gedanken zum Wertproblem in den Geisteswissenschaften. Stuttgart: Klett-Cotta 1983, S. 144.
11 Die Herausforderung. Essays 1, S. 110.
12 El gaucho. Essays 3, S. 280.
13 Mann von Esquina Rosada. Erzählungen 1, S. 67.
14 Milonga vom Fremden. Gedichte 3, S. 217.
15 Die Geschichte des Rosendo Juárez. Erzählungen 2, S. 29.
16 Das Ende. Erzählungen 1, S. 232.
17 Vorrede zu: Kunststücke, Erzählungen 1, S. 177.
18 Juan Muraña. Erzählungen 2, S. 38.
19 Essays 1, S. 98.

Magischer Realismus?

1 Essays I, S. 109 f.
2 Canto, S. 159.
3 Borges über Borges, S. 7.
4 Ebd., S. 13 f.
5 Ebd., S. 17.
6 Ebd., S. 18.
7 Ebd., S. 36.
8 Vorwort zur Auflage von 1954. Universalgeschichte der Niedertracht. Erzählungen 1, S. 8.
9 Woodall, S. 183, 165.
10 Von den insgesamt elf Texten des Bandes spielen darin sieben.
11 Epilog. In: Borges über Borges, S. 140 f.
12 Ebd.

Der Tanz der gleichen Messer

1 Wo sind sie hin? Gedichte 2, S. 207.

2 Tod am Nachmittag, S. 219.

3 Manguel, S. 35 f. Borges fügt an: »Diese Geschichte habe ich für das Ende meiner Erzählung ›Der Süden‹ geklaut.«

4 Die Geschichte des Rosendo Juárez. Erzählungen 2, S. 29.

5 Evaristo Carriego. Essays 1, S. 111.

6 Dem Aussteiger Rosendo widmet Borges sein Augenmerk sogar in *zwei* Erzählungen, »Mann von Esquina Rosada« und »Die Geschichte des Rosendo Juárez«.

7 Die Geschichte des Rosendo Juárez. Erzählungen 2, S. 25, 29. Durch das Wort »heimtückisch« wird die Erzählung »Mann von Esquina Rosada« komplett umgewertet.

8 Die Gaucho-Dichtung. Essays 1, S. 152. Auch Wenceslao Suárez, der Messerheld in »Die Herausforderung«, hat wohl »einen oder zwei Tode zu verantworten [...], aber diese, rechtmäßig verursacht, belasten weder sein Gewissen noch beflecken sie seinen Ruf«. (Evaristo Carriego. Essays 1, S. 110)

9 Lob des Schattens. Gedichte 2, S. 317. Daß man das lyrische Ich nicht mit dem Verfasser des Gedichts gleichsetzen darf, weiß ich. Im vorliegenden Fall gibt es freilich gar keines, das »Evangelium« ist eine schiere Liste, man könnte Erwägungen anstellen, ob es überhaupt ein Gedicht ist. Irgendwo schreibt Borges, jedes Gedicht beginne mit einer Liste (s. S. 145). Im vorliegenden Fall ist die Liste bereits die Sache selbst, sie ist von 1 bis 51 durchnummeriert. Borges liebte in seinen späteren Gedichtbänden die Vermischung der Gattungen; deshalb bleibe ich dabei: Die Gattung der Liste ist, sofern sie vom Verfasser nicht poetisch überarbeitet oder zumindest durch einen Untertitel als Rollenlyrik beziehungsweise -liste gekennzeichnet wird, ein eher persönliches Notat. Im übrigen: »Dieses Gedicht ist vollkommen autobiographisch«, faßte Borges die Diskussion eines (anderen) seiner Gedichte in einem Seminar der New Yorker Columbia-Universität zusammen, und über seine Gedichte generell sagte er auf derselben Veranstaltung: »Ich bin

unfähig, zu erfinden. Ich muß meine Zuflucht zu diesem kleinen südamerikanischen Schriftsteller nehmen, zu Borges.« (Seminar über Dichtung. In: Borges über Borges, S. 121, 119)

10 1929. Gedichte 2, S. 423. Vgl. bei Hemingway: »An die Sache werde ich mich immer erinnern. Ich hab' dieses Schwein von einem Unteroffizier kaltgemacht.« (In einem andern Land, S. 163)

11 Milonga vom Fremden. Gedichte 3, S. 219.

12 Als 14. und 15. Erzählung zähle ich »Das unerbittliche Gedächtnis« (Fiktionen) und »Das Evangelium nach Markus« (David Brodies Bericht). Der Held des ersteren ist »ein Compadrito« aus Uruguay (Erzählungen 1, S. 180); die zweite spielt unter Gauchos auf einer Estancia. Davon abgesehen, gibt es sogar eine *witzige* Compadrito-Geschichte, gemeinsam geschrieben von Borges und seinem Freund Adolfo Bioy Casales für den Band »Neue Geschichten von Bustos Domecq«: »Freundschaft bis zum Tod«. Nicht ganz überraschend ist sie mit Abstand das Beste, was die beiden gemeinsam publiziert haben – in diesem Milieu lief zumindest Borges' erzählerische Phantasie zur Höchstform auf. Natürlich endet die Geschichte tödlich. (Gemeinsame Werke 2, S. 111 ff.)

13 Anspielung auf einen Schatten der neunziger Jahre. Gedichte 1, S. 243.

14 Der Tango. Gedichte 2, S. 69.

15 Ebd.

16 Writers at Work. Bd. 4, S. 116.

17 Der Schandtatenmakler Monk Eastman. Universalgeschichte der Niedertracht. Erzählungen 1, S. 38.

18 Mussolini: Der größte Bluffer Europas. 49 Depeschen, S. 45 f.

19 1891. Gedichte 2, S. 419.

20 Der Schandtatenmakler Monk Eastman. Universalgeschichte der Niedertracht, S. 38. Die *compadritos* legten sehr viel Wert auf ihre Tracht, laut Borges trugen sie in der Regel schwarze Halbstiefel mit hohen Absätzen. (Evaristo Carriego. Essays 1, S. 56)

21 Der Schandtatenmakler Monk Eastman, ebd.

22 Die Begegnung. Erzählungen 2, S. 34.

Mythos, Muttersöhnchen, Gott

1 Evaristo Carriego. Essays 1, S. 101.
2 Ebd., S. 108.
3 Der Tango. Gedichte 2, S. 69.
4 Evaristo Carriego. Essays 1, S. 109.
5 Ebd., S. 112.
6 Canto, S. 210.
7 Canto, S. 195.

Barde

1 »Ich hab mit den anderen fechten gelernt, mit einem angerußten Stock.« (Die Geschichte des Rosendo Juárez. Erzählungen 2, S. 25) Wer durch einen Rußfleck markiert war, war »tot«. Eine Markierung reicht mitunter auch dann noch, wenn mit Messern gekämpft wird: Der Markierte erkennt die Überlegenheit des anderen an und gibt sich geschlagen. (Leserbrief in: Evaristo Carriego, Essays 1, S. 114)

2 Der 15jährigen Hauptfigur in »Der Unwürdige« vertraut der Bandenchef mit den Worten: »Ich weiß, daß du dich wie ein Mann bewähren wirst.« (Erzählungen 2, S. 21) Doch der Angesprochene ist ein Feigling und verpfeift die Bande, in die er gerade aufgenommen wurde, bei der Polizei. Das Thema des Feiglings und Verräters hat Borges auch in einigen weiteren Geschichten beschäftigt.

3 Evaristo Carriego, Essays 1, S. 52, 54.
4 Ebd., S. 55.
5 Ebd., S. 56.
6 Seminar über Fiction. Borges über Borges, S. 77 f.
7 In diesem Zusammenhang aufschlußreich auch die Erzählung »Das unerbittliche Gedächtnis«. Darin »verleiht« Borges einem *compadrito* ein absolutes Gedächtnis – und rückt ihn damit aus seinem Milieu hinaus und ein Stückweit in seine, Borges', Nähe. (Borges hatte bekanntlich ein phänomenales Gedächtnis.)

8 Evaristo Carriego, Essays 1, S. 27.

Barbaren

1 The Return of Eva Perón. In: Woodall, S. 327.
2 Die Gaucho-Dichtung. Essays 1, S. 122.
3 Der Kongreß. Erzählungen 2, S. 106.
4 Vorwort zu: Der Andere, der Selbe. Gedichte 2, S. 7.
5 Der Tote. Erzählungen 1, S. 268 f. »Der Mann, der diese Symbole verwebt«, also Borges, liebt bisweilen den gespreizten (barocken) Ausdruck. Gut, er sieht Meer und Pampa als Symbole, die einander spiegeln. Bezeichnenderweise scheut er sich, in der Klammer einfach »auch ich« zu schreiben – siehe S. 178.
6 Manuel Peyrou. Gedichte 3, S. 237.
7 Evaristo Carriego, Essays 1, S. 103. Estela Canto erinnert sich, wie Borges bei einem Spaziergang einmal selber Tangos sang, aus vollem Halse, falsch und in der »anzüglichen Originalversion«. (Canto, S. 149 f.)
8 Marcos-Ricardo Barnatán: Borges. Biografia total. In: Woodall, S. 282.
9 Rodríguez Monegal, in: Woodall, S. 271.

Ernst und nur ernst

1 Dieses und die beiden folgenden Zitate aus: Brief an Charles Scribner, 6. u. 7.9. 1949. Ausgewählte Briefe 1917–1961. Übers. Werner Schmitz. Berlin u. Weimar: Aufbau 1987, S. 434 ff. Vgl. Monolog, an den Maestro gerichtet: »›Welche Bücher muß ein Schriftsteller gelesen haben?‹ – ›Alle. Er sollte alle lesen, damit er weiß, wen er schlagen muß.‹« (49 Depeschen, S. 132)
2 Ein Brief aus Paris. 49 Depeschen, S. 105 f.
3 Notizen, die Großwildjagd betreffend. 49 Depeschen, S. 113.
4 Blaues Meer. 49 Depeschen, S. 148.
5 17.–18.7. 1923 an William D. Horne. Ausgewählte Briefe 1917–61, S. 63.
6 S. 177. Vgl.: Pamplona im Juli. 49 Depeschen, S. 72 ff.
7 Tod am Nachmittag, S. 153, 203, 198. Hemingway betont die Leidenschaft beim Töten; Borges, jeglicher Erfahrung bar, die Leidenschaftslosigkeit. (Siehe S. 121).

8 Ebd., S. 220, 177, 210, 135, 224.

9 »›Dreimal hab' ich sie [Kudu-Böcke] eigentlich so gut wie gehabt, aber Karl und der Österreicher und der Wandorobo haben
uns geschlagen.‹ – ›Wir sind noch nicht geschlagen‹, sagte Pop.«
(Die grünen Hügel Afrikas, S. 220; wer wen »geschlagen« hat
mit seinen Trophäen, zieht sich als roter Faden durch das ganze
Buch, siehe S. 97, 165, 247, 292, 311, 313) Nachdem Hemingway endlich den größten Kudu geschossen hat, überläßt er
sich »glücklich der Sorglosigkeit meines Sieges« (Ebd., S. 250)
und protzt abends am Lagerfeuer mit seinen Jagderfolgen:
»›Ich viel Simba‹, sagte ich, ›Mordskerl mit Simba.‹« (S. 256).
Und erst ganz am Schluß kommt das Eingeständnis seines
Jagdfreunds: »›Wir haben sehr primitive Gefühle‹, sagte er.
›Man kann nicht anders als rivalisieren. Verdirbt einem aber
alles.‹« (S. 314)

10 Verteidigung von Luxemburg. Sämtliche Gedichte, S. 190.

11 Vgl.: »Gib zu, daß dir das Morden Spaß gemacht hat, wie es
allen, die aus freien Stücken den Soldatenberuf wählen, irgendeinmal Spaß gemacht hat.« (Wem die Stunde schlägt, S. 258)

12 49 Depeschen, S. 159.

Die Schublade

1 Das Zitat ist in dieser verkürzten Form zur Sentenz geworden.
Im Original heißt es: »Der Mensch spielt nur, wo er in voller
Bedeutung des Worts Mensch ist, und er ist nur da ganz Mensch,
wo er spielt.« (Über die ästhetische Erziehung des Menschen
in einer Reihe von Briefen. 15. Brief. Sämtliche Werke. Hg.
Gerhard Fricke u. Herbert G. Göpfert. München: Hanser 1975.
Bd. 5, S. 618)

2 Essays 1, S. 94.

3 S. 302f.

Die Vitrine

1 Autobiographischer Essay. Borges über Borges, S. 61.
2 Der andere Tod. Erzählungen 1, S. 304. Vgl. den Hymnus auf
   Montevideo: »Du bist das Buenos Aires, das wir einmal be-
   saßen« (Montevideo. Gedichte 1, S. 99).
3 Dieses und die folgenden Zitate: Erzählungen 2, S. 32 ff.
4 Vgl. Tolkiens »Herr der Ringe«. Auch der Ring schlummert, bis
   ihn jemand an sich nimmt – und durch den neu erlangten Besitz
   zum Besessenen wird.
5 Gedichte 3, S. 220.
6 Der Dolch. In: Evaristo Carriego, Essays 1, S. 94.
7 Nur zum Vergleich eine Stelle aus Hemingways »Wem die Stunde schlägt«, an der der Ich-Erzähler (der, ähnlich wie Dahlmann
   in »Der Süden« für Borges, ein Alter ego für Hemingway ist)
   mit seinem Vater abrechnet: Der sei ein Feigling gewesen. Doch
   ähnlich entschlossen, wie sich der Ich-Erzähler der geerbten
   Smith & Wesson ein für allemal entledigt, schließt er auch die
   gedankliche Auseinandersetzung ab: »Er verstand seinen Vater,
   und er verzieh ihm alles und bedauerte ihn, aber er schämte sich
   seiner.« (S. 305) Ein größerer Gegensatz zu Borges und dessen
   Vaterbeziehung ist kaum denkbar.

Hauptsache, es wirkt

1 Gedichte 3, S. 304.
2 Der Mörder in der Erzählung »Mann von Esquina Rosada«
   untersucht am Ende noch mal sein Messer, »es war wie neu,
   unschuldig, und nicht die kleinste Spur Blut war daran«. (Erzählungen 1, S. 74)
3 Erzählungen 2, S. 42.
4 Der Dolch. A. a. O.
5 Writers at Work. Bd. 4, S. 118, 132, 121.

Die Liste

1 Manguel, S. 39 f.
2 Ebd., S. 70.

3 Gedichte 3, S. 21.
4 Writers at Work. Bd. 4, S. 126.
5 In memoriam J. F. K. Gedichte 1, S. 296.

Das Schwert und die Schlacht

1 Fragment. Gedichte 2, S. 103.
2 Der edelmütige Feind. Gedichte 1, S. 293.
3 Dreizehn Münzen: Northumbria, 900 A. D. Gedichte 2,
   S. 353.
4 Einar Tambarskelver. Gedichte 3, S. 147.
5 Der edelmütige Feind. Gedichte 1, S. 293.
6 Fragment. Gedichte 2, S. 103.
7 Gedichte 2, S. 103.
8 Milonga von Don Nicanor Paredes. Gedichte 2, S. 217.
9 Autobiographischer Essay. Borges über Borges, S. 56. Mit der
   »dänischen Vergangenheit« meint er die Wikinger. Auch im
   Interview mit Ronald Christ betont er die Möglichkeit, von
   ihnen abzustammen. (Writers at Work. Bd. 4, S. 121)
10 Writers at Work. Bd. 4, S. 143 f. Daß Borges diese auf Fakten
   reduzierte Art des Erzählens erst von den nordischen Sagen
   gelernt haben will, ist leicht zu widerlegen. Er hat sie bereits
   als Erzähler von der rosa Straßenecke gelernt und, Jahrzehnte
   später, als Leser der nordischen Sagen bestätigt gefunden.
11 Spiegel und Maske. Erzählungen 2, S. 144. S. auch die Erzählung
   »Undr«. Erzählungen 2, S. 150.
12 Siehe S. 117 ff.
13 S. S. 85.
14 Autobiographischer Essay. Borges über Borges, S. 61.
15 Gedichte 2, S. 105.
16 Erzählungen 2, S. 102.

Mehr Barbaren, noch mehr Barbaren

1 Canto, S. 199 f.
2 Brunanburh, 937 AD. Gedichte 3, S. 59.
3 An ein Schwert in York Minster. Gedichte 2, S. 105.

4 Gedichte 2, S. 433. Die Einfügung in runden Klammern ist von Borges.

5 Seminar über Fiction. Borges über Borges, S. 102.

6 Erzählungen 1, S. 310. Einige Seiten später notiert er den Gedanken: »Die Niederlage [Deutschlands] befriedigt mich, weil ich mich im stillen schuldig weiß« – und verwirft ihn als nicht richtig.

7 Erzählungen 1, S. 317.

8 Seminar über Fiction. Borges über Borges, S. 101.

9 Ebd., S. 102.

10 Epilog zu: Das Aleph. Erzählungen 1, S. 387.

»Immer die Tapferkeit, immer der Sieg«

1 Gedichte 2, 129.

2 Der Bücherwächter. Gedichte 2, S. 291.

3 Essays 1, S. 90.

4 Elegie vom Vaterland. Gedichte 3, S. 113.

5 Evaristo Carriego. Essays 1, S. 133. Stellvertretend genannt sei das Gedicht »Der Conquistador«. (Gedichte 3, S. 125)

6 Die Gaucho-Dichtung, Essays 1, S. 134.

7 Die zyklische Nacht. Gedichte 2, S. 21.

8 Milonga vom Toten. Gedichte 3, S. 435 f.

Verschiedene Formen des Muts

1 31.7. u. 1.8.1944 an Mary Welsh. Ausgewählte Briefe 1917–61, S. 380.

2 13.9.1944 an Mary Welsh. Ebd., S. 389.

3 Tod am Nachmittag, S. 121.

4 Zum Beispiel »Schlangenangst« (Die grünen Hügel Afrikas, S. 66); »furchtbare Angst« im Gefecht. (In einem andern Land, S. 46)

5 In einem andern Land, S. 110.

6 Wem die Stunde schlägt, S. 149.

7 Ebd., S. 214, 213.

8 Ebd., S. 151. Vgl.: »Die, die es gerne tun, die haben immer etwas Verkommenes an sich.« (Ebd., S. 180)

9 Ebd., S. 179, vgl. S. 280, 401, 396.

10 Ebd., S. 276.

11 Ebd., S. 280, 352.

12 Ebd., S. 401.

13 Tod am Nachmittag, S. 141.

14 Ebd., S. 80f.

15 Ebd., S. 55. Vgl. S. 135 über den Stierkämpfer El Gallo: »Er war ein großer Stierkämpfer und der erste, der seine Angst eingestand.« Ist Angst nicht *notwendige* Bedingung von Tapferkeit (als Überwindung der Angst)?

16 Ebd., S. 83.

17 Ebd., S. 83, 215, 223.

18 Ebd., S. 143.

19 Ebd., S. 108.

Episches Schicksal

1 Totengespräch. Gedichte 1, S. 181 f.

2 Eine neuere Studie hat anscheinend Belege für einen weiteren Unterschied gesammelt: Menschenaffen können, im Gegensatz zum Menschen, Wissen nicht kopieren, also auch nicht über Generationen akkumulieren, sie müssen alles selber erlernen. (Jens Voss: Neue Studie: Menschenaffen fehlt eine entscheidende Fähigkeit. National Geographic, 23. 3. 2021; https://www.nationalgeographic.de/tiere/2021/01/neue-studie-menschenaffen-fehlt-eine-entscheidende-faehigkeit)

3 Mutmaßendes Gedicht. Gedichte 2, S. 27 ff. Ähnlich heroisch: General Quiroga fährt im Wagen zum Sterben. Gedichte 1, S. 95.

4 Grabinschrift. Gedichte 1, S. 25.

5 Anspielung auf den Tod des Obersten Francisco Borges (1833–1874). Gedichte 1, S. 245.

6 Junín. Gedichte 2, S. 181.

7 Isidoro Acevedo. Gedichte 1, S. 137 ff.

8 Dulcia linquimus arva. Gedichte 1, S. 109.

9 Gedichte 3, S. 139.

10 Epilog. Borges über Borges, S. 140.

11 Autobiographischer Essay. Borges über Borges, S. 8 ff.

12 Canto, S. 98.

13 S. 12. Estela Canto rückt sogar Borges' Mutter in dieses Umfeld: »Noch am Rande des Todes wollte die Achtzigjährige dem Sohn ein letztes Bild der Tapferkeit abgeben.« (Canto, S. 182)

14 Borges hat offen bekannt, daß sein Fundus an Themen und Motiven begrenzt ist, zum Beispiel im Interview mit Ronald Christ: »Am Ende glaube ich, daß ein Dichter vielleicht fünf oder sechs Gedichte zu schreiben hat, nicht mehr. Er versucht, sie nochmals aus anderen Gesichtswinkeln zu schreiben und vielleicht mit anderen Inhalten und in anderen Zeitaltern und vielleicht mit anderen Figuren, aber die Gedichte sind im Grunde und in ihrem Innersten die gleichen.« (Writers at Work. Bd. 4, S. 141)

Geschichte machen …

1 Die Chauffeure von Madrid. 49 Depeschen, S. 171.

2 Ebd., S. 173. In »Wem die Stunde schlägt« wird einer der Kriegsgefangenen vor ihrer aller Hinrichtung aufgefordert: »Zeig uns, wie man stirbt.« Dieser daraufhin: »Wir verstehen zu sterben.« Dann knien sie alle schweigend ab und werden der Reihe nach erschossen. (S. 92 f.) Nach der barbarischen Abschlachterei gefangener Faschisten gibt der Anführer seiner Enttäuschung über einen der Totgeprügelten Ausdruck: »Er ist nicht schön gestorben […], er hatte sehr wenig Würde. […] Im letzten Augenblick bekam er Angst.« (S. 116) Vgl.: »Es gibt kein besseres und kein schlimmeres Volk [als die Spanier] in der Welt. Keine gütigeren und keine grausameren Menschen.« (S. 319)

3 Eine neue Art Krieg. 49 Depeschen, S. 169.

4 S. 164, 341.

5 S. 144.

6 Wem die Stunde schlägt, S. 85.

7 S. z. B. Pilars Erzählung vom Sieg der Revolutionäre in der Kleinstadt. (Ebd., S. 91 ff., insbes. S. 106)

8 Weihnachtsbescherung. 49 Depeschen, S. 293. Eine andere Depesche trägt den Titel »Nachbarschaft des Todes«, S. 175 ff.

9 Erstes Gedicht an Mary in London. Sämtliche Gedichte, S. 166.

10 Krieg an der Siegfried-Linie. 49 Depeschen, S. 247 f. Das Wort »Rattenjagd« auch in: 15. 12. 1948 an Alfred Rice. Ausgewählte Briefe 1917–1961, S. 422.

11 Der Soldat und der General. 49 Depeschen, S. 241.

12 Hemingway, interviewt von Ralph Ingersoll. 49 Depeschen, S. 195. Das Hemingway-Zitat ist aus »Weihnachten«, ebd., S. 294.

13 Wem die Stunde schlägt, S. 165.

14 Ernst Schnabel in seiner Vorbemerkung zu »49 Depeschen«, S. 5.

15 Woodall, S. 66.

16 El Hacedor. S. S. 30 und die dazugehörende Anmerkung.

17 Sämtliche Gedichte, S. 154 ff. Vgl. seine Ausfälle gegen »all die impotenten Kritiker« (Der kleine Mr. Wilson …, ebd., S. 158), »kastrierte Marketender der Literatur« (23. 5. 1925 an Sherwood Anderson. Ausgewählte Briefe 1917–1961, S. 113). Borges nennt sie »unbewußte Schmäher dessen, was sie loben«, und geißelt ungewohnt scharf »die wohlwollende Inkompetenz der Zeitungsartikel«. (Die Gaucho-Dichtung. Essays 1, S. 148)

… oder Fußnägel schneiden

1 Gedichte 1, S. 87.

2 Elegie. Gedichte 2, S. 163.

3 Woodall, S. 209.

4 Epilog zu: Borges und ich. Gedichte 1, S. 297.

5 Leser. Gedichte 2, S. 79.

6 Ebd. Allerdings bezieht sich dieses Zitat nicht auf ihn selbst, sondern auf Don Quijote, der seine Abenteuer nicht etwa von Cervantes zugeschrieben bekam, sondern sie selber träumte.

7 Seminar über Fiction. Borges über Borges, S. 93.

8 S. S. 164.

9 Weihnachtsbescherung. 49 Depeschen, S. 294.

10 Dulcia linquimus arva, Gedichte 1, S. 109.

11 Bemerkungen über Walt Whitman. Essays 1, S. 234.

12 Die Suche. Gedichte 2, S. 371.

13 Woodall, S. 46.

14 Zwei Formen von Schlaflosigkeit. Gedichte 3, S. 280.

15 Autobiographischer Essay. Borges über Borges, S. 12.

16 Der Traum. Gedichte 3, S. 15. Vgl. die von Borges und Casares erfundene Figur des Schriftstellers Carlos Anglada und dessen »pantheistische Oden Ich bin die Anderen«. (Der Gott der Stiere. Sechs Aufgaben für Don Isidro Parodi. Gemeinsame Werke 1, S. 54)

17 »Das Individuum selber ist ein Irrthum.« (Nachgelassene Fragmente Anfang 1880 bis Sommer 1882. Sämtliche Werke. Hg. Giorgio Colli u. Mazzino Montinari. München: dtv 1980, Bd. 9, S. 442 f.) Vgl.: »Das ego ist eine Mehrheit von personenartigen Kräften, von denen bald diese, bald jene im Vordergrund steht […]«. (Gedanken über Moral aus der Zeit der Morgenröthe. In: Ders.: Gesammelte Werke. Musarionausgabe. München 1924. Bd. 10, S. 397)

18 Ich bin. Gedichte 3, S. 33.

19 Ein Morgen. Gedichte 2, S. 449.

20 Sein Großvater mütterlicherseits, der de facto im Krankenbett starb; s. S. 163.

21 The Thing I Am. Gedichte 3, S. 241 ff.

22 Gedicht von den Gaben. Gedichte 1, S. 203. Vgl.: »Ich hatte mir das Paradies immer als eine Art Bibliothek vorgestellt.« (Blindheit. Essays 4, S. 184)

23 Tankas VI. Gedichte 2, S. 349.

24 Der Beweis. Gedichte 3, S. 287.

25 Die Nägel. Gedichte 1, S. 172.

26 1972. Gedichte 3, S. 67.

27 Dem nicht mehr jungen. Gedichte 2, S. 85.

Gram

1   Im Nibelungenlied: Siegfried, Brünhild, Gunther. Siegfrieds Schwert heißt hier Balmung und hat eine völlig andere Geschichte.

2 »Sie fragt, was das zu bedeuten habe. Er sprach, es sei ihm beschieden, daß er so die Vermählung mit seiner Frau begehe oder sonst den Tod erleide.« Völsungen-Saga, Vers 27, 61–64.

3 Erzählungen 2, S. 103 f.

4 Gedichte 2, S. 341. Auch in: Gedichte 3, S. 29. Vgl.: »Ich bin der niemand ist, der nie ein Schwert war / im Krieg. Ich bin [...] Nichts.« (Ich bin. Gedichte 3, S. 33)

5 Gedichte 2, S. 341.

6 991 AD. Gedichte 3, S. 144.

7 Vgl. Borges' Vorwort zu: Kunststücke. Erzählungen 1, S. 177; siehe S. 113.

8 Gedichte 3, S. 383.

9 Einem angelsächsischen Dichter. Gedichte 2, S. 107.

10 An einen angelsächsischen Dichter. Gedichte 2, S. 289. Die »Sprache aus Eisen« auch in: Inschrift (für María Kodama). Gedichte 3, S. 179. Das Gegenteil wäre für Borges die »geschwätzige Eitelkeit« des Französischen. (Das Duell. Erzählungen 2, S. 52)

11 Gedichte 3, S. 291.

12 Mitrailliatrice. Sämtliche Gedichte, S. 58.

Glück

1 Ich bin nicht einmal Staub. Gedichte 3, S. 205.

2 Gedichte 3, S. 141.

3 Woodall, S. 295.

4 So die Übersetzer von Borges' »Gesammelten Werken« im Anhang der Erzählungen 1, S. 235. Woodall bzw. dessen Übersetzerin übersetzt: »Er nimmt das Schwert Gram und legt es entblößt zwischen sie.« (S. 295)

Tiger

1 An einer Stelle des Buches schildert er seinen Versuch, einen Löwen in einem »kaktusartigen Dickicht« aufzuspüren, weil »es mir lange Zeit ein Hochgefühl geben würde, wenn ich einen allein, ohne Pop [H.s professioneller Jagdbegleiter] zur Seite,

töten konnte«. Und er versäumt nicht zu erwähnen, »ich hatte drei getötet und wußte, was dazu gehörte«. (S. 153 f.)

2 Löwen. Gedichte 3, S. 195.

3 Manguel, S. 49.

4 Geschichte der Nacht. Gedichte 3, S. 193. Borges schrieb auch ein Gedicht »Der Panther«, er stellt sich darin vor, der Panther wisse nicht, »daß es Wiesen gibt und Berge / mit Hirschen, deren bebende Gedärme / für seine blinde Gier ein Schwelgen wären«. (Gedichte 2, S. 395. Auch in: Gedichte 3, S. 23)

5 Gedichte 1, S. 237.

6 Tankas IV. Gedichte 2, S. 347.

7 Gedichte 3, S. 449.

8 Siehe S. 135.

9 Erzählungen 2, S. 43.

10 S. 215.

11 Die Gauchos. Gedichte 2, S. 295.

12 Gedichte 2, S. 451.

13 Behauptet Alberto Manguel, der freilich nicht dabei war. (Manguel, S. 49). Überdies gibt es ein Photo, das Borges im Zoo von Buenos Aires zeigt, beide Hände auf einen Tiger gelegt, ein weiterer Tiger davor gelagert. Borges ist umringt von Männern, einige davon halten die Tiger mit Stöcken in Schach.

14 Ebd.

Selbstmord

1 Beppo. Gedichte 3, S. 271.

2 An einen Kater. Gedichte 2, S. 443.

3 Für Crazy Christian. Sämtliche Gedichte, S. 196.

4 Woodall, S. 106. Er führt Belege ins Feld, daß sich Borges in einem Hotel umbringen wollte. (S. 128) Estela Canto schreibt hingegen, daß er mit dem Gedanken spielte, sich vom Balkon einer Freundin zu stürzen. (Canto, S. 100)

5 20. Mai 1928. Gedichte 2, S. 265.

6 Der Posten. Gedichte 2, S. 401.

7 Seminar über Dichtung. Borges über Borges, S. 134.

8 Erzählungen 2, S. 193 f.

9 Woodall, S. 180.

10 Writers at Work, Bd. 2, S. 237. – In den bereits zitierten Schilderungen, wie er welchen Autor k.o. schlagen würde, um literarischer »Weltmeister« zu werden, hat er einzig vor Tolstoi Respekt; aber: »Wenn ich noch lebe, wenn ich 60 bin, kann ich ihn schlagen.« (An Charles Scribner, 6. u. 7.9.1949. Ausgewählte Briefe 1917–1961, S. 434) Dieselben Phantasien auch in: 23.7.1947 an William Faulkner, Ausgewählte Briefe 1917–1961, S. 415.

11 Die grünen Hügel Afrikas, S. 35.

12 Oktober 1926 an Isidor Schneider. Ausgewählte Briefe 1917–61, S. 167.

13 S. 303 f.

»Ich ist ein anderer«

1 Manguel, S. 74.

2 Einführung zum Interview mit Borges. Writers at Work. Bd. 4, S. 113.

3 Emerson. Gedichte 2, S. 117.

4 Borges selbst nennt es, natürlich kokett, »das abgedroschene Thema«. (25. August 1983. Erzählungen 2, S. 190)

5 An Georges Izambard, Mai 1871; gleichlautend an Paul Delaunay, 15.5.1871. Seher-Briefe. Hg. Werner v. Koppenfels. Mainz: Diederich'sche Verlagsbuchhandlung 1990, S. 11, 21. – In dieser berühmt gewordenen Formulierung betont Rimbaud die Diskrepanz zwischen »Ich« und »Es«, das tatsächlich denke, während »Ich« dabei nur passiv zugegen sei. Die mittlerweile gängige Ausdeutung des Satzes durch die Literaturwissenschaft – als Artikulation moderner Zerrissenheit – scheint mir weit über das von Rimbaud Gemeinte hinauszugehen.

6 Canto, S. 142.

7 Ebd., S. 181.

8 Ebd., S. 182.

Falschspieler

1 Vorwort zu: Die eiserne Münze. Gedichte 3, S. 97.

2 Nachwort zu: Haben und Nichthaben, S. 220.

3 Seminar über Fiction. Borges über Borges, S. 106.

4 Die Ankunft. Gedichte 2, S. 411.

5 Quevedo. Essays 3, S. 42.

6 Canto, S. 160.

7 Der Weg zu Almotásim. Essays 2, S. 110. Überraschenderweise hat Hemingway »Ulysses« nicht nur gelesen, sondern fand es sogar »ein feines Buch«. (6.9.1923 an Ezra Pound, Ausgewählte Briefe 1917–61, S. 70)

8 16. Juni 1939: Das neueste Buch von Joyce. Essays 2, S. 442.

9 Vorrede zu: David Brodies Bericht. Erzählungen 2, S. 9. Siehe auch: Blindheit. Essays 4, S. 193.

10 Autobiographischer Essay. Borges über Borges, S. 64. Denselben Vorwurf erhebt er andernorts gegen sein eigenes Frühwerk, Stichwort »barockes Schreiben«.

11 Gedichte 2, S. 261.

12 Ebd., S. 303.

13 Manguel, S. 32.

14 Ebd., S. 197f.

15 Ebd., S. 73.

16 Autobiographischer Essay. Borges über Borges, S. 42. Vgl. Canto, S. 72: »Was Romane betraf, [war er] ein sehr unvollkommener, nicht allzu gewissenhafter Leser«; »das Kontinuierliche langweilte ihn.«

17 Essays 1, S. 86.

18 Seminar über Dichtung. Borges über Borges, S. 113.

19 Canto, S. 197.

20 Nachdem er schon als Kind seinen Vater in die städtische Bibliothek begleitet und dort in der Encyclopedia Britannica, dem Brockhaus und dem Meyer gelesen hatte (Blindheit. Essays 4, S. 183), wünschte er sich zum 19. Geburtstag den Brockhaus. (Woodall, S. 65)

21 Vgl. Manguel, S. 32.

22 Epilog zu: Geschichte der Nacht. Gedichte 3, S. 254 f.

23 Canto, S. 198.

24 Seminar über Fiction. Borges über Borges, S. 96.

Scharlatan

1 Der Weg zu Almotásim. Essays 2, S. 109.

2 Seminar über Fiction. Borges über Borges, S. 76.

3 Epilog. Borges über Borges, S. 140.

Das ehrliche Spiel spielen

1 Vorrede zu: David Brodies Bericht. Erzählungen 2, S. 8.

2 Der Plot. Gedichte 1, S. 183.

3 Vorwort zu: Der Andere, der Selbe. Gedichte 2, S. 7. Als Themen (»meine Gewohnheiten«) nennt Borges (nur) Buenos Aires, Ahnenkult, Germanistik, Zeit und Identität.

4 Autobiographischer Essay. Borges über Borges, S. 26, 29.

Gelingendes Leben, gelungnes Leben

1 Die grünen Hügel Afrikas, S. 145, 72.

2 Weihnachtsbescherung. 49 Depeschen, S. 294.

3 Thema vom Verräter und vom Helden. Erzählungen 1, S. 196.

4 Der Garten Eden, S. 126.

5 Canto, S. 10. Vgl. S. 216.

Wagenheber

1 So schon 1968 in Valerie Solanas' »SCUM Manifesto«: »Männlichkeit ist eine Mangelkrankheit, Männer sind Gefühlskrüppel.« (zit. n. Dieter E. Zimmer: Der Mythos der Gleichheit. München: Piper 1980, S. 69)

Staublunge

1 Wunderbar wehmütig zum Beispiel: Die Dinge. Gedichte 2, S. 279.

2 Grundlinien der Philosophie des Rechts. Hg. Klaus Grotsch. Hamburg: Felix Meiner 2017, S. 13.

3 Evaristo Carriego, Essays 1, S. 101.

Zum Autor

Matthias Politycki ist einer der intellektuellen Vordenker und unbestechlichen Stimmen der Gegenwart. Er gilt als großer Stilist, der Literatur, aktuelle Debatten und persönlich Erlebtes auf immer wieder überraschende Weise miteinander verbindet. Sein Buch *Mein Abschied von Deutschland* (2022) entfachte eine breite Diskussion und erhielt große Zustimmung: »Es zeigt mit dem geschärften Blick eines nun Außenstehenden, wie sich unsere Gesellschaft verändert. (…) Es ist Polityckis Verdienst, dies so klar auf den Punkt gebracht zu haben.« (*Stern*) Matthias Politycki ist Mitglied in PEN Deutschland, PEN Austria und der Freien Akademie der Künste in Hamburg. Er veröffentlicht regelmäßig Essays zum Zeitgeschehen, u. a. in der FAZ. 2023 erschien sein Roman *Alles wird gut – Chronik eines vermeidbaren Todes*.

Matthias Politycki
Das kann uns keiner nehmen
Roman
304 Seiten, gebunden
ISBN 978-3-455-00924-8
Auch als Taschenbuch erhältlich:
ISBN 978-3-455-00925-5
Hoffmann und Campe Verlag

»Es war die lautloseste und längste und kälteste Nacht meines Lebens. Als gegen sechs Uhr morgens der Reißverschluß meines Zeltes aufgerissen wurde und Samson den Kopf hereinsteckte, wollte ich gar nicht glauben, daß alles überstanden sein sollte. Samson reichte mir einen Becher heißen Tee, und bevor er den Reißverschluß wieder hinter sich zuzog, sagte er halblaut: ‚Now you are mountain king, sir.'«

Hans, ein so zurückhaltender wie weltoffener Hamburger, ist endlich da, wo er schon ein halbes Leben lang hinwollte: am Gipfel des Kilimandscharo. Hier, auf dem Dach von Afrika, will er mit seiner Vergangenheit ins Reine kommen. Doch am Grunde des Kraters steht bereits ein Zelt, und in diesem Zelt hockt der Tscharli, ein Ur-Bayer – respektlos, ohne Benimm und mit unerträglichen Ansichten.
In der Nacht bricht ein Schneesturm herein und schweißt die beiden wider Willen zusammen. Es beginnt eine gemeinsame Reise, gespickt mit absurden und aberwitzigen Abenteuern. Als sie sich schließlich die Geschichte ihrer großen Liebe anvertrauen, erkennen sie, dass sie mit dem Leben noch eine Rechnung offen haben.

»Ein packender Deutschlandroman –
erzählt vor afrikanischer Kulisse.«
Der Spiegel